좌뇌·우뇌·간뇌계발의 지침서

김용진 박사 지음

全腦계발 7Q

새로운문화사

화보로 보는 전뇌계발

▲ 전뇌(좌뇌, 우뇌, 간뇌)를 계발함은 물론 계발한 전뇌를 활용하여 하는 초고속전뇌학습법을 개발, 보급하고 있는 저자 김용진씨가 초고속전뇌학습법에 대하여 설명을 하고 있다.

▼ CBS(기독교방송) 문화센터에서도 강좌가 개설되어 초고속전뇌학습법이 진행되고 있으며 이곳엔 전뇌계발은 물론 학습에 도움을 얻고자 하는 초·중·고학생들이 주를 이루고 있다.

화보로 보는 전뇌계발

▲ 종로2가에 위치한 초고속전뇌학습연구회 강의실은 하루종일 개방해 놓고 있어 언제든지 훈련이나 학습, 수강이 가능하다.

▲▲ 방학이면 전국에서 모여드는 학생들로 가득찬다. 누구나 쉽게 배울 수 있는 초고속전뇌학습법으로 전교1등을 거머쥔 진달래(중3). 5~8분에 영어단어 50개 암기할 수 있다.

화보로 보는 전뇌계발

▲ 텔레파시는 글자보다는 그림이, 그림중에서도 색이 강렬하고 화려한 원색일수록 수신하는 이가 더 쉽게 잘 받아들이는 것으로 밝혀졌다. 위는 저자 김용진씨가 태극문양을 텔레파시를 통해 보내고 있는 모습이다.

▼ 텔레파시가 가능한지 실험에 참여한 사람들과 함께. 이들은 모두 전뇌계발의 초고속전뇌학습법을 오랜 동안 익히거나 수료한 사람들이다(앞줄에 앉아있는 김용진 저자).

화보로 보는 전뇌계발

▲ 원동희(고3) - 집이 부산인 이 학생은 겨울방학동안 전뇌 계발·전뇌학습법에만 힘을 쏟았다. 하루에 교과서 1과목씩 암기하기 시작하여 전 과목을 암기했다.

▼ 곽미정·미현(중2·초6) - 전뇌학습법으로 집중력이 향상되어 하루 영어단어 암기 800~1250단어, 교과서 2~5개 단원을 요약·암기할 수 있게 되었다.

화보로 보는 전뇌계발

▲ 천의선도 주최의 전뇌계발과정을 마치고 저자 김용진씨가 수료증과 급수증을 수여하고 있다.

▼ 초고속전뇌학습법은 아이들의 학과공부에도 효과를 발휘하지만, 나이 든 사람에게는 전뇌를 꾸준히 자극해 줌으로 인해 기억력 감퇴나 치매를 예방시켜 주는 데도 효과적인 것으로 밝혀졌다. 그래서 남녀노소를 불문하고 전뇌학습법을 익힐 수 있다.

화보로 보는 전뇌계발

▲ 전뇌계발을 위한 초고속전뇌학습법의 일반 및 중고급과정 교재와 국내에서 판매되고 있는 저자 김용진씨의 책들. 입시나 일반 학원에서도 초고속전뇌학습법 강좌를 개설, 교육하고 있기도 하다.

화보로 보는 전뇌계발

◀ 일본에서 번역, 출간되어 인기리에 판매되고 있는 저자 김용진씨의 일본판 책들. 초고속전뇌학습법 역시 99년 초에 번역, 출간되어 일본에서는 학습법의 새로운 교재로 많은 각광을 받고 있다.

▼ 초고속전뇌학습연구회를 찾는 사람들은 한결같이 두뇌계발을 통해 보다 효과적인 두뇌활용과 실제 생활에서의 적용을 원하는 사람들이 많다.

좌뇌·우뇌·간뇌계발의 지침서

김용진 박사 지음

全腦계발 7Q

새로운문화사

'全腦계발 7Q'를 펴내면서

21세기는 각 분야에 있어, 초고속으로 발전하는 최첨단 시대이다. 다기능·다원화가 이루어지며 과학문명의 발달과 함께 인간의 전뇌계발(全腦啓發)을 통하여 투명성이 강조되는 다이아몬드칼라 시대이다.

이러한 21세기의 변화에 부응하여 인간의 삶을 영위하기 위해서는 전뇌계발이 우선시 되어야 한다.

전뇌계발은 인간의 기본적인 건강을 유지하거나 개선에 많은 도움이 된다. 간뇌에서 생성되는 베타(β)엔돌핀이라는 호르몬의 분비를 통해서이다. 이를 통해 건강의 유지가 가능하고 항체의 생성으로 AQ(활동지수)와 SQ(영적지수)가 높아져 긍정적이고 자신감 넘치는 삶을 살아갈 수 있다.

무한한 전뇌의 잠재능력을 계발함으로써 인간의 능력을 향상시킴은 물론 전인적 인간의 지표인 7Q 즉, IQ(지능지수), EQ(감성지수), MQ(도덕지수), CQ(창조지수), AQ(활동지수), SQ(영적지수), HQ(건강지수) 등이 함께 높아지는 작용을 한다.

이러한 전뇌의 잠재능력은 일반적인 상식이나 논리, 심리학, 현재의 과학 등으로 가늠될 수 있는 성질의 것이 아니다. 오직 우주의 법칙으로서만 규명될 수 있는 것들이다.

인간의 생로병사(生老病死)가 모든 우주의 법칙에 의해 돌아가듯이 인간의 전뇌계발도 마찬가지이다. 여기서의 전뇌계발은 우주의 법칙과 자연인으로서 우주와 인간의 조화를 통해 이루어지는 것이다.

　한편, 이 책에서는 그동안 발표되지 않았던 전뇌계발 단군육아법을 정리, 재조명했다. 유태인의 탈무드가 랍비에 의해 계속해서 수정되어지며 전수해 왔듯이 우리 선조들의 단군육아법 역시 우주의 오묘한 섭리가 담겨 전해지고 있는 것이다.

　우리 선조들의 육아법은 7Q 즉, 아임캐쉬(IEMCASH)를 향상시키는 이 세상에서 전무후무(前無後無)한 것이며 유일무이(唯一無二)한 방법이라고 확언한다.

　21세기의 다이아몬드칼라 시대를 살아가기 위해서, 우리에게는 그 어느 때보다도 전뇌계발이 절실히 요구된다. 또한 한 인간이 태어나 삶을 살아가는 전 과정을 통해 꾸준한 전뇌계발은 필수적이라 할 것이다. 뇌의 계발을 통해 인간은 무한히 변화될 수 있으며 누구나 현재보다 향상될 수 있다.

　전뇌계발은 인간의 삶을 보다 풍요롭게 해주며 보다 인간다운 삶을 영위할 수 있도록 해준다.

　이 책은 그런 의미에서 독자들에게 삶을 좀더 보람있고 값지게 그리고 멋있는 생을 설계하고 꾸려갈 수 있도록 하는데 중점을 두어 그 방법을 찾아보았다. 아무쪼록 '21C 전뇌혁명'을 만난 독자들에게 새로운 삶이 펼쳐질 수 있기를 바라마지 않는다.

　끝으로 이 책이 나오기까지 힘써 준 새로운문화사 직원들에게 감사의 말을 전한다.

2003년 봄
김 용 진

차 례

화보로 보는 전뇌계발 · 2
'전뇌계발 7Q'를 펴내면서 · 11
나의 전뇌 발달유형 알아보기 · 32

제1장 인간과 전뇌(全腦)

인간과 우주 · 51
 1. 우주의 탄생 · 51
 2. 소우주라 불리는 인간 · 52

인간과 우주의 파동 · 55
 1. 우주의 파동 · 55
 2. 인간의 뇌파 · 56

전뇌계발시대 · 57
 1. 1세대(블랙칼라~농경시대) · 58
 2. 2세대(블루칼라~산업혁명시대) · 60
 3. 3세대(화이트칼라~정보화시대) · 62
 4. 4세대(골드칼라~사이버스페이스 시대) · 63
 5. 5세대(다이아몬드칼라~다기능 및 투명화시대) · 66

아임케쉬(IEMCASH)와 나인에스(9S) · 69
 1. 전인적 인간의 지표 · 70
 2. 7Q, 아임케쉬(IEMCASH) · 72
  ① IQ(知能指數 · Intelligence Quotient) · 72
  ② EQ(感性指數 · Emotion Quotient) · 73
  ③ MQ(道德指數 · Moral Quotient) · 74
  ④ CQ(創造指數 · Creative Quotient) · 75

⑤ AQ(活動指數·Activity Quotient)·76
⑥ SQ(靈的指數·Spiritual Quotient)·77
⑦ HQ(健康指數·Health Quotient)·78
3. 미래의 핵심, 나인에스(9S)·79
① 슈퍼(Super·超能力)·79
② 스페이스(Space·宇宙空間)·80
③ 씨이(Sea·海洋)·81
④ 싸이언스(Science·科學)·82
⑤ 스크린(Screen·映像)·83
⑥ 스피드(Speed·速度)·84
⑦ 스터디(Study·學習)·85
⑧ 스포츠(Sports·運動)·86
⑨ 섹스(Sex·性)·87

전뇌계발의 필요성·88
1. 건강유지는 기본, 텔레파시도 가능·90

뇌의 분류·91
1. 후뇌·92
2. 중뇌·92
3. 전뇌·93

전뇌(全腦)란·96

전뇌의 각 기능·98
1. 좌뇌(후천적)의 기능·99
①오차없는 수학적인 능력·99
②정확한 언어표현 능력·99
③추론하는 논리 능력·100
④합리적인 사고 능력·101
⑤세부적인 분석 능력·101

⑥장단점을 파악하는 비판 능력·101
　　⑦일은 하나씩, 계열적 사고·102
　　⑧인체의 오른쪽 주인인 좌뇌·102
　2. 우뇌(선천적)의 기능·102
　　①열려있는 공간지각 능력·103
　　②순간 인지의 직관 능력·103
　　③느낌의 형상화, 음악예술 능력·104
　　④이미지의 영상화 능력·104
　　⑤다양한 상상 능력·104
　　⑥새로움에 대한 창조 능력·105
　　⑦동시다발의 총체적 사고·105
　　⑧인체의 왼쪽 주인인 우뇌·106
　3. 간뇌(원천적)의 기능·106
　　①에너지의 생성과 활용·108
　　②오감(五感)을 벗어난 또다른 감각 능력·109
　　③무의식적으로 떠오르는 영적 능력·109
　　④미래를 아는 능력·109
　　⑤미래를 보는 능력·110
　　⑥초상상 능력·110
　　⑦생각만으로 송수신하는 능력·110
　　⑧칠신통(七神通)·111

전뇌로 기억하자·113
전뇌 능력의 체험·114
　1. 알파(α)파 체험하기·114
　2. 텔레파시로 하는 간뇌계발·116

제2장 21세기는 태아교육의 시대

결혼하기 100일 전 · 123
새로운 탄생을 위하여 · 125
뇌와 자궁의 공통분모, 창조성 · 126
태아는 인격체 · 129
태아와 나누는 대화 · 131
태아의 능력 · 132
태아교육의 역사 · 133
나라별 태아교육 · 134
　1. 문헌 속의 태아교육 · 135
　2. 조선왕조의 태아교육 · 139
　3. 중국의 태아교육 · 140
　4. 유태인의 태아교육 · 143
　5. 일본의 태아교육 · 145
　6. 서양의 태아교육 · 147

제3장 전뇌계발 단군육아법

전인적인 육아법 · 151
출생시부터 2개월까지의 전뇌계발 · 156
　1. 자장자장 · 159
　2. 하품 · 기지개 · 159
　3. 쭈쭈 · 160
　4. 아기 이름 부르기 · 161

5. 까꿍 · 162
2개월부터 3개월까지의 전뇌계발 · 163
  6. 엄마·옴음 · 164
3개월부터 4개월까지의 전뇌계발 · 165
  7. 에비에비 · 165
  8. 맘마 · 166
4개월부터 6개월까지의 전뇌계발 · 167
  9. 잼잼 · 167
  10. 곤지곤지 · 168
  11. 도리도리 · 169
  12. 짝짜꿍짝짜꿍 · 170
  13. 메롱 · 171
6개월부터 8개월까지의 전뇌계발 · 172
  14. 아함아함 · 172
  15. 부라부라 · 173
8개월부터 9개월까지의 전뇌계발 · 174
  16. 랄랄라랄랄라 · 174
  17. 둥게둥게 · 175
9개월부터 11개월까지의 전뇌계발 · 176
  18. 따로따로 · 176
11개월부터 12개월까지의 전뇌계발 · 178
  19. 걸음마걸음마 · 179
  20. 뽀뽀 · 180

제4장 전뇌계발 유아 교육

환경에 좌우되는 아이 · 183
유아 교육의 방법 · 187
  1. 오감을 자극하라 · 187
  2. 마음껏 움직이는 신체 · 189
  3. 꾸준한 전뇌의 자극, 7Q를 높인다 · 189
  4. 많은 이야기, EQ를 풍부하게 · 190
  5. 새로운 것에 대한 호기심 배양 · 190
  6. 열 번의 매보단 한 번의 칭찬이 · 191
  7. 밝은 사고는 인생의 첩경 · 191
  8. 꿈은 현재의 주춧돌 · 192
  9. 많은 친구, 사회성을 기른다 · 193
  10. 하나의 악기쯤은 다룰 수 있게 · 194
  11. 좋은 프로그램으로 교육시킨다 · 194
  12. 공동체 속의 예의와 협동심은 7Q의 향상 · 195
  13. CQ 향상의 모험심 강한 아이 · 195
  14. 시대를 앞서가는 지혜를 · 196
  15. 남을 생각할 줄 아는 마음, EQ를 높인다 · 196
유아 전뇌계발의 실천 사항 · 197
  1. 만져 보기 · 197
  2. 숨바꼭질 · 198
  3. 레고를 이용한 만들기 · 199
  4. 찰흙놀이 · 200
  5. 카드 이용하기 · 201
  6. 도트카드 이용하기 · 202
  7. 노래하기 · 203

8. 놀이터 이용으로 하는 AQ, EQ의 향상 · 204
  9. 7Q 향상의 계절별 놀이 · 204
  10. 조각 맞추기 · 206
  11. IQ 향상의 말잇기 · 207
  12. 한글 익히기 · 208
  13. 영어는 기본 · 209
  14. 컴퓨터 시대 · 210
  15. 생활 속의 집중력 훈련, SQ, MQ, HQ를 높인다 · 211
  16. 카드를 이용한 기억력 향상 · 213
  17. EQ를 풍성하게, 식물 기르기 · 214
  18. 애완동물 기르기 · 215
  19. 종이 접기 · 216
  20. E.S.P 카드를 이용한 투시, SQ 향상 · 217
  21. AQ, HQ, SQ 발달의 민첩성 기르기 · 218

제5장 전뇌계발 어린이 교육

교육에 좌우되는 아이 · 221
머리가 좋아지는 음식 · 223
어린이 전뇌계발의 실천 사항 · 225
  1. 목표를 상상으로 · 225
  2. EQ와 AQ를 높이는 마음의 지식, 여행 · 227
  3. 컴퓨터는 내 친구 · 228
  4. 현미경으로 보는 또다른 세상 · 229
  5. 모든 길은 책 속에 · 230
  6. 기억을 향상시키는 그림일기 · 231

7. 민첩성을 기르는 운동은 꾸준히 · 232
   8. 영적인 능력을 길러주는 종교 · 233
   9. 전뇌 활용의 바둑(장기, 체스)으로 7Q 향상 · 234
   10. 기억력 향상 훈련으로 하는 7Q 높이기 · 235
   11. 구구단으로 하는 집중력 키우기 · 237
   12. 좋은 성격은 인생의 디딤돌 · 238
   13. 비디오를 2배속으로 · 239
   14. 좌뇌, 우뇌, 간뇌를 운동으로 계발 · 240
   15. 자는 동안에도 두뇌는 쑥쑥, 수면학습 · 242
   16. 7Q 향상의 양손잡이 · 243

제6장 전뇌계발 청소년 교육

잠재능력의 발달과 발현의 시기 · 247
청소년 전뇌계발의 실천 사항 · 248
   1. 나에게 투자하는 1만시간 · 248
   2. 두 가지를 하나로, 결합의 법칙 · 249
   3. 계획 없는 날을 없애자 · 250
   4. 청년기에 필요한 근육 운동, 전뇌를 계발시킨다 · 251
   5. 뇌가 산소를 마신다 · 252
   6. 7Q 향상의 시야 확장 · 253
   7. E.S.P카드를 이용한 나도 초능력자 · 254
   8. 청개구리식 몸 사용, 전뇌 향상 · 255
   9. 전뇌를 자극하는 퍼즐 · 256
   10. 신념을 이용한 집중력 강화 · 257
   11. 내가 아는 단 한가지, 몰입하기 · 258

12. 생각대로 이루어지는 상상 · 259
13. 잠재의식에 심은 씨앗 키우기, 마인드 컨트롤 · 260
14. 습관으로 만드는 성격 · 262
15. 다양한 직접 체험의 현장, 여행 · 263
16. 책 속의 내용을 내 것으로 · 264

제7장 전뇌계발 청년기 교육

과감한 도전과 연습의 시기 · 267
청년기 전뇌계발의 실천 사항 · 268
 1. 7Q 향상에 운동은 기본 · 268
 2. 여행을 통한, 세계를 내 품에 · 269
 3. 싫증을 모르는 가속학습 · 270
 4. 신념을 통한 목표 달성 · 271
 5. 더 많은 산소를 내 몸안에 · 273
 6. 뇌력의 재충전, 신체 이완훈련 · 274
 7. 얼굴과 이름을 동시에 기억 · 275
 8. 두뇌를 전자수첩으로 · 277
 9. 어림짐작을 통한 적중훈련, SQ와 HQ를 높인다 · 278
 10. 외울 수 있는 건, 뭐든지 · 279
 11. 뭉쳐진 정신력 하나면, SQ, HQ 향상의 초능력이 · 281
 12. 사고방식의 수평적 전환 · 284
 13. 내면 세계를 깨우는 금식 · 285

제8장 전뇌계발 중년기 교육

능력을 최대한 발휘하는 시기 · 289
중년기 전뇌계발의 실천 사항 · 290
 1. 체력 보강이 필요하다 · 290
 2. 발상의 전환, 물구나무서기 · 291
 3. 모세혈관을 확장시키는 CO_2 요법 · 292
 4. 생각을 하나로 모으는 집중력 · 294
 5. IQ, MQ, CQ를 향상시키는 합리적인 발상의 전환 · 295
 6. 영감을 내 것으로 하는 꿈의 기록 · 297
 7. 3:7로 하는 육식과 채식 · 299
 8. 창조의 기본 재산, 메모 파일 · 301
 9. 천재와 함께 하는 AQ 높이기 · 302

제9장 전뇌계발 장년기 교육

인생의 수확기 · 305
장년기 전뇌계발의 실천 사항 · 306
 1. 체조로 향상시키는 전뇌 활동 · 306
 2. EQ와 AQ, 강화시키기 · 310
 3. 7Q 향상의 전뇌계발, 스트레칭 · 311
 4. 미래를 만드는 행운의 암시 · 313
 5. 활력을 주는 긴장과 휴식 · 314
 6. 7Q 향상의 알파(α)파를 활용한 천재들 · 316
 7. 새롭게 도전하는 1만시간 · 318

8. 총기 있는 눈을 만든다 · 320
  9. EQ와 SQ 향상의 침묵 · 322
  10. 하면 할수록 속도가, 관성의 법칙 · 323

제10장 전뇌계발 노년기 교육

제2의 인생 · 327
치매예방을 위한 적극적 사고 · 329
노년기 전뇌계발의 실천 사항 · 332
  1. 끊임없는 창조적 생활 · 332
  2. 지금부터 시작이다 · 334
  3. 운동과 지식을 동시에, 7Q 향상 · 335
  4. 한 살의 나이로 또다시 · 337
  5. 전뇌에 양분을 주는 외우기 · 339
  6. 호도알로 하는 전뇌 개선, 7Q의 향상 · 340
  7. 걷기에도 방법이 · 342
  8. 둔해지는 기억력 배양하기 · 344
  9. 사소한 것에도 목표 의식을 · 347
  10. 진뇌계발의 상상훈련 · 348

나의 전뇌 발달유형 알아보기

지구상에 존재하는 동물들은 크든 작든 전부 뇌를 소유하고 있다. 그 중에서도 인간의 뇌는 다른 동물에 비하여 월등히 발달해 만물의 영장이라 불린다.

인체의 블랙박스라 불리는 인간의 뇌는 좌뇌, 우뇌, 간뇌로 구분하며 영역에 따라 그 역할과 기능이 다르다. 또한 발달 정도에 있어서도 사람 개개인에 따라 다르며 우선으로 사용되는 뇌 즉, 발달된 뇌가 각기 다르다.

필자는 이러한 내용을 바탕으로, 좌뇌, 우뇌, 간뇌 부분 각각 20문항의 테스트를 통해 전뇌 발달유형을 구분하는 방법을 제시했다.

전뇌 발달유형은 어느 쪽의 뇌를 더 많이 사용하느냐에 따라 일반적으로 다음의 일곱 가지 유형으로 구분할 수 있다.

좌뇌형과 우뇌형, 간뇌형, 좌우뇌형, 우간뇌형, 좌간뇌형, 전뇌형 등이다.

여기서도 더 세분하면, 기본적으로 전뇌는 누구나 계발을 해주어야 하지만 각 형에 있어 매우 우수한 형과 우수형, 보통형 그리고 전뇌 계발을 요하는 형, 전뇌계발이 꼭 필요한 형 등으로 나눌 수 있다.

각 뇌의 역할과 기능은 본문(98~112쪽)을 참조하기 바란다.

이중 어떤 전뇌 발달유형이 좋다고 말할 수 있는 것은 아니며 테스트의 결과가 별로 좋지 않더라도 실망하거나 체념할 필요는 없다. 여기서는 당신의 우수한 뇌와 계발시킬 여지가 있는 뇌를 알려주는 것뿐이다.

　전뇌 발달유형의 결과로 적성 파악이 가능하며, 자신에게 맞는 학습방법을 찾거나 직업을 선택하는 데에도 도움이 될 것이다. 즉, 전뇌 발달유형에 있어서 비교 우위에 있는 뇌를 활용하는 일을 할 때는 보다 효과적이며, 남보다 앞설 수 있다는 것이다.

　자신의 전뇌 발달유형을 알아보는 일은 자신의 우수한 뇌를 더욱 활용하고 뒤쳐지는 뇌를 파악해 계발할 수 있는 계기를 만들어준다.

　그럼, 지금부터 나의 전뇌 발달유형은 어느 것인지 알아보기 위한 테스트를 해보자. 각 뇌의 테스트에 나오는 문항들을 차근히 읽고 해당되는 번호나, 평소의 생각에 가장 근접한 답을 충실히 하도록 한다.

【 좌뇌 테스트 】

1. 새로운 사람을 만나면, 헤어진 후 얼굴보다는 이름이나 나이, 고향 등의 것을 더 잘 기억하는 편인가?
   ① 그렇다.　　　② 보통이다.　　　③ 아니다.

2. 다음의 수 중에서 관계가 다른 하나는 어느 것인가?
   ① 10　　　　　② 13　　　　　③ 9

3. 어떤 일을 할 때 계획을 철저히 세워서 하는 편인가?
   ① 그렇다.　　　② 보통이다.　　　③ 아니다.

4. A=B이고 B=C이면, A=C이다, 라는 식의 3단 논법에 대한 문제를 잘 푸는가?
   ① 그렇다.　　　② 보통이다.　　　③ 아니다.

5. 낱말 맞추기나 끝말잇기 등을 잘하는 편인가?
   ① 그렇다.　　　② 보통이다.　　　③ 아니다.

6. 철수의 학급석차는 앞에서 17등, 뒤에서 17등이다. 이 반의 총 학생 수는 몇 명인가?
   ① 33명　　　　② 34명　　　　③ 32명

7. 자신의 상상력이 뛰어나다고 생각하는가?

① 그렇다.　　　　② 보통이다.　　　　③ 아니다.

8. 다음의 보기 중에서 연관성이 먼 하나는 어느 것인가?
① cm　　　　　　② cm³　　　　　　③ mℓ

9. 전에 있었던, 똑같은 일이 또 발생하면 같은 방법으로 해결하는 편인가?
① 종종 그렇다.　　② 가끔은 그렇다.　　③ 아니다.

10. 다음의 보기 중에서 연관성이 다른 하나는 어느 것인가?
① 모자　　　　　② 종이 봉투　　　　③ 유리 컵

11. 서열이나 규칙, 배열 등에 있어 그 특징을 빠르게 파악하는 편인가?
① 그렇다.　　　　② 보통이다.　　　　③ 아니다.

12. 바지를 50% 할인해 판매했다. 종전 가격으로 팔기 위해서는 몇 %를 인상해야 하는가?
① 100%　　　　　② 50%　　　　　　③ 25%

13. 탐정 소설이나 추리 소설류를 좋아하는가?
① 그렇다.　　　　② 보통이다.　　　　③ 아니다.

14. 옳다고 생각하는 방식은 끝까지 밀고 나가는 편인가?
① 그렇다.　　　　② 그저 그렇다.　　　③ 아니다.

15. 다음의 보기 중에서 연관성이 다른 하나는 어느 것인가?
   ① 백조　　　　　② 거위　　　　　③ 닭

16. 인터넷에 나의 홈페이지를 개설했다. 맨 앞에 어떤 내용을 담을 것인가?
   ① 나의 소개　　② 좋아하는 말이나 문구　　③ 좋아하는 그림

17. 컴퓨터 프로그램을 계발하기 보단 프로그램을 사용하는 쪽이 더 좋은가?
   ① 그렇다.　　　② 그저 그렇다.　　　③ 아니다.

18. 노래의 리듬보다는 노랫말을 더 잘 기억하는가?
   ① 그렇다.　　　② 보통이다.　　　③ 아니다.

19. 모형 조립이나 요리를 할 때, 첨부된 설명서를 우선으로 따라 하는가?
   ① 그렇다.　　② 생각대로 우선 해보고 본다.　　③ 모르겠다.

20. 해결해야 할 여러 가지의 일이 한꺼번에 몰려 있을 때 어떻게 처리하는가?
   ① 하나씩 처리한다.　② 상황에 따라서 한다.　③ 동시에 한다.

【 우뇌 테스트 】

1. 무슨 일이든 정석보다는 변형하는 것을 더 좋아하는 편인가?
   ① 그렇다.　　　② 가끔은 그렇다.　　　③ 아니다.

2. 길을 가다가 껌 한 통을 사서 씹고 나니, 껌종이가 남았다. 어떻게 할 것인가?
   ① 주머니에 넣는다.
   ② 휴지통을 찾아 그곳에 버린다.
   ③ 그냥 아무 곳이나 적당한 곳에 버린다.

3. 여러 개의 도형 중 공통점을 쉽게 인식하고 관련성이 적은 것을 잘 골라내는 편인가?
   ① 그렇다.　　　② 보통이다.　　　③ 아니다.

4. 비행기가 갑자기 폭우 속에 휘말리게 되었다. 어떻게 행동할 것인가?
   ① 그대로 앉아서 다음에 벌어질 상황을 연상한다.
   ② 안내방송을 기다리며 구명조끼가 어디 있는지 확인한다.
   ③ 생각해보지 않아서 잘 모르겠다.

5. 한 번 찾아간 집이나 길은 잊지 않고 찾아가는 편인가?
   ① 그렇다.　　　② 보통이다.　　　③ 아니다.

6. 운전을 하고 있는데 다른 운전자가 난폭하게 끼여들기를 했다. 어떤 행동을 취하겠는가?
   ① 뭔가 급한 일이 있어서 그런 모양이라고 여긴다.
   ② 화를 내거나, 음악 및 라디오를 듣는다.
   ③ '그럴 수도 있지' 하며 그냥 잊어버린다.

7. 바쁜 중에도 다른 할 일이 생각나면 바로 실행에 옮기는 편인가?
   ① 그렇다.   ② 나중에 한다.   ③ 아니다.

8. 중간고사 시험을 잘 본 것 같아, 결과도 좋을 것이라 기대했는데 결과는 안 좋았다. 어떻게 하겠는가?
   ① 계획을 세워 기말시험에 만전을 기한다.
   ② 선생님과 상담을 한다.
   ③ 내 실력이 그것뿐이라고 생각한다.

9. 학급에서 반장선거를 한다. 반장과 부반장 중 어느 것이 되고 싶은가?
   ① 반장.   ② 부반장.   ③ 모르겠다.

10. 어떤 일을 하다가 '이게 아니다' 싶으면 처음부터 다시 하는 편인가?
    ① 그렇다.   ② 그대로 진행한다.   ③ 잘 모르겠다.

11. 순간적으로 기발한 아이디어가 곧잘 떠오르는 편인가?
    ① 그렇다.   ② 보통이다.   ③ 아니다.

12. 전화상담을 하는데 열 명의 고객으로부터 전화를 거절당했다. 어떻게 할 것인가?
    ① 다른 방식으로 시도하고 포기하지는 않아야 된다고 생각한다.
    ② 거절당한 원인을 골똘히 생각한다.
    ③ 포기하고 내일을 기대한다.

13. 레고 같은 블록을 이용한 만들기 능력이 뛰어난가?
    ① 그렇다.   ② 보통이다.   ③ 아니다.

14. 왼손잡이이거나 왼쪽 다리, 발 등을 많이 사용하는 편인가?
    ① 그렇다.   ② 양쪽을 같이 사용한다.   ③ 아니다.

15. 어릴 적 그림을 그리다가 오랫동안 그리지 않았는데 다시 하고 싶다. 어떻게 하겠는가?
    ① 어렵지만 쉽게 그릴 수 있는 그림부터 연습한다.
    ② 그리고 싶을 때에만 그린다.
    ③ 일정한 시간을 정해 두고 매일 그린다.

16. 음성사서함에 인사말을 남기고 싶다. 첫마디로 어떤 것이 좋겠는가?
    ① 멋진 날입니다.   ② 안녕하세요.   ③ 누구입니다.

17. 지금 친구와 중요한 약속이 있는데, 어머니가 3시간을 꼬박 읽어야 되는 책을 다 읽으라고 한다. 어떻게 하겠는가?
    ① 읽을 수 있는 만큼만 읽고 갔다와서 또 읽는다.

② 상황을 얘기하고 나중에 갔다와서 읽겠다고 말한다.
③ 약속을 포기하고 책을 읽는다.

18. 의견 충돌이 있을 때 내 의견을 양보하는 편인가?
    ① 그렇다.   ② 때에 따라선 그렇다.   ③ 아니다.

19. 수줍음을 잘 타, 낯선 사람이나 낯선 환경에 잘 위축된다. 어떻게 대처할 것인가?
    ① 낯선 사람, 낯선 환경에 부딪치는 경험을 많이 해본다.
    ② 부모나 선생님, 친구와 상의해 본다.
    ③ 있는 그대로를 인정하고 스스로를 보호할 수 있는 방법을 찾는다.

20. 컴퓨터 통신을 하는데 여러 명하고 하는 것과 한 명과 하는 것 중 어느 쪽이 좋은가?
    ① 여러 명과 하는 것이 더 좋다.
    ② 양쪽 다 좋다.
    ③ 한 명과 하는 것이 여러 명과 하는 것보다 더 좋다.

【 간뇌 테스트 】

1. 어떤 일에 대한 좋은 예감 또는 좋지 않은 예감이 들었는데 현실로 나타난 경험이 있는가?
   ① 종종 있다.　　② 가끔 있다.　　③ 없다.

2. 당신이 어제 밤에 꾼 악몽이나 길몽이 현실로 나타난 적이 있는가?
   ① 가끔 있다.　　② 비슷했던 적이 있다.　　③ 없다.

3. 가까운 사람의 불행이나 행복에 대한 예감을 가졌던 적이 있는가?
   ① 있다.　　② 있는 것 같다.　　③ 없다.

4. 사람이 많이 모인 곳에서 누군가의 시선을 느끼고 무심코 고개를 돌렸는데 그 시선과 마주친 경험이 있는가?
   ① 종종 있다.　　② 가끔 있다.　　③ 없다.

5. 친구나 님이 당신에 대해 어떤 생각을 하고 있는지 대화를 하나 보면 쉽게 읽을 수 있는가?
   ① 읽을 수 있다.　　② 가끔은 읽을 수 있다.　　③ 잘 모르겠다.

6. 오랫동안 집중을 하면 투시도 가능하다고 생각하는가?
   ① 가능하다.　　② 가능할 것 같다.　　③ 불가능하다.

7. 처음 오는 곳인 데도 전에 와 본 것 같은 느낌이 들었던 적이 있는가?
   ① 가끔 있다.　　② 있었던 것 같다.　　③ 없다.

8. 추리를 요하는 살인사건의 문제나 혹은 기타의 사건에 있어서 사건의 개요만을 보고 주변의 누가 범인인지 알아맞힐 수 있는가?
   ① 있다.　　② 있을 것 같다.　　③ 모르겠다.

9. 무임승차한 일에 대해 어떻게 생각하는가?
   ① 좋지 않은 행동을 하면 언젠가는 자신에게 되돌아온다.
   ② 좋은 일이 아니다.
   ③ 발각되지 않으면 무방하다.

10. 전화를 걸려고 마음먹었는데 마침 그 사람으로부터 전화가 온 적이 있는가?
    ① 종종 있다.　　② 가끔 있다.　　③ 없다.

11. 어떤 일을 할 때 자신의 느낌에 많이 좌우되는가?
    ① 그렇다.　② 때에 따라서 그렇다.　③ 그렇지 않다.

12. 주위의 사람들과 생각이 통할 때(이심전심일 때)가 많은가?
    ① 종종 있다.　　② 가끔 있다.　　③ 별로다.

13. 일기예보보다는 자신의 생각이나 느낌이 더 정확할 때가 있는가?

① 종종 그렇다.　　② 가끔은 그렇다.　　③ 없다.

14. 컴퓨터 게임이나 내기를 하면 이길 때가 많은가?
　　① 많은 편이다.　　② 가끔 그렇다.　　③ 아니다.

15. 순간적으로 지나가는 화면이나 동작들을 잘 알아채는 편인가?
　　① 그렇다.　　② 그저 그렇다.　　③ 아니다.

16. 영적인 능력이 있다고 생각하는가?
　　① 그렇다.　　② 약간 그렇다.　　③ 그렇지 않다.

17. 눈썰미가 좋아 한번 본 것은 흉내를 잘 내는가?
　　① 그렇다.　　② 그저 그렇다.　　③ 아니다.

18. 텔레파시에 대해 어떻게 생각하는가?
　　① 충분히 있을 수 있다.　　② 그럴 수도 있다.　　③ 불가능이다.

19. 몸의 기감(氣感)이나 외부에서 오는 파장(波長)을 느껴본 적이 있는가?
　　① 종종 그렇다.　　② 가끔 그렇다.　　③ 모르겠다.

20. 죽음 후의 세계가 있다고 생각하는가?
　　① 있다.　　② 잘 모르겠다.　　③ 없다.

나의 전뇌 발달유형

이   름 : _____

학년(나이) : _____

구분＼분류	점 수	유 형
좌 뇌	점	형
우 뇌	점	형
간 뇌	점	형

종합 유형 :   뇌형

채점과 유형구분

점수는 한 문항당 10점을 기준으로 하며 정답란에 두 개의 답 중 '○=5'라고 되어 있는 답은 5점으로 계산한다. 정답이 두 개인 것은 각각 10점씩 계산한다. 그런 다음 각 부분별로 점수를 매기고 유형 구분표에서 해당형을 찾아 나의 전뇌 발달유형에 기록한다.

발달유형에 있어서 가장 높은 점수가 나온 뇌가 가장 많이 쓰이고 있는 뇌이다. 또한 자신에게 있어 가장 발달된 뇌이며, 점수가 낮을수록 활용도가 낮은 뇌이다. 뇌는 쓰면 쓸수록 그 기능이 향상되므로, 뇌의 계발이나 훈련을 항상 하는 것이 좋다.

점수의 높낮이에 따라 다섯 가지 유형으로 구분한다. A형에 속하면 매우 우수한 형이며, B형은 우수형, C형은 보통형이다. D형은 약간 뒤처지는 형이며 E형은 두뇌계발이 절실히 필요한 형이라 하겠다. 하지만 E형뿐 아니라 우수한 뇌역시 전뇌계발을 꾸준히 해주어야 한다.

■ 점수 구분표 ■

유형 구분	A 형	B 형	C 형	D 형	E 형
좌 뇌	160~200점	125~155점	90~120점	65~85점	65점 이하
우 뇌	160~200점	125~155점	90~120점	65~85점	65점 이하
간 뇌	160~200점	125~155점	90~120점	65~85점	65점 이하

1. 전뇌 유형

테스트의 결과는 각자의 전뇌 발달유형을 알아보는 것으로, 평소 잘 사용하지 않던 뇌를 계발할 수 있는 기회를 주는 것이다. 또한 발달된 뇌는 더욱 계발시켜 우수한 전뇌를 만들자는 것이 본 테스트의 목적이다.

① **전뇌형** 뇌 전부를 활용하는 형으로 각 뇌의 점수가 160점 이상이면 최대한의 두뇌 활용을 하고 있다고 할 수 있다. 125점 이상이면 우수형에 속하며, 90점 이상은 전뇌 보통형에 속한다.

② **좌우간뇌형** 좌뇌 점수가 가장 높고, 좌뇌를 주로 사용하는 형이며, 우뇌, 간뇌의 순으로 활용하는 뇌 유형이다.

③ **좌간우뇌형** 좌뇌 점수가 가장 높고, 좌뇌를 주로 사용하며 간뇌, 우뇌의 순으로 활용하는 뇌 유형이다.

④ **우좌간뇌형** 우뇌 점수가 가장 높고, 우뇌를 주로 사용하며 좌뇌, 간뇌의 순으로 활용하는 뇌 유형이다.

⑤ **우간좌뇌형** 우뇌 점수가 가장 높고, 우뇌를 주로 사용하며 간뇌, 좌뇌의 순으로 활용하는 뇌 유형이다.

⑥ **간좌우뇌형** 간뇌 점수가 가장 높고, 간뇌를 주로 사용하며 좌뇌, 우뇌의 순으로 활용하는 뇌 유형이다.

⑦ **간우좌뇌형** 간뇌 점수가 가장 높고, 간뇌를 주로 사용하며 우뇌, 좌뇌의 순으로 활용하는 뇌 유형이다.

⑧ **계발노력형** 누구나 두뇌의 계발이 필요하지만 테스트 결과, 65점 미만이면 절실한 계발이 요구되는 뇌이다. 특히 좌뇌, 우뇌, 간뇌가 모두 65점 미만이면 만사를 제쳐 두고 자신의 전뇌 계발을 위한 시간을 마련해 보자.

각 테스트 문항 정답

■ 좌 뇌

1)①, ②=5 2)① 3)①, ②=5 4)①, ②=5
5)①, ②=5 6)① 7)①, ②=5 8)①
9)①, ②=5 10)① 11)①, ②=5 12)①
13)①, ②=5 14)① 15)① 16)①
17)① 18)①, ②=5 19)① 20)①, ②=5

■ 우 뇌

1)①, ②=5 2)①, ②=5 3)①, ②=5 4)①=10, ②=10
5)①, ②=5 6)①, ②=5 7)① 8)①, ②=5
9)① 10)① 11)①, ②=5 12)①, ②=5
13)①, ②=5 14)①, ②=5 15)①, ②=5 16)①
17)①, ②=5 18)①, ②=5 19)①, ②=5 20)①, ②=5

■ 간 뇌

1)①, ②=5 2)①, ②=5 3)①, ②=5 4)①, ②=5
5)①, ②=5 6)①, ②=5 7)①, ②=5 8)①, ②=5
9)①, ②=5 10)①, ②=5 11)①, ②=5 12)①, ②=5
13)①, ②=5 14)①, ②=5 15)① 16)①, ②=5
17)① 18)①, ②=5 19)①, ②=5 20)①

제1장 인간과 전뇌(全腦)

인간과 우주
인간과 우주의 파동
전뇌계발시대
아임캐쉬(IEMCASH)와 나인에스(9S)
전뇌계발의 필요성
뇌의 분류
전뇌(全腦)란
전뇌의 각 기능
전뇌로 기억하자
전뇌 능력의 체험

인간과 우주

우리를 둘러싸고 있는 공간과 천체 그리고, 만물을 포용하는 물리학적인 공간과 질서 있는 통일체로서의 세계를 통틀어 우리는 우주라고 부른다. 우주의 전체 크기는, 대략 1천 억개의 별이 모인 은하계와 여기에 다시 1천 억개 정도의 은하계가 모인 공간(1,000억×1,000억)이라고 추정하고 있다.

그 끝과 크기를 가늠하기 어려운 대우주 속. 우리 인간은 우주의 일부인 은하계, 그 속에서도 태양계라는 부분의 일부인 지구에 존재하는 생명체다. 우주에 비하면 인간이란 존재는 지극히 미미한 존재다. 그럼에도 대우주의 섭리와 자연의 섭리 속에 인간은 조화를 이루며 살아가고 있는 것이다.

대우주의 크기에 비해 인간은 미약하기만 한 존재이지만 우주가 지닌 신비만큼이나 인체 또한 오묘한 존재로 규명한다. 거대한 우주와 인간은 크기만 다를 뿐 같은 원리로 움직여지고 있음을 알아야 한다.

1. 우주의 탄생

지금으로부터 약 200억 년전 우주의 모든 물질은 수 백억 도에 이르는 하나의 불덩어리로 뭉쳐져 있었다. 그런데 우리가 모르는 그 어떤 원인으로 인하여 일시에 폭발을 일으키고 몇 번의 진화 과정을 거치면서 지금의 별, 은하 등을 만들어냈다고 한다.

이 이론은, 1946년 미국의 물리학자 프리드만과 조지 가모프의 빅뱅 이론(Big-bang Theory)이라고도 불린다. 빅뱅 이론은 우주 생성 과정에 있어서 밀도가 무한히 큰 하나의 덩어리가 갑자기 대폭발을 하면서 팽창하여 우주가 생성되었다는, 우주 대폭발설이다.

우주의 대폭발설에 반하여, 우주는 시간적으로나 공간적으로나 변하지 않으며 시작도 끝도 없다라는 우주 정상설이 있다. 이는 논리적인 설명이 불가능해 우주 정상설보다는 우주 대폭발설이 더 인정을 받고 있다.

한편, 최근 미국 항공우주국은 '허블 우주망원경'을 통해 1백20억 광년 이상 거리에서 나오는 희미한 빛을 렌즈에 담는데 성공했다고 한다. 이는 우주의 기원과 진화의 비밀을 밝히는 중요한 요소다. 1백 20억 년전 은하계 일각의 모습이 사상 최초로 촬영됨으로써 우주 진화에 대한 새로운 전기를 마련하게 된 것이다.

'허블 디프 필드 사우스'라고 불리는 이 새로운 은하계 이미지는 우주 대폭발 직후의 우주 상태를 규명하는데 많은 도움을 줄 것이다.

2. 소우주라 불리는 인간

인류의 탄생은 우주의 탄생에 비하면 그 역사가 극히 짧다. 인간이 지구상에 존재하기 시작한 것은 우주의 탄생 이후, 지구의 생성이 이루어진 다음에도 훨씬 최근의 일이라는 것이다. 그럼에도 인간은 광대한 우주를 관측하고 생각을 할 수 있는 생물체이다.

■ 우주와 인체(소우주)의 비교 ■

우 주 (宇宙)	인 체 (小宇宙)
하늘(乾)	상단전(上丹田), 陽十
태극(太極)	중단전(中丹田), 空間
땅(坤)	하단전(下丹田)
태양(太陽), 달(月)	두 눈(目)
춘하추동(四季)	팔, 다리(四肢)
1년 12개월	12 정경(正經)
24 절기(二十四節氣)	24 척추
주야(晝夜)	오매(寤寐):눈감고 뜰 때, 혹은 잠잘 때, 깨어날 때
365일	361~365 경혈(經穴)
5大洋 6大州	5臟6腑:간장, 심장, 비장, 폐장, 신장, 대장, 소장, 위, 담, 방광, 삼초
물(水)	혈액(血)
풀, 나무(草木)	모발(毛)
쇠, 돌(金石)	치아
명(名)	夕十口(저녁 어두움 + 입)

인간은 우주의 일부이지만 우주를 탐구해 나갈 수 있는 창조적 능력이 있는 지구상의 유일한 존재이다.

 곧잘 우주와 인간을 비교하여, 인간을 소우주라 부르기도 한다. 그것은 인간의 육체가 꼭 우주를 축소해 놓은 것처럼, 우주와 같은 원리로 구성되어 활동하고 있기 때문이다.

 그렇기 때문에 우주 전체를 알기 위해서는 먼저 인체를 탐구해야 한다. 또 인간이 어떤 능력을 지니고 있는지도 알아야 한다. 인체의 섭리를 알면, 우주의 섭리에 쉽게 접근할 수 있으며 이해에도 많은 도움이 된다.

 앞쪽은 우주와 소우주인 인체를 비교해 놓은 내용이다.

인간과 우주의 파동

1. 우주의 파동

파동을 연구하는 학자들은 모든 물질에 파동이 있다고 한다. 물질은 모두 고유의 전기성이나 자기성을 띠고 있고, 아주 작지만 전위차(電位差)로 인해 정전기가 발생한다. 이러한 전위차가 모아져서 파동을 형성하며 끊임없는 에너지를 쏟아낸다.

은하계가 있는 대우주에도 역시 파동이 존재한다. 이의 증명 중 가장 근원적인 것이 빛이다.

빛이 파동에 의해 생성되는 것이라는 것은 학자들의 증명에 의해 익히 알고 있는 내용이다.

우주는 이처럼 끊임없는 활동 속에서 파동을 일으키고 무한히 크고 작은 변화들을 이루어나가고 있다.

2. 인간의 뇌파

인간의 뇌에서도 세포 사이의 전위차에 의해 파동이 일어나는데, 이것이 바로 뇌파이다. 인간을 다스리고 명령을 내리는 전뇌에 파동이 존재한다는 말이다.

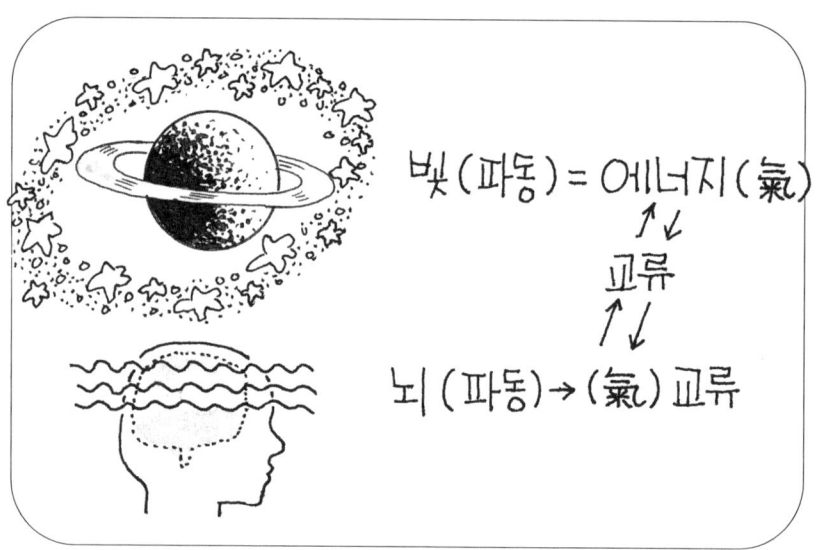

소우주인 인간의 뇌파와 대우주인 은하계의 파동이 하나로 일치하여 동조하게 되면 우리는 우주에서 일어나는 일들을 알아차릴 수 있게 된다. 예언과 예지, 투시, 텔레파시 등의 초능력과 우리가 흔히 말하는 기적과 같은 일들이 가능하게 되는 것이다.

우주파와 인간 뇌파의 일치는 어떻게 하면 일어날까?

그것은 명상이나 기도, 정신수련 및 기(氣) 수련을 거치는 과정과 수련 정도에 따라 우주파와 인간의 뇌파를 일치시킬 수 있다.

전뇌계발시대

인류가 지구상에 존재하기 시작하면서 인류는 지속적인 발전을 거듭해 왔다. '10년이면 강산이 변한다'는 말은 이제 옛 말이 된지 오래다. 하루가 다르게 변모해 가는 인류의 발전은 그야말로 첨단적이다. 전 세계가 하나로 통합되어 가고 있는 과정에서 인간은 그에 걸맞은 능력을 갖춘 다기능, 다원화의 만능 인간형으로 변모되어야 함을 예고하고 있다.

지금의 인간은 과연 어떤 모습으로, 변화해 가는 시대를 맞이하고 부응해 갈 것인가? 그것은 잠재 능력의 계발이다. 전뇌를 계발시켜야 한다. 인류 생활의 시대적 배경과 변화의 물결을 읽을 수 있다면 앞으로의 미래는 어떻게 변화하고 발전할 것인가를 유추해 볼 수 있을 것이다.

인간은 원시수렵 사회에서부터 현재에 이르기까지 인간의 능력을 계발하고 활용하기 위해 전력 투구해 왔다. 이러한 인간의 노력으로 첨단화된 지금의 문명에 초고속으로 도달한 것이다.

21세기는 다이아몬드킬라 시대라 불릴 것이며 첨단 과학문명이 발달로 세계의 모든 것이 투명화될 것이다. 인간 역시 초능력적인 힘을 소유함은 물론, 다기능의 만능적인 모습으로 변모해 갈 것이다. 미래의 시대는 그래서 전뇌계발 시대이며, 그만큼 인간 자신의 능력을 최대한 계발해야 한다.

뇌의 능력은 무한하다. 그 능력은 상식적으로나 심리적, 논리적, 과학적인 어느 방법으로도 규명할 수 없다. 그것은 다만 우주적 차원에서만 이해되고 규정되어야 하는 것이다.

전뇌의 계발은 현재 인간의 모습을 좀더 고도의 인간으로 만들어 준다. 다량의 정보를 빨리 습득하고 활용할 수 있는 정보화 인간으로 변화시키며, 초인적 능력을 발휘할 수 있는 근간을 만들어줄 것이다.

1. 1세대(~18C · 블랙칼라~농경시대)

땅에서 노동력을 얻고, 풍부한 생산력을 인간에게 의존했던 블랙칼라의 노동자들에게는 토지와 농장이 노동의 중요한 '생산 요소'였다.

토지로 대표되는 블랙칼라의 시대는 보통 수렵시대, 농경시대, 산업 초기시대로 나눌 수 있다.

원시 수렵사회는 간뇌가 발달되었던 때로 무리를 지어 다니면서 나무 열매를 따먹거나 사냥을 통해 먹거리를 해결하는 등 자연의 혜택 속에서 먹을 것을 쉽게 얻던 시대였다. 그래서 생산력을 의미하는 여성이 우두머리가 되는 모계 중심의 사회를 형성해 나갔다.

원시수렵 단계에서 좀더 복잡한 사회조직으로 변화한 것은 농업생산에 관련된 기술을 터득하면서 부터다.

이때부터 인간의 농경생활이 시작된다. 블랙칼라로 대표되는 농경시대는 인간의 노동력을 크게 필요로 하였기에 풍부한 노동력을 제공해 주는 남성이 권력을 쥐게 된다. 따라서 블랙칼라 시대의 여성의 지위는 상대적으로 낮아지고 점차 남성이 주도하는 가부장적 사회로 변화하기 시작하였다.

농업이 중심이 되자 토지에 대한 의존도가 높아지고 농노와 기타 부동산에 대한 재산 소유권이 등장하여 상속을 필요로 하게 되었다. 생존권을 보장하고 있는 토지의 소유권이 강조되면서 왕권시대, 전제군주시대가 등장한다. 이에 따라 귀족과 영주가 생겨나고 생산력 착취 형태인 노예 및 농노의 개념도 생겨나게 된다.

초기 산업사회에서는 이렇게 증대된 인구와 노동 분업 및 경제생활의 요구가 중앙집권적인 권력 구조에 기반하여 정부의 발전을 가져 왔으며, 계급구조와 가부장제의 권위주의적 풍토, 가족 공동체 등이 생겨나게 되었다.

생존을 위한 공동체로서의 블랙칼라의 가족제도는 하나의 운명공동체이며 가족 공동체로 성장했다. 동시에 대가족제로서 강한 통치력을 지닌 가부장적인 형태가 되었다.

블랙칼라 시대의 초기와 중기에는 문자에 의한 기록이 보편화되지 않았으므로 자녀나 후손들에게 경험과 문화를 전승하고 알려 주는 길은 구전을 통해서였다.

특별한 지식을 전달하는 것이라기보다는 노동력의 제공자로서 보다 효율적인 노동이나 생활 방법 등을 습득시키는 정도였다. 자녀 교육 역시 자연 속에서 배우거나 생활 양식을 습득하게 하는 것이 전부였다.

2. 2세대(18C~19C · 블루칼라~산업혁명시대)

산업 혁명시대는 1세대에 이어 토지가 중요한 부분을 차지하는 면도 없지 않아 있었던 것도 사실이다.
그러나 산업이 발달하고 기계화되면서 토지에 대한 집념도 점차 줄어들게 된다. 사람들은 자신의 땅을 버리고 도시로 일거리를 찾아 서서히 이동하게 된다.

이에 따라 산업도 대규모화되고 그에 필요한 숙련된 산업 기술을

요구하게 된다. 인간의 가치 기준 또한 대량 생산을 위해 필요한 소모품으로 전락해, 개성이 인정되지 않고 획일화되어 개인의 자질이나 특성보다는 거대 집단의 과제와 목표가 중시되는 풍토를 조성하였다.

산업사회의 기계 테크놀러지가 강조되면서 가족 단위의 자본주의나 장인제도 등은 점차 사라지게 되고 대량화에 따른 적극적인 생산경제 체제로 변모한다. 대량 생산에 의해 도구화되었던 사람들에게 사적 재산이 조금씩 축적되고 정치, 경제, 사회에 대한 시민의식이 생성, 점차 성장하기 시작하였다.

사회·경제적 변화에 따른 가족제도 또한 산업혁명과 현대화 과정 속에서 격심한 변화를 겪게 된다. 자본주의의 산업혁명과 민주주의의 시민혁명은 의식과 체제에 있어서 서로 다른 변화를 요구하게 된 것이다.

자본주의의 장점이라고 할 수 있는 사유재산의 생성은 부익부 빈익빈에 대한 불평등을 가시화 했고 이로 인해 사회주의가 대두하게 되었다. 점차 진공관 시대(라디오)에 접어들게 되면서는 원근(遠近)에서 의식을 공유하는 사람들을 만나게 되고, 정보를 보다 빠르고 폭넓게 접하게 됨으로써 시민의 사회인식 수준에 있어 급격한 성장을 가져다주었다.

생활의 급격한 변화와 그 소용돌이 속에서 자녀들에 대한 관심도 소홀할 수밖에 없는 상황이었다. 그래서 산업기술이 대표되던 블루칼라 시대에는 자녀의 교육에 대한 관심도 소극적이었다.

노동 현장에서 일을 해야만 하는 부모들은 자녀의 교육에 관심을 가질 여유도, 그렇다고 직접 가르치거나 함께 지낼 시간의 여유도 많지 않았다. 자녀들 또한 노동 현장의 인력으로 투입되는 경우가 많아 교육다운 교육이 이루어지기 어려운 시기였다.

3. 3세대(19C~20C · 화이트칼라~정보화시대)

19세기에 들어서면서 사무직 노동자로서의 화이트칼라 시대가 도래하였다. 흰 와이셔츠에 넥타이, 펜으로 대표되는 화이트칼라에 의해, 블루칼라의 꿈은 점차 밀려나가기 시작하였다.

화이트칼라의 물결은 빌딩과 빌딩 사이를 누비면서 경제력과 명예를 동시에 얻는 듯 보였다. 경제적인 조직과 운영의 체계가 강조되는 중앙집중화로 인해 사무직 노동자들은 행정력과 기획력이 요구되었고 블루칼라 시대의 대량 생산의 의미에서 벗어나 정보 집약의 시대로 나아가게 된 것이다.

그러나 20세기 중·후반기부터 가열된 컴퓨터 통신망을 통해 모든 일을 처리할 수 있게 되어 화이트칼라의 모습도 점차 퇴색해 갔다.

인쇄매체의 발달과 트랜지스터의 IC회로 발명, 광통신 시대로 거듭되는 소형화(집적 회로)가 이루어지기 시작했다. 흑백 TV에서 칼라 TV로의 전환은 매스미디어의 대대적인 물량화가 이루어져 모든 정보가 공유되는 '세계는 하나'라는 지구촌 시대를 맞이하게 되었다.

뿐만 아니라 세계가 다원화되어 가면서 점차 사회주의 체제의 모순이 드러나게 되고, 경제적인 논리에 입각하여 세계가 힘의 균형을 이루게 되었다. 냉전시대의 불식과 탈냉전시대의 도래로 접어들면서 사회주의 체제가 무너지기 시작한 것이다.

3세대는 능력위주의 사회가 되면서 재테크, 시테크, 지적 테크놀러지에 대한 관심이 높아지고, 육체 노동보다 서비스 경제로 노동력이 이동되었다.

자본주의 사회의 산업 구조는 노동인구의 대이동과 도시화를 촉진시켰다. 이에 의식주를 같이하는 가족 생활의 단위는 부부 단위의 핵가족화로 변화되기 시작했다.

4. 4세대(20C~21C · 골드칼라~사이버스페이스 시대)

초고속화되어 가는 정보화의 흐름은 점진적이기 보다 급속하게 인류의 라이프 스타일과 의식을 서서히 바꿔 놓기 시작하였다.

좌뇌와 우뇌를 주로 사용하던 이 시기에는 각각의 개성이 존재하는 빅딜은 물론, 세계는 어느 곳에서라도 손가락 하나면 화상을 통해 대면하고 대화를 나눌 수 있을 만큼 변화하였다.

냉전시대가 막을 내리고 권력이동의 재편은 세기적인 변화에 날개를 달게 했다. 각 국가들은 이데올로기 싸움에서 벗어나 환경의 파괴와 자원의 고갈 뒤에 있을 경제권의 확보와 자국의 부를 축적시키기 위한 적극적인 연구와 개발에 앞장서기 시작했다.

 지구촌 시대는 이제 갔다. 지구 시민사회가 도래한 것이다. 정보 초고속도로와 같이 컴퓨터 커뮤니케이션 사회로서 지구는 큰 지구시의 한 시민으로 여겨질 만큼 정보를 동시에 공유하고, 발전시켜 나가고 있다.

 사이버스페이스(Cyber Space) 환경이란, 그 내용을 문자언어나 영상과 음성의 형태로 인간의 감각에 의해 가능하게 하는 전자적 지식의 특수 형태로 만들어진 소프트웨어이다. 이러한 새로운 정보 테크놀러지는 생산의 경제학을 뒤집으면서 우리의 제도들과 문화를 '탈 대량화' 하였다.

 반면, 텔레커뮤니케이션과 컴퓨팅 산업이 가져온 경제적, 정책적 행사들은 정부의 규모나 조직에 있어서 축소화를 가져 왔다.

 사이버스페이스의 확대에 이어 인간은 더 빠른 컴퓨터와 더 값싼 전자적 저장 수단인 소프트웨어 그리고 더 많은 케이블 통신 채널(위성)을 개선해 가고 있다. 노동력도 점점 데이터 집약적인 서비스업 즉, 교육·금융·소프트웨어·오락·미디어·첨단 커뮤니케이션·의료 서비스·컨설팅 등으로 집중되고 있다.

 컴퓨터 및 위성 통신 등을 통해 가상의 정보망을 구축(타의에 의한 정보 입수)하고, 모든 정보는 디지털 형태와 네트워크로 쉽게 접근할 수 있는 형태로 기록하게 되었다.

 사이버스페이스 안에서 자신이 원하는 정보를 찾아 쉽게 습득할 수 있어 한 분야에 대해서만큼은 타의 추종을 불허할 만큼 전문적인 매니아들이 출현하게 되었다.

 전자매체의 등장은 인쇄매체를 점점 사라지게 하고, 사이버스페이스 안에서 전자배달로 서로의 정보를 교환할 수 있도록 하였다.

그로 인해 상위하달 식의 명령은 사라지고 누구나 창의적이고 성공적인 아이디어가 있다면 네트워크를 통해 회사에 제안하고 추진할 수 있어 종적 조직사회에서 횡적 사회로의 전환이 이루어진다.

사이버스페이스만으로도 하나의 거대한 기업을 만들 수 있게 됨에 따라 작으면서도, 내 집처럼 사용할 수 있는 작은 공간의 오피스텔(Small Office, Home Office)이 등장했다. 정보의 공유가 사이버스페이스 안에서 쉽게 이루어지기 때문에 각자의 개성을 살린 유행이 함께 공존하고 새로운 유행도 쉽게 창조해 낼 수 있다.

또한 무형의 인물 즉, 사이버 인물이 등장했다. 이는 생명이 없는 가상의 인물에게 환경과 외모 등을 설정해 주고 그들을 사이버 공간 안에서 생명을 지닌 한 인물로 대우를 해주는 것이다. 이들은 또한 직업을 가지고 있으면서 사회적 활동도 하고 하나의 인격체로 대접을 받는다.

다양한 변화 속에 4세대는 폭발적인 정보와 만나게 된다. 정보의 양이 많아짐에 따라 이를 '어떻게 습득하고 활용할 것인가'라는 문제 또한 대두된다.

이러한 문제를 해결하고 대량 정보의 효과적인 습득을 위해 영재교육 및 초고속전뇌학습법에 대한 관심도 급증되고 있다. 대량 정보화 시대를 영위해 가기 위해선 개인의 특성을 고려한 학습법이 요구되기 때문이다.

5. 5세대(21C~ · 다이아몬드칼라~다기능 및 투명화 시대)

첨단 과학문명의 발달로 인한 투명화가 이루어진다. 실명화 및 전자카드의 등장으로 개인의 인적사항, 경제능력 등이 공개된다.

또한 한 개인의 과거나 현재, 미래를 비롯해 질병등 모든 내용을 쉽게 알 수 있는 시대다.

인간의 능력 계발로 다이아몬드처럼 빛나는 아이디어와 초능력이 발휘되는 시대다.

인간은 좌뇌, 우뇌의 계발에 이어 인간의 뇌 중 제3의 눈이라 할 수 있는 간뇌를 계발하게 되고 그 능력을 발휘할 수 있게 된다. 그리하여 인간은 스스로의 질병을 알아내거나 치료가 가능해진다. 또한 인간과 우주의 미래까지도 예측할 수 있어 모든 것이 가시적이 된다. 결국, 유(有) · 무(無) · 극(極) · 정(靜) · 동(動)의 무한동력(無限動力)의 시대가 도래한다.

5세대의 특징은 슈퍼맨과 슈퍼우먼이 등장한다는 것이다. 고도의 과학문명을 통해 간단한 방법으로 누구나 정보를 대하고 활용할 수 있게 된다. 이로 인해 다기능의 능력을 갖춘 사람들이 늘어나게 된다. 이는 전천후 업무가 가능한 다기능, 다원화된 인간형이다. 따라서 남녀의 역할 분담이 있을 수 없는 만능 인간형 시대의 도래가 주목된다고 하겠다.

컴퓨터 네트워크로 인한 재택근무 시대가 도래한다. 사이버스페이스 시대를 거치면서 네트워크는 세계적인 망을 구축해, 회사라는 유형의 건물이나 외형의 규모는 그리 중요하지 않게 된다.

사이버스페이스 안에서 모든 일이 진행되며, 직장인들도 집에서 작업을 하고 작업한 내용을 컴퓨터 네트워크를 통해 결제 받을 수 있기 때문이다. 화상 회의도 가능하기 때문에 회사의 사무실이라는 테두리가 무의미해진다.

통근 개념의 변화로 인해 오피스텔 형식의 이동식 주택이 각광받을 것이다. 컴퓨터만 있으면 재택근무가 가능하므로 도시 중심에서 외곽지역으로 주거지를 옮기는 사람들이 많아지게 된다. 가끔씩 직장에 출근해야 하는 사람들을 위해 회사는 숙박 시설을 제공하게 된다. 이로 인해 트렁크룸 식의 세컨드하우스(Second House) 즉, 출근한 사람들을 위한 숙박 장소가 새롭게 등장할 것이다.

초국가 시대가 등장한다. 지구 시민사회가 되면 국가라는 경계의 개념이나 조국의 개념이 점차 약해지고 자신의 이익, 자신의 부, 자신이 원하는 문화를 향유하기 위해 국가의 개념을 초월해서 살아갈 수 있는 세상이 된다.

또 크레디트 카드가 일반화된다. 지구 시민사회의 중요한 특징의 하나는 지구 어디를 가더라도 동일한 화폐가 적용된다는 것이다. 따라서 크레디트 카드가 일반화되며, 상품인식 코드인 바코드가 적극적으로 활용될 것이다. 지구는 규모를 한정할 수 없는 거대한 시장으로 변모하는 것이다.

전자주택(종합서비스 기능의 주택 등장)이 등장한다. 주택의 개념 또한 지금까지의 수동적인 대상이 아니라 인간의 생활에 적극적으로 반응하는 전자주택으로 변화될 것이다. 인간의 움직임만으로도 스스로 불이 들어오고, 냉난방이 작동되는 전자주택이 등장하고 이의 보편화가 이루어질 것이다. 주부의 가사노동 시간은 줄어들고 여가 시간을 위한 프로그램들이 필요하게 될 것이다.

슈퍼맨과 슈퍼우먼이 바로 앞으로의 시대가 요구하는 인간형이다. 변화의 물결을 타고 오는 5세대는 초정보화, 다기능, 다원화에 적응해 가야한다. 이에 정보를 빠르고 정확하게 습득할 수 있는 능력이 요구된다. 짧은 시간 안에 정보를 보다 빨리, 보다 많이 습득하기 위해선 특별한 정보습득 방법이 필요하다.

미래의 인간 수명은 지금보다 더욱 늘어나게 된다. 수명의 연장은 또한 인간에게 건강한 삶의 영위를 기원하게 한다. 나이가 들면 급증하는 치매 환자들. 그러나 전뇌의 계발로 인간은 가벼운 질병이나 치매 등을 자가 치료할 수 있게 될 것이다.

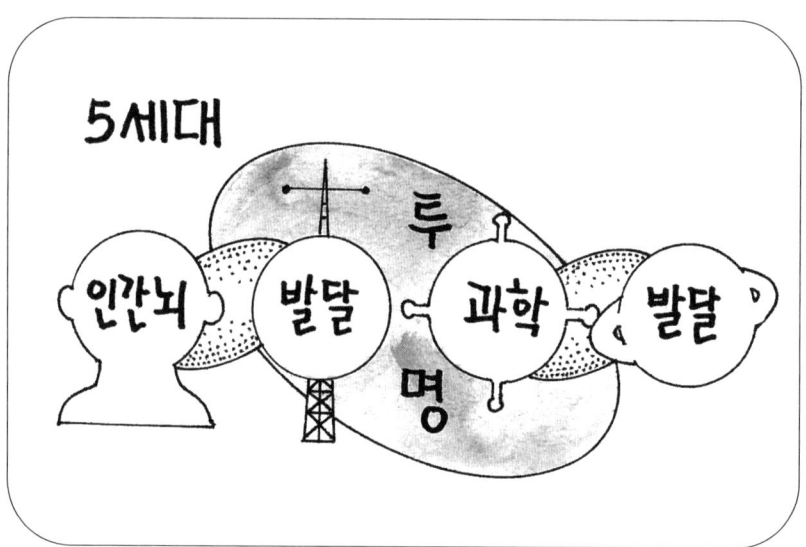

아임캐쉬(IEMCASH)와 나인에스(9S)

인간의 육체가 소우주로 비견되는 만큼 인체는 오묘하고 신비한 영역이다.

특히 인간의 전뇌는 그 능력이나 영향력에 있어서 얼마만큼의 계발과 활용이 가능한지 조차 아직 분석되지 않고 있다. 다만 추측만 가능할 뿐이다.

인체의 블랙박스라 불리는 전뇌. 이 전뇌의 완전한 활용 방법을 깨닫게 된다면 인간은 지금과는 다른 차원의 미래를 열어갈 수 있게 된다. 얼마만큼 알아내고 계발하느냐에 따라 인간의 미래가 달라질 수 있기 때문이다.

인간은 자신이 가진 전뇌의 능력을 10%도 다 못쓰고 간다고 한다. 전뇌의 능력을 15~30% 정도만 써도 가히 천재라 불린다.

전뇌계발은 그만큼 무궁무진한 것이며 지금의 능력보다 10%만 더 계발한다고 하더라도 초능력적인 인간이 될 것이다.

그렇기에 전뇌의 연구와 활용에 대한 논의는 항상 인간의 과제로 대두되어 왔다.

미래는 자신의 전뇌를 최대한 계발하려는 의지와 노력으로 또다른 세계를 창조해 나갈 것이 자명하다. 21세기는 인간의 모든 능력을 발휘하는 시대이며 이 때는 누구나 신적인 능력의 소유가 가능하게 될지도 모른다.

1. 전인적 인간의 지표

그 옛날 우리의 선조들은 한 사람의 능력을 평가하는 데 있어서 신언서판(身言書判)을 그 기준으로 내세웠다. 이는 육체의 건강과 대화 능력 그리고 문장 능력과 판단력 등을 살핌으로써 그 사람의 능력을 판가름했던 것이다.

그러나 시대의 변화라는 흐름과 함께 사회의 다양화, 직업의 세분화가 이루어진 지금, 이 기준 또한 변모되고 세분화되는 것은 당연한 것이다.

필자는 신언서판이라는 한 인간의 평가기준을 현대적으로 도입하여 체계화하였다. 이는 지능지수(IQ)와 감성지수(EQ), 도덕지수(MQ), 창조지수(CQ), 활동지수(AQ), 영적지수(SQ), 건강지수(HQ) 등의 일곱 가지를 필자 나름대로 정리한 것이다.

사회성을 띤 인간이 올바른 목표를 가지고 발전해 나아가기 위해서는 위의 일곱 가지가 모두 충족되어야만 전인적 인간으로 거듭날 수 있다고 판단하기 때문이다.

일곱 가지 각 지수의 첫 영문자만을 따, 이를 아임케쉬(IEMCASH)라 명명하였다.

아임케쉬(IEMCASH)의 7Q는 전뇌에서 나오는 일곱 가지의 두뇌활동 영역을 지수화한 것이기 때문에 전인적 인간의 부분적이고도 총체적인 지수라 할 수 있다. 현재와 미래 시대에 부응하는 정품의 인간 지표인 것이다.

또한 아임케쉬의 지수 영역을 동시에 계발하고 발달시킴으로 인해 인간은 미래시대에 또다른 변화들을 몰고 올 것이다.

전뇌를 계발하면 한 예로, 지능(IQ)이 올라가 성적의 향상이나 성격의 원만함을 나타낸다. 또한 체내에선 몸에 유익한 호르몬 분

비로 건강을 유지하게 하며 알파(α)파의 발생에 의해 심신의 안정과 빠른 전뇌 회전력 즉, 7Q의 향상을 보인다.

이처럼 전뇌 계발을 통해 지능뿐 아니라, 감성력, 도덕력, 창조력, 활동력, 영적 능력, 건강 등을 모두 향상시키는 것이다.

다가올 21세기는 전뇌의 계발과 활용이다. 모든 뇌의 기능을 살리고 활용함으로써 지금보다 월등한 능력은 물론 초인적인 힘을 보유하게 될 것이다. 때문에 미래의 시대는 인간에게 있어 고차원적이고 초월적인 시대로 변모해 갈 것이다.

이러한 미래 인간에 부응하기 위해선 전인적 인간의 측정지표인 7Q 즉, 아임케쉬의 계발과 향상이 쟁점으로 떠오르게 된다.

2. 7Q, 아임케쉬(IEMCASH)

① IQ(知能指數 · Intelligence Quotient)

현재 뇌의 능력을 측정하는 지표로 나이에 걸맞은 지식이 있는지의 여부와 지능의 높고 낮음을 나타내는 지수다. 뇌부분 중에서도 특히 좌뇌 측정을 위주로 한다. 전뇌를 계발하면 좌·우·간뇌가 동시에 활동함으로써 뇌에서 α파를 발생하게 된다. 이는 좌뇌가 주관하는 지적 능력을 향상하게 하는데 이로써 IQ도 향상된다.

지능지수는 1908년 프랑스의 비네(A.Binet)와 시몽(Simon) 두 사람이 인간의 지능을 측정하기 위한 방법으로 완성한 것이며 그후 IQ 테스트로 활용되었다.

이 테스트는 원래 지능이 낮은 아이가 다른 아이에 비해 얼마나 뒤떨어져 있는가를 알기 위해 쓰여졌던 것이다. 간단하게 아이들의 지능을 측정할 수 있는 방법이지만 지능 테스트의 점수가 높다고 해서 높은 지능을 가졌다고는 할 수 없다. 마찬가지로 낮게 나왔다고 지능이 낮다고도 볼 수 없다.

하지만 인간의 지능은 인간의 진화나 생활, 의식의 변화 등에 있어 기저(基底) 역할을 해왔다. 지능이 있다는 것은 앞으로 나아갈 수 있다는 것이며 새로운 것에 대한 연구와 개발을 할 수 있다는 것이다. 역사적으로 모든 위대한 인물이나 뛰어난 사람들은 지능이 높았던 사람들이 많다. 그러나 지능이 높음에도 그 지능을 효율적으로 사용하지 못하는 사람들도 있다.

높은 지능을 좋은 일에 쓰지 않고 나쁜 쪽으로 쓴다면 지금의 인류와 미래의 인류를 좀먹는 행위가 되며 반인간적인 사람으로 전락하고 만다. 높은 지능을 가진 사람은 인류를 위해 보다 좋은 일에 전념해야 할 것이다.

② EQ(感性指數 · Emotion Quotient)

인간의 뇌 중에서 우뇌의 측정이라고 할 수 있는 지표로, 정확한 측정이 어려운 것이 특징이다.

전뇌를 계발하면, 인간의 감성은 좌뇌와 우뇌 양쪽이 조화를 이루어 나타나게 된다. 이는 우주의 이치 즉, 대자연의 섭리를 터득하게 됨으로써 EQ가 높아짐을 나타낸다.

감성지수가 높은 사람은 하나의 사물을 보더라도 남들보다 더 많은 것을 느낀다. 또 다양한 표현방법을 사용해 자신만의 방법으로 표현하는데 뛰어나다.

감성이 풍부하고 다양한 사람이라면 이를 잘 조절할수록 성공의 확률은 높아진다고 하겠다.

인간의 감정상태를 잘 들여다보고 또한 인간의 심리상태를 심층적으로 분석했던 프로이드는 감성지수가 높았던 사람 중의 하나이다. '정신분석학'이라는 심리이론을 통해 인간의 내부 세계를 관찰하고 자신만의 독특한 용어로 표현해 낸 프로이드는 인간의 감성 면에서 뛰어난 인물로 현재에도 평가받고 있다.

중국의 공자는 인간의 삶을 자신만의 감성적인 언어로 표현했는데 그는 '나이 30에 뜻을 세우고(立志), 40에는 어느 것에도 치우침이 없고(不惑), 50에는 하늘이 내린 뜻을 알고(天命), 60에는 어떤 말을 들어도 귀에 거슬리지 않게(耳順) 되었다.'고 말했다. 이는 공자의 감성을 표현한 대표적인 문구라 할 수 있다.

③ MQ(道德指數 · Moral Quotient)

도덕지수는 우뇌의 영역에서 나오는 것으로, 도덕적으로 온전한 자만이 참으로 성공할 수 있다.

전뇌를 계발하면 평소에도 심신의 안정이 이루어진다. 또 우뇌와 좌뇌의 보편적인 기능이 활성화된다.

또한 이성과 감성이 조화를 이뤄 MQ가 높아진다.

현재는 투명성의 시대다. 미래는 투명성이 더욱 강조되는 시대이므로 도덕적이지 못하면 다른 사람들로부터 배척 당하고 명예의 실추를 가져와 사회적으로 살아나가기가 힘들어진다. 도덕적인 인간이 존중되고 그 정신에서 참된 힘과 능력이 발휘된다.

인간이 인간다울 수 있는 것은 양심이 있기 때문이다. 양심이 사라지면 인간은 자연의 법칙 속에 살아가는 짐승들보다도 더 못한 존재가 된다. 또한 다른 사람들로부터 질시 받고 격리되기도 한다. 상식적이지 못한 사람들을 보면 흔히 도덕 불감증에 걸린 사람이라고 말한다. 요즘엔 이런 도덕불감증에 걸린 사람들이 많다.

옛날의 우리 선조들은 청렴결백을 선비나 관리들의 필수덕목으로 삼아왔다. 그러나 시대가 바뀌고 혼탁해짐이 많은 현대에는 아쉬운 덕목이기도 하다.

인간이 사회를 형성하고 더불어 사는 체제하에서는 공존하기 위해 만들어 놓은 법이나 규범, 인간의 도리 등을 지켜야 한다. 인간이 인간다울 수 있는 마지막 보루와도 같은 양심에 어긋나는 말과 행동은 삼가야 한다. 도덕지수가 높은 사람일수록 법이 필요 없는 사람이라고 할 수 있다.

④ CQ(創造指數 · Creative Quotient)

간뇌와 우뇌 부분의 영역에서 나오는 지수다. 전뇌를 계발하면 형이상학적인 간뇌의 기능이 창조적인 우뇌와 합리적인 좌뇌를 자극한다. 이는 곧 전뇌의 발달과 확대로 이어지며 이를 바탕으로 CQ가 높아진다.

과거 인류의 역사를 지탱하고 유지, 발전시켜 왔던 원동력은 소수 천재들의 창조 능력이었다.

뛰어난 천재 한 명은 백만, 천만 명 아니 그 이상의 인간 생활을 보장한다. 창조적인 사람은 항상 앞서가게 된다. 전뇌가 뛰어나, 다양하고 유연한 발상을 할 수 있기에 선두에서 인류를 이끌어간다. 꿈꾸는 자만이 꿈을 이룰 수 있는 것이다.

세기의 발명왕 에디슨은 뛰어난 창조력으로 우리의 과학 역사에 새로운 전기를 마련하였음은 물론, 커다란 발명의 업적을 인류 역사에 남겼다.

⑤ AQ(活動指數 · Activity Quotient)

정신 및 육체적인 움직임과 사회적인 활동을 통해 그 성과를 얻어내는 지수로 우뇌 영역이다. 전뇌를 계발하면 뇌의 기능이 최대한 가동된다. 이로 인해 자신감을 얻어 적극적이고 긍정적인 사고로 변화된다. 자신에게도 무한한 능력이 잠재되어 있다는 것을 믿기 때문에 AQ가 높아진다.

활동과 그 결과로써 인간은 사는 것에 대한 보람을 느끼기도 한다. 활동의 범위가 크면 클수록 인간은 더 많은 일을 할 수 있고, 인류를 위해 공헌을 할 수도 있다.

활동지수가 높은 사람들은 자신의 분야에 몰입하고 남다른 생각으로 정치, 경제, 사회, 문화, 예술, 체육, 기타의 부분에서 두각을 나타내는 경우가 많다.

세계적인 정치가나 경제 전문가, 스포츠 선수 등은 모두 활동지수가 높기 때문에 자신의 분야에서 두각을 나타내고 인류를 위한 공헌을 세우기도 한다.

아사도라 던컨 같은 세계적인 무용가나 미국의 대통령을 지낸 아브라함 링컨, 세종대왕 같은 사람들은 활동지수가 높았던 인물이라 할 수 있다.

⑥ SQ(靈的指數·Spiritual Quotient)

인간의 정신적인 측면으로, 눈에 보이지 않는 혼의 세계에 대한 영감지수로 주로 간뇌 부분에서 나온다.

이는 보이지 않는 것을 형상화하거나 인간의 미래, 우주의 미래를 감지하는 능력의 지수다.

전뇌를 계발하면 간뇌의 형이상학적인 면이 계발되어 SQ가 높아진다. 그렇게 되면 수면 중에 꿈을 많이 꾸게 되고 꿈이 현실로 나타나는 일을 자주 겪게 된다.

일반적인 인간 능력의 범주를 벗어난 형이상학적인 능력 즉, 미래를 보거나 알 수 있는 예지, 예견, 육감, 텔레파시, 칠신통, 초상상력, 초창조력 등을 발휘할 수도 있게 된다.

영적지수가 높은 사람들은 공간적 감각이 남다르다. 뿐만 아니라 세상에 존재하지 않는, 그래서 한번도 본 적이 없는 이미지를 머리 속으로 상상하기도 하고 이를 표현해 내기도 한다. 종종 이러한 행위들은 또다른 차원의 행동을 낳게 되는데 이는 뛰어난 과학자나 예술가의 바탕이 되기도 한다.

화학자로 유명한 케큘러나 상대성이론의 창시자인 과학자 아인슈타인 등은 영적지수가 뛰어난 사람들이다.

아인슈타인은 상대성이론을 통해 우리 눈에 보이지 않는 시간의 흐름을 공간적인 이미지로 바꾸어 놓았으며 케큘러는 화학물질인 벤젠의 분자구조를 발견했는데 이 역시 우리 눈에 보이지 않는 것을 공상적인 상상력과 직관력으로 볼 수 있도록 표면화한 것이다. 천재적 두뇌를 지니고 태어난 에디슨 역시 '99%의 노력과 1%의 영감'이라고 강조했다.

그 1%의 영적인 감각은 에디슨에게 역사에 남을 획기적인 발명의 업적을 이루게 할만큼 중요한 것이었다.

⑦ HQ(健康指數 · Health Quotient)

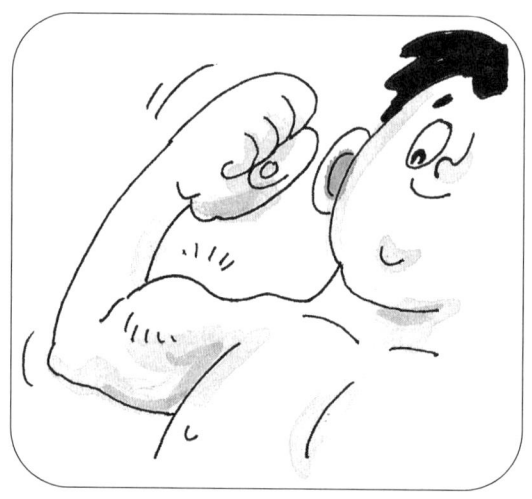

보통 우뇌 영역으로 인간이 생을 영위하기 위해서 꼭 필요한 에너지이며, 신체 및 정신적인 건강 지수다.

전뇌를 계발하게 되면 베타(β)엔돌핀이 간뇌에서 발생하며 뇌내에 호르몬이 분비된다.

이 호르몬은 강력한 몰핀 성질의 물질로서 통증 제어와 항암작용을 하기 때문에 인체의 HQ가 올라간다.

마음과 육체가 다 건강해야만 인간은 활동을 하거나 앞으로 나아갈 수 있는 힘을 얻는다. 옛말에도 '재산을 잃으면 조금 잃은 것이요, 신용을 잃으면 많이 잃은 것이요, 건강을 잃으면 모든 것을 잃은 것이다.'라고 했다. 건강한 육체에서 건강한 정신이 나오고 움직임 또한 활발해질 수 있다.

중국의 유명한 황제 진시황은 영생을 얻고자 신하들을 불러 불로초를 구하도록 했으나 황제라는 권력과 부귀영화 속에서도 죽음을 피해가지는 못했다. 인간의 힘으로는 어쩔 수 없는 죽음, 하지만 건강은 인간의 노력으로 지켜 가거나 유지할 수 있는 부분이기도 하다.

건강은 건강할 때 지키라는 말이 있듯이 건전한 정신과 건전한 육체를 유지하는 것도 성공한 인생이라 할 것이다.

3. 미래의 핵심, 나인에스(9S)

나인에스(9S)란 변화하는 미래시대에 나타날 현상들과 개발될 내용들이다. 즉, S로 시작되는 아홉 가지의 문화혁명이자 현상이라 할 수 있다. 어느 국가든, 민족이든 구분 없이 앞으로의 인간 문명은 다음의 아홉 가지가 주를 이루고 대표될 것이다.

① 슈퍼(Super · 超能力)

슈퍼맨, 슈퍼우먼, 슈퍼컴퓨터(1초에 5천만~1억5천만 이상의 연산 능력) 등 모든 지식과 문명이 전자통신망으로 이동되어 인간은 쉽게 많은 정보를 초고속으로 얻거나 활용할 수 있게 된다.

그로 인해 비범한 능력을 지닌 초월적 현상이 인정되고 AQ의 극대화가 이루어지는 때다. 또한 인간은 초월적인 능력을 소유하기 위해 자기계발에 최선을 다하게 된다. 평범을 능가하는 만능적이고 비범한 사람만이 다이아몬드칼라 시대를 살아갈 수 있다.

② 스페이스(Space · 宇宙空間)

생활은 물론 업무나 학교에 다니는 일도 공간을 통해 이루어지고 인간의 문명이나 과학 등 모든 것은 공간으로 통하게 된다. 한국에서 미국에 있는 학교를 통신화상으로 공부하고 졸업을 하는 일 등은 보편화된다.

미래는 지구와 우주가 하나의 공간으로 공존하는 시대다.

인간의 문명도 우주공간 속에서 펼쳐짐은 물론 인간의 관심 역시 지구권에서 벗어나 우주공간을 통해 지식과 정보가 펼쳐지고 확대된다.

달이나 행성간의 상업적인 관계가 형성되어 인간의 삶은 우주로 확대되고 우주식량의 재배나 산업도 활성화된다.

달의 땅을 분양하고 달 속의 광맥 지도가 가능한 지금, 미래는 우주의 행성을 두고 정복 및 개척하기 위해 앞을 다툴 것이다. 우주는 이제 하나의 가동(可動) 공간이며 생활 공간이다.

③ 씨이(Sea·海洋)

해양은 무한한 자원의 보고(寶庫)이다. 인간의 관심과 연구 속에 바다는 인간의 신세계로 등장할 것이다. 육지의 자원 고갈로 해양을 연구하고 개발하는 일은 우주를 개척하고 개발하는 것만큼이나 활기를 띨 것이다.

인간은 해양에서 지금까지 누려보지 못했던 새로운 세계를 경험하게 될 것이다. 해양에서의 생활이 가능해지고 해저도시의 생성은 인간을 육지와 바다를 오가며 살게 할 것이다.

바다 속을 자유자재로, 오가며 산과 들이 인간과 어우러진 공간이었다면, 이제는 바다 속의 자연에 둘러싸여 느끼고 바다 세계와 조화를 이루며 생활을 하게 될 것이다.

④싸이언스(Science · 科學)

과학이란 단어는 언제 들어도 싫증나지 않는 말이다. 미래 역시 과학 만능의 시대지만 더욱 발달한 과학연구로 첨단 과학문명의 시대가 된다. 또한 과학이 발달하면 할수록 인간의 회귀 본능이 더욱 강하게 일어날 것이다.

이는 '자연으로 돌아가자'라는 식의 자연집단의 생성 및 원시시대로의 복귀를 추구하는 이가 생겨나게 됨을 의미한다.

인간의 정신 과학은 서양에서 동양의 정신 과학으로 전환, 이행되는 단계이며 또 동서양의 접목으로 인간과 우주의 이치를 완성시키는 때이며 인간성을 점검하는 도덕성 지수(MQ)가 부각될 것이다.

⑤ 스크린(Screen · 映像)

좌뇌식의 정보를 우뇌식의 정보로 대체하고 영상화하여 스크린에 표현하는 간뇌방식이 일상화된다.

인간의 뇌파가 알파(α)파 상태에서 나타나는 초알파 스크린으로 변모하며, 대화나 작업을 화상으로 추진, 마무리하는 일 등은 보편화된다. 입체 영상의 시대가 바로 이 때라 할 것이다.

컴퓨터, 영화, 학업, 지식 전달, 통신, 우주 개발 등의 모든 작업이 시뮬레이션 등의 스크린으로 활용되어진다. 그래서 인간의 모든 생활이나 활동은 스크린으로 표현되고 일상화되어 스크린 없는 인간의 움직임은 생각할 수 없게 될 것이다.

⑥ 스피드(Speed · 速度)

인류의 역사는 발전의 가속화 속에 정확성과 안전성 있는 것이 항상 최첨단을 이루며 발전해 왔다. 이에 운송, 통신, 지식전달 및 습득, 의료, 서비스, 기계, 물류 등 전반적인 모든 것의 발달이 더욱 가속화된다.

지구는 그야말로 일일생활권으로 변화한다. 초스피드란 말이 실감날 정도로 스피드는 모든 성공의 밑바탕이 되고 영적지수(SQ)의 향상을 가져올 것이다.

SQ의 향상은 인간을 초능력 자로 만들고 생각만으로도 간단한 의사소통을 할 수 있게 하며 직관력이 뛰어나 더 먼 미래를 대비하거나 준비할 수 있는 능력을 보유하게 될 것이다.

어떤 일이든 스피드가 존재하지 않으면 관심을 끌 수 없기 때문이다. 학습을 하는데 있어서도 초스피드 방법 즉, 초고속전뇌학습 방법이 요구된다.

⑦ 스터디(Study · 學習)

현대와 미래는 정보화시대이다. 정보에 앞서는 자가 주도하는 세계가 바로 21세기이며 미래의 시대다. 체계적인 정보화를 구축하기 위해서는 빠른 지식의 습득이 중요시된다.

빠른 지식의 습득이야말로 우리가 추구해야 할 방향이며 다변화하는 시대의 평생 교육과 연결되는 중요한 기술이 된다. 그러므로 정보 획득에 있어서 학습 전략이 쟁점으로 등장할 것이다.

물론, 학습에 있어서도 차원을 달리하는 보다 더 고차원적인 습득방법이 등장할 것이다.

인간으로서의 삶을 다하는 그 날까지 지속적인 학습을 하지 않으면 계속해서 ×맹, 이라는 소리를 듣게 됨은 물론 노력을 기울이지 않으면 퇴보하게 될 것이다.

⑧ **스포츠(Sports · 運動)**

모든 일들이 자동화 시스템 또는 로봇화 되어 인간은 노동 현장에서 점차 사라지게 된다.

그로 인해 인간은 건강을 유지하기 위해 레저를 즐기게 되고 각종의 레저 스포츠가 생활 속에 정착된다.

이는 스포츠의 상품화나 대중화를 더욱 가속시키는 계기가 된다. 다양한 스포츠 문화의 여건은 확대되고 건강지수(HQ)가 극대화된다. 레저 스포츠를 통해 인간은 스스로 건강을 유지하고 신체를 단련시켜 무병장수를 누리는 시대가 될 것이다.

⑨ 섹스(Sex · 性)

남녀의 성구별이 점점 없어지게 된다. 남성이 하는 일, 여성이 하는 일 등의 역할 분담이 없는 세상이 된다.

남자는 출산하는 산고를 빼면 모든 일을 여성과 동일하게 하게 된다. 섹스 관계에 있어서도 여성이 주도하는 취향으로 변하게 된다. 미래의 섹스는 종족 보존 차원보다는 향락 추구가 주를 이룸은 물론 성의 활동도 레저 스포츠 정도로 여기게 될 것이다. 또한 산아 제한과 성의식의 변화 속에 성의 활동이 레저화 되는 경향은 두드러질 것이다.

수명 연장, 약물의 개발 등으로 중년, 노년층의 성 활동 역시 두드러지게 발달할 것이다.

인간의 활동을 감소시키는 문명의 발달은 인간의 성 활동마저도 인위적인 놀이로 만들어 현재와 같은 차원의 성 활동은 사라지고 보다 과학적이고 스포츠화 된 의미의 성문화가 새롭게 등장할 것이다.

전뇌 계발의 필요성

현재 인간이 사용하고 있는 뇌의 용량에서 더 많은 부분을 계발하게 된다면 인간은 지금보다 훨씬 우월적인 존재가 될 수 있다. 또한 보다 월등한 업적을 쌓아갈 수 있다. 그렇다면 전뇌는 어떻게 계발할 수 있을까?

전뇌하면 보통 좌뇌, 우뇌, 간뇌를 칭하는데 이중 간뇌는 그동안 관심 밖이거나 계발되어 오지 않은 부분 중 하나다. 그러나 간뇌만을 집중적으로 계발하는 것이 아니라 이 책에서는 전뇌(全腦)를 모두 계발하도록 권하고 있다. 또 우리가 잘 몰랐던 간뇌의 기능을 향상시켜야만 확실한 효과를 기대할 수 있다.

인간의 뇌는 외배엽성 신경과에서 발생하며 뇌의 움푹 패인 중간부분을 중심으로 해서 좌우대칭으로 되어 있다. 이 두 부분이 좌뇌, 우뇌이며, 그 외에 간뇌(중간에 있는 뇌량 포함)로 구성된다.

그 중에서 좌뇌, 우뇌, 간뇌가 차지하는 부분이 가장 크며 뇌 전체 무게의 약 80%를 차지한다. 전뇌는 호도 알처럼 많은 잔주름이 잡혀 있으며, 약 140~150억 개 이상의 신경 세포로 구성되어 있다.

지금까지도 천재로 일컬어지고 있는 아인슈타인, 에디슨, 뉴턴 같은 인물들도 15~30% 정도의 뇌를 활용했다고 하니 뇌의 잠재능력이 얼마나 큰지를 가늠할 수 있다. 일반인들은 7~15% 이내만 사용하다가 가는 것으로 알려져 있는데, 뇌의 잠재된 나머지의 능력을 조금이라도 깨우고 활용하기 위해선 뇌의 연구와 계발이 필요하다. 미국이나 일본 등의 선진국에서는 이미 뇌에 대한 활발한 연구가 이루어지고 있는 상황이며 국내의 뇌연구 또한 활성화되어야 하는 시점이라 하겠다.

■ 미국·일본·한국의 뇌연구 동향도 ■

구 분	미 국	일 본	한 국
법과 장기비전	선언문 형태의 '뇌연구10년' 법. 90년대를 뇌연구기간으로 선포	과학기술기본법 '뇌의 21세기'법 추진	뇌연구 촉진법
연구비	90년도부터 미국립보건(NIH) 연간 8천5백억원	97년부터 20년간 16조원 (97년 1천2백억원, 10년 8조원)	1998~2007년 9천2백60억원
연구기관	NIH와 대학연구소	뇌과학 종합연구센터	뇌연구소 설립예정
연구인력	3만명	3천명	1천여명 추정
뇌연구수준	100%(기준)	70%	40%

〈 자료: 한국뇌학회 〉

1. 건강 유지는 기본, 텔레파시도 가능

건강한 신체에서 건전한 정신이 나온다는 말이 있다. 건강한 신체란 인체의 골격과 살과 피, 각종의 장기들이 무리 없이 제 활동을 수행하는 상태이며 인간의 뇌는 인체 장기중의 하나이므로 건강한 뇌에서 건전한 정신이 나온다고 볼 수 있다.

전뇌 계발은 우주와 자신을 연결하는 하나의 연결고리이기도 하다. 뇌를 계발시킴으로 인하여 인간은 자연적인 건강을 유지할 수 있으며 질병에 걸리더라도 간단한 것들은 자가 치료가 가능해진다.

전뇌가 계발되면 활발한 뇌내 호르몬의 유기적인 생성으로 신체의 각 부분들을 치료하고 조절하며 신진대사를 원활하게 해준다. 심신의 안정 상태인 알파(α)파 상태가 보다 많이 나타나고 베타(β) 엔돌핀의 다량 생성으로 면역 체계를 강하게 한다. 이렇게 전뇌 계발은 건강을 가져오는 역할을 하게 되며 전뇌 계발로 생기는 적극성과 자신감은 신체의 건강을 배가 되게 한다.

한편, 전뇌 계발은 원천적인 간뇌의 계발을 가져와 텔레파시를 비롯 여러 가지의 초능력을 발휘할 수도 있다. 다음은 전뇌와 대우주가 하나의 연결고리임을 유추해 볼 수 있는 도표이다.

■ 전뇌와 대우주의 합일원리 도표 ■

전뇌(全腦)			우주	삼보(三寶)		
間腦	源天	제3의 뇌	천(天)	신(神)	상단전	령(靈)
右腦	先天	제2의 뇌	지(地)	기(氣)	중단전	심(心)
左腦	後天	제1의 뇌	인(人)	정(精)	하단전	력(力)

뇌의 분류

일반적으로 뇌는 그 진화에 따라 크게 후뇌(後腦), 중뇌(中腦), 전뇌(前腦) 이 세 부분으로 나눈다. 이 중 전뇌는 또 좌뇌, 우뇌, 간뇌 등으로 구분한다. 여기서는 각 뇌의 위치와 역할을 점검해 보기로 한다.

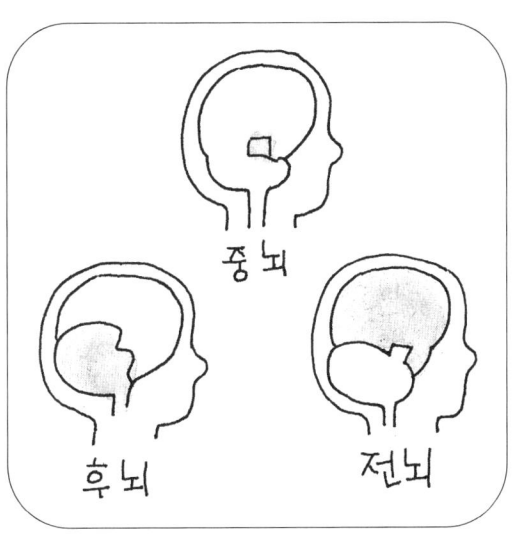

■ 뇌의 진화에 따른 전뇌 분류도 ■

全腦	후뇌(後腦)	뇌줄기(척수, 연수, 뇌교), 소뇌
	중뇌(中腦)	뇌줄기의 윗부분, 간뇌의 아래쪽
	전뇌(前腦)	좌뇌, 우뇌, 간뇌

1. 후뇌(後腦)

가장 오래된 뇌 부분으로 척추 안에 있는 척수와 연결된 연수, 뇌교가 이 부분에 속한다. 여기에는 신체의 호흡과 심장 운동을 조절하는 생명 중추가 있으며 외부의 정보에 대해서도 의식이 깨어 있도록 유지해 주는 역할을 한다. 이것을 뇌줄기라고 한다.

소뇌도 뇌줄기에 붙어 있는 부분이며, 후뇌의 일부이다. 몸의 위치, 평형, 공간 운동 등의 운동 중추와 간단한 학습기억 등의 역할을 한다.

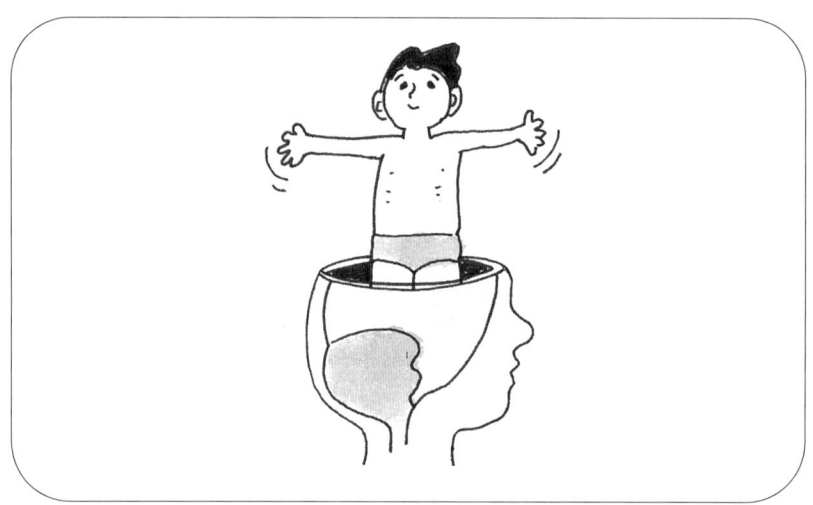

2. 중뇌(中腦)

소뇌와 뇌줄기의 윗부분이다. 중뇌에서 발생한 신경 전달 물질인 도파민이 신경계에서 이상을 일으키면 파킨슨병이나 정신분열증을 나타낸다.

이는 도파민이 선조체에 작용하면 운동기능이 조절되고 대뇌피질에 작용하면 고위 인식, 정신 기능을 조절하기 때문이다.

3. 전뇌(前腦)

가장 최근에 진화된 대뇌피질부를 포함한 부분으로 전두엽, 두정엽, 측두엽, 후두엽이 있는 좌뇌와 우뇌, 간뇌를 칭하며 간뇌는 변연계가 주종을 이룬다. 그리고 전뇌(前腦)는 이 부분에서만 표기되며 그 외의 부분에서 표기되는 전뇌는 전뇌(全腦)를 칭하는 것임을 주지하기 바란다.

또한 이 전뇌(全腦)가 우리가 앞으로 연구해야 되는 부분이며 두뇌계발에 있어 중요한 부분을 차지하는 뇌이다.

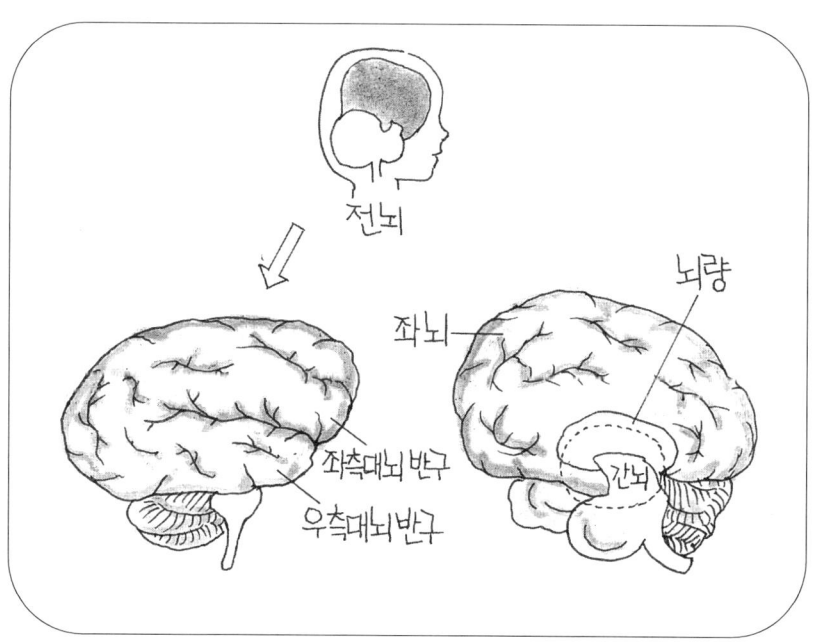

■ 두뇌 계발에 따른 전뇌(全腦) 분류도 ■

全腦	좌뇌(左腦)	대뇌피질의 좌측 부분
	우뇌(右腦)	대뇌피질의 우측 부분
	간뇌(間腦)	좌뇌와 우뇌 사이의 중심 부분

① 좌뇌(左腦)

좌뇌는 주로 지능적인 면을 수반하는 기능과 역할을 한다.

'하나 더하기 하나는 둘'이라는 명제처럼, 그 논리를 분석하거나 수학적으로 풀이해 내는 일, 단점의 비판이나 합리적으로 추론해 내는 일, 차례에 입각한 계열적 사고 등을 하는데 우선하는 뇌 부분이다.

② 우뇌(右腦)

우뇌는 지능적인 면보다는 감각적이고 감성적인 면을 수반하는 기능과 역할을 한다.

이는 '하나 더하기 하나는 둘'이 될 수도 있는 공간적이고 창조적인 사고를 한다.

좌뇌가 씨실과 날실로 정교하게 짜여진 뇌라면 우뇌는 스펀지와 같은 열려있는 공간의 뇌다. 그래서 무엇이든 동시 수용이 가능하고 우회적이거나 감성적 또는 조건반사적 사고 등을 하는데 우선하는 뇌 부분이다.

③ 간뇌(間腦)

간뇌는 우리 몸의 신진대사와 성장 및 성호르몬 등의 조절과 촉진 역할을 한다.

간뇌의 기능과 능력은 아직 확실하게 밝혀진 바는 없지만 간뇌를 계발하면 육감, 예감, 예지, 예견, 초상상력, 텔레파시 송수신, 칠신통(七神通) 등 형이상학적이고 한 차원 높은 지각력을 인간에게 깨닫게 할 수 있을 것으로 추측하고 있다.

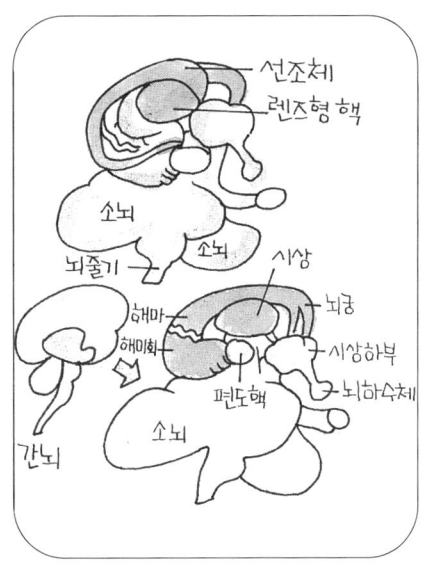

■ 간뇌의 역할 분류도 ■

間腦	변연계(邊緣系)	시상하부, 뇌하수체, 해마, 해마회, 편도핵, 뇌궁
	시 상 (視床)	의식조절, 정보의 중계 및 수용, 피드백시스템(Feed back)
	기저핵(基底核)	선조체, 렌즈형핵
	송과체(松果體)	천목(天目), 천안(天眼), 영안(靈眼), 제3의 눈, 아즈나차크라
	뇌 량 (腦梁)	좌뇌, 우뇌의 연결부
	기 타	뇌실, 뇌척수액, 투명중격 등

전뇌(全腦)란

'전뇌(全腦)'란 인간의 두뇌 전부를 일컫는 것으로 통상적으로 써오던 '전뇌(前腦)'와는 다른 의미이다. 또한 전뇌(全腦)의 한자 풀이를 통해 전뇌의 능력이 어느 정도인지를 가늠할 수 있다.

'전(全)'자는, '入'과 '王'이 합쳐진 한자이며 '王'은 '玉'으로서 玉이 사람의 손에 들어가 쪼이고 갈고 닦이면 완전한 왕(王) 또는 옥(玉)이 된다는 데서 '온전하다, 완전하다'의 뜻이 담겨 있다.

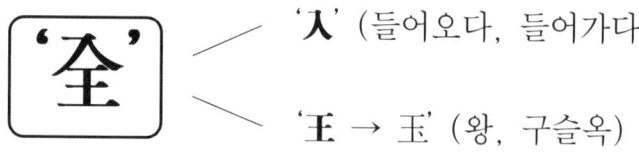

'뇌(腦)'자는, 육체(月→肉)의 머리털(巛)안 뚜껑닫힌 그릇(白)에 담겨 있는 것으로 그 크기나 능력이 무한하여 능력을 알 수 없는 것(✗)이라는 뜻이 담겨 있다.

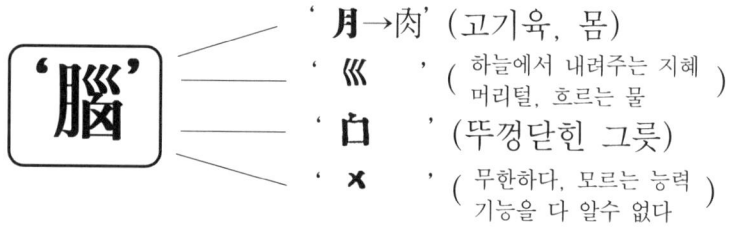

이처럼 뇌의 무한한 능력을 알 수는 없으나 그 능력이 온전한 것임을 뜻하는 것이 바로 '전뇌(全腦)'라 할 수 있다. 그렇기에 전뇌의 능력을 계발하면 할수록 인간은 지금보다 완전한 인간으로 변모할 수 있다는 것을 실제적으로 보여주고 있는 것이다.

전뇌는, 수학적, 언어적, 논리적, 합리적, 분석적, 비판적, 계열적 사고에 우선하는 좌뇌와 감각적, 반사적, 공간지각적, 직관적, 형상적, 상상적, 예술적, 총체적 사고에 우선하는 우뇌 그리고 무조건 반사적, 본능적, 육감적, 예지적, 예견적, 초상상적, 초능력적, 칠신통 등에 우선하는 산뇌 등으로 내별(大別)할 수 있다.

뇌의 능력은 1천조 Bit 즉, 책으로 계산하면 약 2억 권의 내용을 입력시킬 수 있는 용량이다. 따라서 상식적으로나 논리적, 현재의 과학이나 심리학적으로는 규명될 수 없고 오직 무한한 우주의 법칙(法則)에서만 고찰할 수 있는 것이다.

전뇌의 각 기능

전뇌의 좌뇌, 우뇌, 간뇌는 각각의 고유 능력을 지니고 있다. 각 뇌의 고유 능력을 발휘하면서 각 뇌의 능력과 다른 뇌의 능력이 서로 조화를 이루어 총체적이고 무한한 능력을 발휘하게 된다. 각 뇌의 세부적 기능과 하는 역할은 다음과 같다.

■ 전뇌 구분도 ■

全腦	좌뇌	오차 없는 수학력, 정확한 언어표현력, 추론하는 논리력, 합리적 사고력, 세부적인 분석력, 장단점 파악의 비판력, 일은 하나씩의 계열적, 인체의 오른쪽 주인
	간뇌	에너지의 생성과 활용(신진대사, 성 및 성장호르몬 분비), 오감 아닌 또다른 감각력, 무의식 속에 생기는 영적능력, 미래를 알거나 보는 능력, 생각만으로 송수신하는 능력, 초월적인 상상력, 七神通(천의통, 천안통, 천이통, 신족통, 타심통, 숙명통, 누진통)
	우뇌	열려있는 공간지각력, 순간인지의 직관력, 느낌 형상화의 음악예술력, 이미지 영상력, 풍부한 상상력, 새로움의 창조력, 동시다발적인 총체력, 인체의 왼쪽 주인

1. 좌뇌(후천적)의 기능

　언어적인 영향을 받아 조직적이고 순서와 이치에 맞는 것을 좋아한다. 정보다는 타산과 사리분별을 앞세우며 과거나 정확성이 없는 미래에 치중하지 않고 자신의 능력으로 처리가 가능한 현재와 현실을 중요시한다.
　말과 글, 숫자로 그 정도를 정확하게 나타낼 수 있어서 주위 사람들과 정확하게 의사를 소통할 수 있고, 학교 교육에서 주로 쓰이는 방법으로, 교육에 따라 향상된다.
　따라서 현대 사회에서 획기적인 발견이나 발명이 아닌 일반적인 성공을 위해서라면 좌뇌의 교육과 좌뇌식의 생활방식이 지름길이 될 것이다.
　과학적으로 증명되는 것만이 진리요, 사실이라고 생각하는 경향을 가지고 있으며 사실과 거리가 먼 우뇌의 신비주의를 인정하지 않는 것이 좌뇌식 사고이다. 그 기능을 세부적으로 보면 다음과 같다.

① **오차 없는 수학적인 능력**
　분석적이고 논리적인 왼쪽 뇌의 특징은 숫자와 부호에 대해서도 예외일 수 없다. 한치의 오차 없이 전개되는 증명은 물론 수학의 사칙연산과 대수에서도 왼쪽 뇌는 강하다. 컴퓨터처럼 입력된 혹은 정확한 것만을 받아들인다.

② **정확한 언어표현 능력**
　왼쪽 뇌는 말하기, 읽기, 쓰기 등 언어에 관련된 역할을 맡고 있다. 왼쪽 뇌는 자기가 말하고자 하는 바를 언어표현을 사용하여 정

확하게 전달할 수 있다.

주위에 보면 연설을 하거나 심지어 친구와 대화를 할 때도 많은 낱말을 구사하여 재미있으면서도 논리 있게 말하는 친구들을 볼 수 있을 것이다. 이들이야말로 왼쪽 뇌가 잘 발달되어 있는 사람들이다.

③ 추론하는 논리 능력

왼쪽 뇌는 어떠한 현상이나 사건을 논리적이며 분석적으로 생각을 전개하여 풀어 가는 것을 좋아한다. 이성적으로 어떤 사실을 철저하게 검토하여 원인과 결과를 정확하게 규명한다. 대부분의 철학자들은 논리적 사고에 강한 사람들이다.

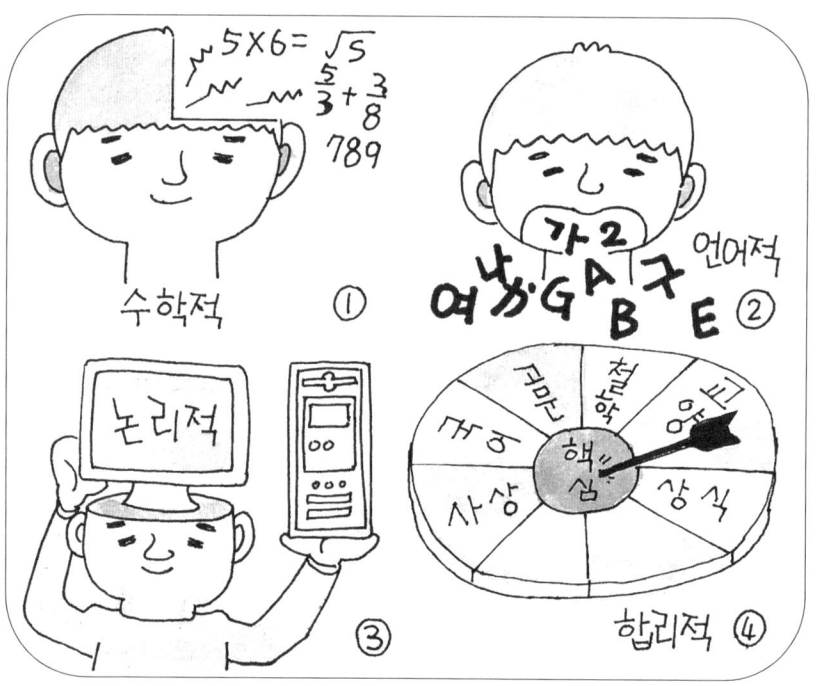

④ 합리적인 사고 능력

어떤 상황을 이해할 때 문제의 전개와 핵심을 정확하게 파악하고 더 나은 방법을 모색하는 능력을 발휘한다. 사람들 사이의 융화 역시 합리적인 사고 방식에서부터 나온다.

⑤ 세부적인 분석 능력

왼쪽 뇌는 이래도 좋고, 저래도 좋다는 식이 용납되지 않는다. 좋으면 왜 좋은지 싫으면 왜 싫은지에 대한 이유를 조목조목 말한다. 일이나 사건에 직면해서도 분석하고 추리하는 능력을 발휘하는 역할을 한다.

⑥ 장단점을 파악하는 비판 능력

사물을 판단하거나 생각함에 있어 일정한 논리적인 체계를 가지고 있어서 그렇지 못할 경우 명확하게 설득시키지 않으면 받아들이지 않는다. 또한 거기에 대한 반론을 펴는 비판적 능력이 있다.

⑦ 일은 하나씩, 계열적 사고

정보를 동시에 수용 판단하기보다는 한번에 한가지씩 순차적으로 처리해 나간다.

아무리 많은 일이 산재해 있고 동시에 추진해 나갈 수 있다하더라도 하나씩 해결하고 다음 일로 넘어간다.

⑧ 인체의 오른쪽 주인인 좌뇌

몸의 오른쪽을 움직이게 하고 조절하는 기능을 한다. 오른쪽 팔이나 다리 등의 움직임은 좌뇌의 명령에 의해 결과가 나타난다.

만약, 오른쪽 다리를 들어올렸다. 그렇다면, 이는 좌뇌가 명령을 내린 결과에 의해서 나오는 것이다.

2. 우뇌(선천적)의 기능

어느 시대를 막론하고 새로운 창조는 우뇌의 형체적(形體的)이며 총체적인 사고를 바탕으로 한다.

원인과 결과를 개의치 않는 직감적이고 즉흥적인 생각, 현실을 벗어나 이상과 공상을 추구하는 사고, 세밀한 분석이 없이 모든 것을 총체적으로 보려고 하는 것, 사랑이나 미움, 기쁨과 같이 숫자나 문자 또는, 말로써 그 정도를 한정지어서 표현할 수 없는 것 등 신비적이며 우주적이어서 현재의 학교 교육에서는 크게 도움을 줄 수 없는 예술적인 사고가 우러나오는 뇌이다.

이러한 형체적인 우뇌의 사고에서 상상을 초월하는 천재적인 창의성이 나오게 된다.

① **열려있는 공간지각 능력**

밤에 갑자기 정전이 되어도 머리 속에 집안의 구조가 인식되어 있어서 헤매지 않고 물건을 찾을 수 있다.

이는 우뇌가 사물의 위치와 다른 사물들과의 관계를 벌써 파악하고 있기 때문에 가능하다.

우뇌는 공간에 대한 인식력이 높아 머리 속에 입력된 공간의 모형을 간직하고 있다. 따라서 알지 못하는 길이나 새로운 길을 자꾸 경험하는 것은 우뇌의 능력을 강화시키는데 도움이 된다.

② **순간 인지의 직관 능력**

우뇌는 분석적으로 정보를 받아들이기보다 육감, 영감, 느낌, 시각적 영상들을 통해 순간적으로 받아들인다. 즉, 생각을 통하지 않고 느낌의 감지만으로 갖게 되는 정보의 능력으로 이는 순간적이며 문제 해결에 많은 도움이 되기도 한다.

③ 느낌의 형상화, 음악예술 능력

만약 악보를 보고 박자와 음정을 판단하는 것이라면 그것은 좌뇌의 몫이지만 음감에 대한 총체적인 기질은 우뇌가 관여한다. 음악을 들으면서 감명과 감동을 받는다거나 희로애락(喜怒哀樂)의 감정을 곡으로 표현할 수 있는 것도 우뇌의 몫이다.

④ 이미지의 영상화 능력

문자나 언어에 대한 반응보다 이미지를 통해서 대상이나 사실을 이해하는 우뇌는 회화적인 요소에 의해 민감하게 반응한다. 또한 그림이나 조형물, 자연 등을 많이 감상할수록 우뇌는 더욱 자극을 받게 된다는 것이다.

⑤ 다양한 상상 능력

우뇌는 두뇌 속에 축적된 이미지에 상상력을 작용시켜 새로운 이미지를 만들어내는 창조적인 활동을 한다. 표면적인 것에 상상을 가미시킬 수 있는 것은 우뇌가 있기 때문이다.

⑥ 새로움에 대한 창조 능력

  모든 창조적인 것은 우뇌에서 나온다. 새로운 과학이나 의식의 개혁, 무(無)에서 유(有)를 창출해 내는 능력은 우뇌가 발달한 사람에게서만 가능한 것이다. 새로운 것을 개발하고 만들어 내는 일은 우뇌가 하기 때문이다.

⑦ 동시다발적인 총체적 사고

  우뇌는 차례차례 정보를 처리하는 좌뇌와 달리 동시에 다량의 정보를 전체적으로 처리해 나가는 능력이 있다. 좌뇌가 종적이라면 우뇌는 횡적이다.
  우리가 흔히 쓰는 비유 중에 '나무를 보지 말고 숲을 먼저 보라'는 말이 있는데 여기서 나무가 아닌 숲을 먼저 볼 수 있도록 하는 것이 우뇌이다.

⑧ 인체의 왼쪽 주인인 우뇌

우리 몸의 왼쪽 팔과 다리 등의 왼쪽 부분은 우뇌가 조절한다. 때문에 우뇌의 활성화를 위해서는 신체의 왼쪽 부분을 많이 움직이고 쓰는 것이 좋다. 오른쪽에 비해 왼쪽을 많이 활용한다면 좌뇌보다 우뇌가 더 발달하게 될 것이다.

3. 간뇌(원천적)의 기능

뇌에 대한 연구가 활발해지고 있는 요즘, 지능적인 좌뇌와 좌뇌식 교육보다는 감성적이고 창의적인 우뇌와 우뇌식 교육에 대한 관심이 증대되고 있다. 이는 우뇌가 좌뇌보다 더 중요하기 때문이 아니라 덜 발달되고 덜 훈련되었기 때문에 강조되고 있는 것이다.

간뇌 역시 계발되거나 자주 사용되던 영역이 아니었기 때문에 간뇌의 기능과 역할이 부각되고 있는 것이다. 그러나 참다운 전뇌의 활용 방식이란 우뇌와 좌뇌를 통합하여 조화롭게 사용하는 것이다.

이처럼 좌뇌와 우뇌가 조화를 이루어 역할을 실행하듯 그 기저에는 간뇌의 기능이 추가되어야 활발한 뇌의 활동이 이루어진다. 사람이 지능적 행위를 실행할 때 뇌분비의 회로가 움직여 주어야 나타난다.

지능적 행위는 간뇌(대뇌 변연계)에 의해 발생된다. 간뇌(변연계)는 대뇌피질 하부의 깊은 곳, 혹은 좀더 원시적인 중뇌 부근에 위치한 구조체이다.

간뇌는 감각 자극의 고속처리기 역할을 하는데 감각 기관을 통해 들어온 정보를 분류하고 분석하여 그 결과들을 각각 대뇌피질의 해당 부위로 옮기고, 되돌아오는 데이터를 다음 단계의 분석을 위해

재조립한다.

간뇌의 정보처리 속도는 의식영역인 좌뇌와 우뇌에 비해 약 8만 배 가량 빠르다. 우리의 의식이 처리할 수 있는 정보량은 초당 126비트, 사람의 말을 듣고 처리하는 것은 40비트이지만 실제 우리의 감각은 초당 천만 비트까지 수용한다.

역사적으로 볼 때도 가장 현실성과 거리가 먼 목표를 보고 큰 결단을 내리는 인간이 최고의 지성을 소유했다. 인류 역사의 시작이래 천재들은 인류 문화 발전에 앞장 서 왔고 이들을 움직인 것은 개인의 목표가 아니라 인류 전체를 근본적인 차원에서 진보시키고자 하는 혁신적인 간뇌의 욕구에 의해서다.

초고속 정보처리 기관인 좌뇌, 우뇌는 물론, 간뇌를 통해 우리는 책을 빠르게 읽고 이해하는 초고속정독, 순간 기억, 뇌 전체를 이용한 초고속전뇌학습 등을 할 수 있다.

간뇌에서 나오는 원초적인 충동과 고귀한 정신은 하나다. 간뇌의 기능을 어떻게 활용했느냐에 따라 그 결과가 판이하게 달라진다.

적극적인 사고방식의 나폴레온 힐은 '인간의 성(性)의 에너지는 모든 천재들의 창조 에너지다. 성적 충동(간뇌의 역할)이 부족한 위대한 지도자나 예술가는 지금까지 없었고, 앞으로도 없을 것이다.'라는 심리학자 프로이트의 학설에 동의했다.

이것은 성적 충동을 여성편력 같은 것으로 흐르게 하지 않고, 육체적인 표현으로부터 벗어나 보다 차원 높은 이상 세계를 추구했을 때, 간뇌의 능력은 더욱 커진다. 즉, 더욱 결실 있는 창조적 야망으로 성적충동을 전환시킨 만큼 창조 에너지가 된다는 것이다.

따라서 간뇌는 원시적인 생명유지의 본능적 역할을 하는 동시에 고귀한 정신의 발현이기 때문에 간뇌를 계발하고 훈련해 주면 누구나 천재가 될 수 있다.

① **에너지의 생성과 활용**

신진대사를 원활하게 하며 체온조절, 성장 호르몬 및 성호르몬 분비에 영향을 미친다. 간뇌의 일부인 시상하부는 신체의 모든 부위에 영향력을 행사한다.

▶ **신진대사** 동식물이 섭취한 영양 물질을 변화시켜 몸을 구성하는 중요한 요소로 쓰이거나 또는 생활 활동의 에너지원으로서 불필요한 생성물을 배출하는 등 생물체를 구성하는 물질의 활동이다.

▶ **성호르몬** 사람이나 그 밖의 척추동물의 생식선에서 분비되는 호르몬으로 생식기의 성장과 발달을 촉진하며, 그 기능을 유지하는 구실을 한다.

▶ **성장 호르몬** 뇌하수체의 전엽으로부터 분비되어 포유류의 성장을 촉진하는 호르몬이며 주로 뼈, 근육, 내장에 작용한다. 이때 뇌하수체 전엽의 기능이 이상적으로 높아지면 거인증이나 말단 비대증 등이 생긴다.

① 호르몬분비

② 오감(五感)을 벗어난 또다른 감각 능력

시각, 촉각, 후각, 청각, 미각 등의 오감이 아닌 다른 그 무엇의 느낌이 인지하는 그대로 인식해 내는 비과학적인 초감각 능력이다. 또한 E.S.P(Extra Sensory Perception) 현상이라고도 한다.

③ 무의식적으로 떠오르는 영적 능력

생각하지도 않았는데 불쑥 어떤 상황이 떠오른다거나 인간으로서는 알 수 없는 미래에 나타날 일들이 영상처럼 뇌에 형상화, 문자화, 암시화되는 현상이다.

④ 미래를 아는 능력

이론적인 추론으로는 알기 힘든 미래의 일들을 지각하는 능력이다. 혹은 어떤 일에 대해 보거나 듣지 않고서도 그 일에 대해 알 수 있는 능력이다.

⑤ 미래를 보는 능력

어떤 상황이 발생하기 전에 미리 그 상황들을 볼 수 있는 능력이다. 예언자들 중에는 비과학적인 방법으로 미래에 일어날 일을 보았다는 사람들도 있다.

⑥ 초상상 능력

일반적인 상상력을 뛰어넘는 그래서 인간으로서는 상상하기 힘든 상상력이라고 할 수 있다. 획기적이고 기발한 상상력은 창조적이고 천재적인 사람들에 의해 상상의 현실화라는 작업을 거친다.

그 옛날, 달나라에는 토끼가 살고 있다고 생각만 하던 것에서 실제로 인간이 달 착륙을 한 것처럼 당시엔 불가능하다고 생각되던 것들의 상상이라고 할 수 있다.

⑦ 생각만으로 송수신 하는 능력

말, 표정, 몸짓 등의 감각적 수단을 사용하지 않고 한 사람의 생각이나 인상(印象) 등을 다른 사람에게 직접 전달하거나 하는 송수신 능력이다.

⑧ 칠신통(七神通)

▶ **천의통(天醫通)** 사람들은 물론 모든 생명체의 병을 치유할 수 있는 능력이다. 하늘이 준 의술이라 할 수 있다. 이는 수술도구가 필요치 않으며 순전히 인간의 능력이나 기(氣)만으로 질병을 치유할 수 있는 능력이다.

▶ **천안통(天眼通)** 인간의 눈으로는 볼 수 없는 것을 볼 수 있는 능력으로 시공을 초월하여 모든 것을 투시할 수 있다. 미세한 사물의 모양이나 색깔까지도 볼 수 있을 정도의 능력이다.

▶ **천이통(天耳通)** 우주 공간에서 발생하는 모든 주파수를 감지, 수신할 수 있다. 즉, 소리란 소리는 아무리 미세해도 모두 들을 수 있는 능력이다.

▶ **신족통(神足通)** 축지법처럼 발디딜 곳을 정확히 디뎌가며 빨리 가는 것이지만 그보다 신적인 능력이 가미되어 상상할 수 없을 정도로 목적지에 정확하게 도착할 수 있는 능력이다.

▶ **타심통(他心通)** 타인의 마음을 거울에 비춰보는 것처럼 말을 통하지 않고서도 타인의 생각과 마음을 내 마음처럼 다 읽어낼 수 있는 능력이다.

▶ **숙명통(宿命通)** 전생, 현생, 후생, 즉 태어나기 이전의 생, 현재와 미래의 생, 죽고 나서의 생까지도 모두 알 수 있는 능력이다.

▶ **누진통(漏盡通)** 무(無)가 유(有)가 되고, 유가 무가 되는 능력이다. 모든 욕심과 번뇌로부터 해방되는 능력이다.

이는 모든 이치를 통달해 넘침도 부족함도 없이 그것으로부터 자유로워지는 것이다.

전뇌로 기억하자

기억을 함에 있어서 우리는 어느 한쪽의 뇌만을 사용해 기억을 하는 것보다는 좌뇌와 우뇌, 간뇌를 전부 활용하는 것이 효과적이다. 이를 전뇌 기억이라고 하는데 전뇌 기억은 음악의 3요소인 리듬, 멜로디, 하모니가 서로 어우러져 음악의 완벽함을 이루듯이 기억에 있어서도 조화를 이룸을 뜻한다.

어느 한 부분의 뇌로만 기억하기보다는 좌뇌, 우뇌, 간뇌 각 부분에 해당하는 유리한 기억을 총체적으로 하는 것이 기억의 장기화를 도모할 수 있고 전뇌의 기억만이 완벽한 기억이 될 수 있다.

좌뇌기억은 주로 학교 교육에서 실시되는 것으로 문자적이며 언어적, 논리적, 직렬적인 기억 등이다. 우뇌기억은 공간적, 영상적, 예술적 기억 등이며 간뇌기억은 무의식적, 잠재의식적, 형이상학적 기억 등으로 우뇌와 간뇌기억은 초고속전뇌 교육을 통해 이루어질 수 있다.

■ 전뇌기억 도표 ■

全腦기억	좌뇌	후천적 기억 문자적, 언어적, 논리적, 직렬적 기억 등	학교 교육
	우뇌	선천적 기억 공간적, 영상적, 예술적 기억 등	초고속전뇌교육
	간뇌	원천적 기억 무의식적, 잠재의식적, 형이상학적 기억 등	초고속전뇌교육

전뇌 능력의 체험

1. 알파(α)파 체험하기

　뇌파에는 알파(α)파, 베타(β)파, 세타(θ)파, 델타(δ)파가 있다. 이 중의 알파파 상태가 학습하기에는 가장 이로운 상태이다. 알파파 중에서도 미드 알파파 상태에서 집중력이 비약적으로 높아진다. 또한 내용이 단기 기억에서 장기 기억에 보존되므로 기억이 가장 오래 가게 되어 최적의 학습상태가 되고 이를 유지할 수 있다면 학습능력을 높은 수준으로 향상시킬 수 있는 상태라 하겠다.
　미드 알파파 상태에서는 몸의 긴장이 완화되어 심신을 편안하게 유지하며 발상의 전환을 가져온다. 고정관념에 얽매이지 않는 뛰어난 아이디어도 많이 떠오르게 된다.
　베타파 상태에 있는 두 사람에게 퀴즈 문제를 내고 뇌파를 검사했는데 두 사람 중 한 사람의 뇌파가 미드 알파파 상태가 되었을 때 거의 동시에 답을 말하는 것을 보아서도 알 수 있듯이 알파파 상태에서 인간은 수평적이고 수직적인 사고, 자신의 능력이 최대한 발휘되는 놀라운 능력을 갖게 된다.
　알파파 상태란 어떤 것인지 가장 쉬운 방법으로 직접 체험해 볼 수 있다. 알파파 상태에서는 근육이 이완되고 손바닥이 따뜻해진다. 그만큼 심리적으로 안정이 되어 있다는 표시이다. 좀더 확실하게 알파파를 체험하고 싶다면 다음처럼 해보자.
　우선, 스스로 알파파 상태에 있다고 생각되면 자신의 두 손바닥을 펼치고 눈에서 20센치 앞에 놓는다. 그런 후 두 손바닥의 손금이 수평이 되도록 동일하게 맞추어본다.

사람마다 손금이 다를 수 있으므로 왼손과 오른손 손바닥을 잇대는 평행선을 짧게 그린다. 그런 다음 정신을 집중한 후 자신의 한쪽 손가락이 늘어났다고 2~3분 동안 생각한다. 손바닥을 포개서 조금 전에 선으로 표시했던 부분을 동일하게 맞춰 본다.

그러면 자신이 늘어났다고 생각한 한쪽의 손가락이 길어진 것을 실제로 느낄 수 있다. 이때 일부러 손가락에 힘을 주어 늘이려고 하거나 또 억지로 제 손가락을 맞추려 하지 말고 마음속으로 '늘어났다'고 생각하고 자연스럽게 맞춰보도록 한다.

늘어난 손가락은 잠시 후면 자신도 모르는 사이에 원상태로 돌아오게 된다.

그러나 이 훈련을 반복해서 하게 되면 아주 짧은 시간에도 자신의 한쪽 손가락이 늘어나는 것을 경험할 수 있다.

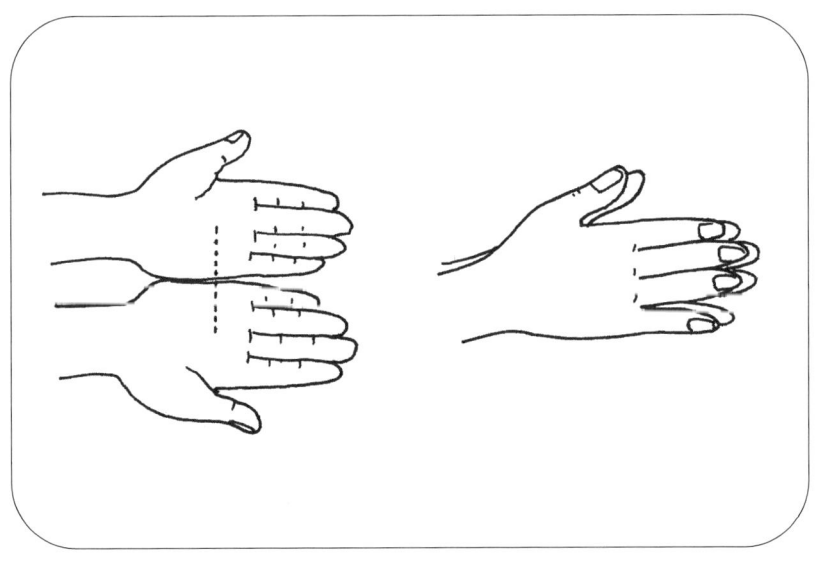

2. 텔레파시로 하는 간뇌계발

텔레파시(Telepathy)란 초심리학(超心理學)의 한 분야로, 말·표정·몸짓 등이나 오감(五感)을 사용하지 않고 한 사람 또는 다수의 생각이나 메시지를 시간과 공간을 초월해서 다른 사람에게 직접 송수신하는 심령(心靈) 현상 중의 하나다.

텔레파시는 초자연적인 현상이지만 전뇌계발 훈련을 통해서도 계발이 가능하다. 보통 정신감응이 가장 잘 되는 사람은 뇌파의 동일성을 지닌 일란성 쌍둥이들이다.

다음으로는 부모 자식간이나 형제자매간 등으로 이들은 동일한 유전인자를 지니고 있기 때문에 상대방의 생각이나 메시지에 남보다 쉽게 감응한다. 또 마음이 잘 맞는 부부나 애인, 친한 친구 등은 텔레파시가 잘 통할 수 있다. 텔레파시는 선천적으로 뛰어난 사람이 있을 수 있고 그렇지 않은 사람도 있다. 그러나 초고속전뇌학습법의 훈련 과정을 통해서도 텔레파시가 계발될 수 있음을 필자는 확인했다.

텔레파시 훈련에 앞서 우선 정신집중과 투시로 트레이닝을 한다. 그 다음 숫자 맞추기, E.S.P 카드 맞추기, 물건 이름 맞추기 등으로 훈련을 한다. 여기서는 숫자 및 낱말, 카드, 일상 생활 용품 등을 이용한 열 가지 훈련 방법을 제시한다.

열 가지 TP의 계발 방법 모두의 경우에, △한 사람의 생각을 또 다른 한 사람에게 보내는 방법(1인:1인) △한 사람의 생각을 여러 사람이 받아 맞추는 경우(1인:다수) △여러 사람의 공통된 생각을 한 사람이 맞추는 경우(다수:1인) △여러 사람의 공통된 생각(보내는 상념)을 여러 사람이 맞추어 보는 경우(다수:다수) 등으로 나누어서 시행할 수 있다.

< 기본 훈련 > 정신집중 예비 트레이닝
①에너지의 공급
②가장 사랑하는 사람 떠올리기
③손가락 늘이기 실험
④가장 아름다운 곳 떠올리기
⑤생활 영상화하기
⑥가장 먹고 싶은 음식 상상하기
⑦보고 싶은 사람 상상하기
⑧가고 싶은 곳 상상하기

< TP 계발 방법 1 > E.S.P 카드 투시하기
①다섯 장의 E.S.P 카드를 가지고 시행한다.
②한 사람이 카드를 가지고 다른 사람에게 보이지 않게 한다.
③한 사람(A)이 카드를 한 장 지정해서 따로 놓고 생각을 다른 사람(B)에게 보내준다.
④다른 사람(B)이 생각을 받아 카드의 모양을 맞춘다.
⑤처음에는 2가지의 모양만 가지고 확률이 1/2이 되게 하여 시도하고 발전하면 확률을 1/3, 1/4, 1/5이 되게 하여 시행한다.

< TP 계발 방법 2 > 손가락 숫자 알아 맞추기
①두 사람이 짝을 이루어 시행하는데 한 사람(A)은 앉거나 서고 또 한 사람(B)은 뒤에 위치한다.
②다른 사람(B)이 앉아 있는 사람(A)의 등뒤에 30센치 정도 떨어져서 선다. 그리고 선 자세에서 손을 가슴 높이로 올리고 손가락을 편다.
③이때 손가락을 펴는 확률은 하나에서 다섯까지 1/5이다.

④앉아 있는 사람(A)이 아무 조건 없이 손가락의 개수를 맞추는 방법과 손가락을 펴고 있는 사람(B)이 보내주는 생각을 받아서 개수를 맞추는 두 가지의 경우로 시행할 수 있다.

⑤장점으로는 손가락을 펴고 있으면 제3자가 관찰하기 쉽고 보지 않은 상태에서 맞추는 것을 인정하기가 쉽다.

⑥확률은 1/5이며 2번 연속 확률은 1/25, 3번 연속 확률은 1/125, 4번 연속 확률은 1/625이다.

< TP 계발 방법 3 > 숫자 알아 맞추기

①한 사람이 1에서 5까지 혹은 1에서 10까지의 5개나 10개의 숫자 중에서 한가지를 생각한다.

②공정성을 기하기 위해 종이에 숫자를 적어놓고 나중에 확인할 수도 있다.

③숫자를 정한 사람(A)은 정한 숫자를 생각하며 또다른 사람(B)에게 생각(상념)을 보낸다.

④숫자를 정한 사람(A)이 보내는 생각을 받아 숫자를 모르는 다른 사람(B)이 숫자를 맞추어 본다.

⑤확인할 때는 지정한 숫자를 물어보는 방법과 적어놓은 숫자를 확인시키는 두 가지의 방법이 있다.

⑥1에서 10까지의 수 중에서 지정하여 시행할 경우의 확률은 1/10이다. 2번 연속 맞출 확률은 1/100이다. 3번 연속하여 맞출 수 있는 확률은 1/1000이 된다.

< TP 계발 방법 4 > 집중된 낱말 알아 맞추기

①낱말 5개 혹은 10개 정도를 나열해 놓는다.

②한 사람(A)이 낱말 중의 하나에 집중하고 다른 사람(B)이 A

가 생각한 낱말을 맞추는 방법이다.
③집중되는 낱말을 미리 적어 놓고 나중에 확인한다.
④집중시간은 최소 3분에서 10분까지이다.

< TP 계발 방법 5 > 세다만 숫자 알아 맞추기
①한 사람(A)이 숫자를 세다가 멈추면 다른 사람(B)이 어느 숫자까지 세었는지 알아맞힌다.
②처음에는 1~30까지, 그 다음은 1~50, 1~100까지 알아맞히면 차츰 숫자의 크기를 높여서 세도록 한다.
③숫자를 세다가 멈춘 사람(A)은 그 숫자를 종이에 적고 다른 사람(B)이 숫자를 말하면 보여준다.

< TP 계발 방법 6 > 두 팀이 같은 장소에서 메시지 전달하기
①전달할 메시지를 준비한다.
②A팀(두 명이나 그 이상)과 B팀(두 명이나 그 이상)으로 구분하여 한 장소에서 동시에 실행하며 다른 장소에 있는 자기 팀으로 메시지를 전달한다.
③이는 같은 장소에서 두 사람 이상이 서로 다른 메시지를 보내도 혼동 없이 제3자가 받아들일 수 있는지를 보는 실험이다.

< TP 계발 방법 7 > 동적 메시지 전달하기
①떨어진 장소에서 한 사람 또는 여러 사람이 개인, 집단으로 텔레파시를 보낸다.
②동적인 메시지를 전달한다(손을 들어라, 머리에 손을 얹어라, 귀를 잡아라, 양손을 모으고 기도하라 등).
③처음에 메시지를 미리 써 놓고 하나씩 보내도록 해본다.

< TP 계발 방법 8 > 메시지 릴레이 전달하기
①세 사람 혹은 그 이상이 준비한다.
②전달할 메시지를 준비한다.
③메시지를 차례로 전달한다. A가 B에게, B가 C에게 하는 식으로 공통의 메시지를 지속적으로 보낸다.
④C가 받은 메시지를 처음의 것과 대조한다.

< TP 계발 방법 9 > 생활용품 알아 맞추기
①일상 생활용품(10~20가지 정도) 중에서 목록을 작성하여 훈련자(A,B)가 읽고 알아보게 한다.
②모양(물건)을 직접 갖다놓고 확인하면 더욱 좋다.
③A가 물건 중에서 하나를 지정하여 제3자에게 확인시키고 B에게 생각을 보낸다.
④B는 A의 생각을 받아 물건의 이름이나 모양을 맞추면 된다.
⑤이것은 물건의 개수가 많기 때문에 일반 TP보다 어렵다. 여러 번 시행하여 익숙하게 되면 고도의 TP도 가능하게 된다.
⑥이것은 어려운(확률이 적은) 경우이기 때문에 연습시에 못 맞추었다는 실망감을 최소로 하면서 흥미롭고 끈기 있게 되풀이해서 시행하도록 하는 것이 중요하다.

< TP 계발 방법 10 > 생각 전달하기
①물건의 종류나 내용에 상관없이 한 사람(A)이 생각(주변의 물건 등)을 정해서 다른 사람(B)에게 보낸다.
②생각을 보내기 전에 제3자에게 어떤 내용을 보낼 것인지를 확인시킨다.
③A의 생각을 받아 물건의 모양, 명칭 등을 맞춘다.

제2장 21C는 태아교육의 시대

결혼하기 100일 전
새로운 탄생을 위하여
뇌와 자궁의 공통분모, 창조성
태아는 인격체
태아와 나누는 대화
태아의 능력
태아교육의 역사
나라별 태아교육

결혼하기 100일 전

결혼 전의 태아교육은 아기를 잉태하기 전에 하는 태아교육을 지칭하며 최소한 100일 전부터 아기를 갖기 위해 마음가짐을 바르게 하고 생각과 행동을 살펴서 아버지와 어머니의 좋은 성품과 자질 등을 닮을 수 있도록 하는 것을 말한다.

나쁜 언행을 삼가고 나쁜 마음을 갖지 않음으로 해서 아이의 정서를 온순하게 형성하는 것이다.

한 아기의 부모가 되기 위해선 다음의 다섯 가지를 먼저 살펴야 한다.

첫째로 가장 중요한 것은 부모의 육체 및 정신적 사고의 건강이다. 부부가 육체적, 정신적으로 건전하고 건강해야만 태어나는 아기도 정상적인 정신과 육체를 지닌다.

둘째, 마음을 다스리고 평안하게 갖는 것이다. 부부의 안정된 마음 상태는 아기의 성격이나 신체발육에도 커다란 영향을 미친다.

셋째, 올바른 영양섭취와 음식물의 바른 선택이다. 음식물은 아기의 인체 및 전뇌 형성 발달에 가장 기본적인 역할을 한다. 그러므로 태아를 위해 높은 영양의 좋은 음식을 섭취하도록 한다.

넷째, 기후나 환경의 변화에 각별히 신경을 써야 한다. 갑작스러운 기후의 변화나 좋지 못한 환경 등은 임산부에게도 좋지 않지만 태아에게는 치명적일 수 있으므로 특별히 조심해야 한다.

다섯째, 미래에 대한 긍정적인 사고를 지니고 새로운 탄생을 위한 목표를 설정해야 한다.

적은 노력과 시간으로 최대의 성과를 올릴 수 있는 방법은 결혼 전의 태아교육과 잉태한 후부터 출산 때까지의 태아교육이라고 볼 수 있다.

결혼 전의 태아교육과 잉태 후의 태아교육으로 이루어지는 잠재적인 능력계발과 자질은 태어난 후에는 길러질 수 없는 폭발적인 영향을 미친다.

때문에 그 어떤 교육보다도 선행되어져야 마땅한 교육이다.

그럼에도 많은 사람들이 출산 후의 아기의 교육에만 중점을 두는 우를 범하고 있기도 하다. 출산 후의 교육은 이미 때가 늦은 것이라고 할 수 있다.

어떤 사람들은 3~4세 후부터 교육에 관심을 갖는다. 여기서의 교육이라 함은 단순히 지식을 습득하는 것만을 일컫는 것은 아니다. 단순한 지식을 가르치거나 주입식의 교육이 우선시 되고 있는 것은 참으로 애석한 일이라 하겠다. 지식의 습득 이전에 인성교육이 이루어지도록 해야 한다.

특히 아기는 출생하기 전에 대부분의 인성이 형성되어 나온다. 아기가 어느 정도 자랄 때까지 좋은 인성을 유지하거나 계발할 수 있도록 돕는 것은 부모의 몫이다.

여기서 우리가 알아두어야 할 것은 임신 전에 시작하는 태아교육이 우선적으로 있어야 한다는 것이다. 다음은 잉태한 후의 태아교육과 출생 후의 교육 순으로 이루어져야 한다.

새로운 탄생을 위하여

우리의 선조들은 자식을 얻는데 있어서 심혈을 기울였다. 그래서 합궁을 하는 데도 길일(吉日)을 택했다. 또한 부부 양쪽 모두가 온전하고 똑똑한 아기를 얻기 위해 최선을 다했다. 금기시 하는 것들을 지켜 가며 아기 얻기에 소홀함이 없었다는 것이다. 다음은 아기를 얻기 위해 합궁을 할 때 선조들이 지켰던 금기 내용이다.

첫째, 두 사람 모두 건강한 심신을 유지한 상태여야 한다.

둘째, 정신이 혼미한 음주 상태에서는 안 된다.

셋째, 절기(특히 12절기)가 들어 있는 날, 입춘(立春)에서 소한(小寒)까지의 절기에 해당하는 날은 피해야 한다.

넷째, 감정의 기복이 심하거나 극적인 상태 즉, 기분이 좋지 않나든지, 또는 너무 좋은 날은 피했다.

다섯째, 비가 오거나 바람이 심하게 부는 날, 뇌성벽력(雷聲霹靂)이 있는 등의 기후가 좋지 않은 날은 피했다.

이처럼 새로운 탄생을 위한 준비는 즉흥적이어서도 안 되며 부부의 육체적, 정신적인 불안정이 있어서도 안 된다. 올바르고 건강한 아기를 원한다면 그만큼 갖은 정성과 마음을 다해 합궁에 임해야 한다.

뇌와 자궁의 공통분모, 창조성

모태(母胎)의 자궁(子宮)이란 생명을 잉태하여 출산하는 창조적인 역할을 한다. 자궁을 통하여 천지와 같은 존재인 소우주, 즉 인간을 창조해 내는 것이다.

따라서 여성은 위대하다. 우리가 보통 이름을 한자어로 '姓名'이라 표기한다. 여기서의 '姓'은 '女'와 '生'의 합성어로 여자가 있으므로 인해 생명이 있고 하나의 개체로 존재하게 된다는 의미이다.

이렇게 창조된 인간은 또 하나의 창조적인 역할을 하며 생활을 하는데, 이 창조적인 행위의 주도 역할을 하는 것이 뇌이다.

그런 측면에서 뇌와 자궁은 동일한 역할을 한다고 볼 수 있다. 과연 자궁과 뇌는 어떠한 공통점이 있는지를 형태학적인 면과 활동 상황에 대한 면들을 고찰해 보기로 한다.

활동 상황과 형태학적인 의미란 모체의 자궁이 하는 구체적인 역할 및 형태와 두개골 속의 뇌가 하는 역할을 비교 분석하는 것을 말한다.

■ 뇌와 자궁의 활동과 형태학적 비교 Ⅰ ■

구분 비교	뇌(腦)	자 궁(子宮)
창 조	신경세포 조직을 150억개 이상을 생성시켜 시냅스를 통해 정보의 입수 및 출력하며 이를 분석, 비교하여 새로운 것(지식, 발명)을 만들어낸다.	난자를 착상시켜 정자를 받아들이고, 수정된 난자는 분열을 거듭하여 생명을 잉태시킨다.
종 속	두개골 안에 있으면서 육체로부터 독립할 수 없으며 뇌(인간)는 지구와 우주로부터 독립할 수 없다.	태아는 자궁에 있으면서 하나의 생명체이나 모체로부터 독립할 수 없다.
정보흡수	뇌(인간)는 하나의 인격체로 세상을 살아가지만 우주의 기운(공기, 물, 빛, 기, 파동)에 의해 에너지 흡수 및 외부의 지식과 정보를 습득한다.	태아는 자궁 속이 하나의 세상이지만 엄마의 영향을 절대적으로 받고 엄마에 의해 에너지를 흡수, 배출, 정보 습득을 한다.
환경친화	뇌의 척수액은 뇌의 기능을 유지시키고 제3뇌실에서 발생하는 파장은 외부 즉, 우주의 파장과 접촉하는 안테나 역할을 한다.	임신이 되면 자궁에 양수가 생성된다. 양수는 생명 창조에 선도 역할을 하며 외부 상황과의 접촉 구실을 한다.

■ 뇌와 자궁의 활동과 형태학적 비교 II ■

구분 비교	뇌(腦)	자 궁(子宮)
보호기능	뇌척수액은 외부 충격으로부터 뇌를 보호하고 뇌의 신선도 유지 역할을 한다.	자궁 속의 양수는 아기를 외부 충격으로부터 보호하는 완충 작용의 역할을 한다.
공급 및 처리	뇌 척수액은 신경조직에 영양 공급 및 신경대사 산물을 제거하는데 도움을 준다. 뇌척수 액의 전체 양은 약 130㎖정도다.	자궁 속의 태아에게 탯줄로 영양을 공급하고 양수는 태아가 내보낸 배설물(오줌)을 처리한다.
모양의 유사성		
재탄생	뇌(인간)는 3차원의 공간에서 성장 발전하여 다른 차원인 영의 세계(천국, 지옥, 저승, 열반, 극락, 서방정토 등)로 들어간다.	자궁 속에서 태아가 성장하여 자궁에서와는 다른 차원(3차원의 공간)의 공간에 하나의 인격체로 태어난다.

태아는 인격체

일반적으로 전뇌계발의 시점을 출생 후로 잡고 있으나 태내에 있을 때의 전뇌의 발달이 급속도로 이루어지기 때문에 태내에서의 전뇌계발이야말로 참다운 계발이다. 그러므로 전뇌계발의 시초는 태내에서부터 이루어져야 한다. 이때 부모의 역할은 절대적이라고 할 수 있으며 7Q의 형성과 발달에도 신경을 써야 한다.

'시작이 반'이라는 말이 우리 나라의 속담에도 있듯이 생명의 근원지로 시작을 의미하는 태내에서의 교육은 인생 전반에 있어서 반을 차지한다고 해도 과언은 아니다.

태내에서의 전뇌 교육은 어떻게 이루어져야 하는 것일까?

진정한 태아교육과 태아교육의 역사, 각 나라별 태아교육 및 태아의 잠재능력 등을 살펴보기로 한다.

태아는 정자와 난자가 만나는 그 순간부터 하나의 인격체로 인정한다. 하나의 인격체로 태아가 존재하기 시작하면서 교육은 필요하다. 이때의 교육이란 일반적인 학습 차원의 교육을 뜻하는 것이 아님을 염두에 두어야 한다.

태아교육이란 임신 중에 태아에게 좋은 감화를 주기 위하여 임산부가 마음을 바르게 하고 언행을 삼가는 일, 또는 그 가르침을 일컫는다.

좋은 감화를 준다는 것은 곧 전뇌에 좋은 영향을 준다는 것이고 마음을 바르게 한다는 것은 사랑하는 마음과 평화로움을 갖는 것이라고 볼 수 있다. 언행을 삼가는 일은 말과 행동을 통한 가르침이며 마음의 평화는 태아에게 안정감을 심어주는 것이다.

　태아교육의 핵심은 모체의 마음의 안정이다. 이는 사랑하는 마음으로 뱃속의 아기가 잘 자라서 세상 밖으로 나오기를 바라는 것이며 요즘은 여기에 교육적인 의미가 많이 더해졌다.

　동양적인 태아교육은 아기에게 좋은 심성을 심어주고 태어날 때는 아무 탈없이 순산하는 것이요, 서양의 태아교육은 머리 좋은 아기를 낳는 것으로 강조된다.

　결국, 태아교육이란 세상에 태어나 살아나가기 위한 가장 근원적인 보호와 더불어 아기의 전인적 인격 형성과 영향력의 발현을 돕는 것이다.

태아와 나누는 대화

태내 교육에 있어 가장 중요한 것은 엄마의 마음가짐과 환경이라는 것을 앞서 언급한 바 있다. 태아와 끊임없이 평안한 대화를 나누는 것은 태아의 전뇌를 발달시키는 좋은 방법 중의 하나이다.

'너는 지금 건강하게 자라고 있다'라든가 '너는 누구보다도 머리가 좋다'라든가 '너는 행복해질 수 있다'라든가 하는 말들을 태아와의 대화를 통해 심리적으로 안정감을 주고 자신감과 긍정적 사고를 전달해 줌으로써 태아의 전뇌 발달에 영향을 미치는 것이다.

전뇌의 발달과정에 있어서 신경회로가 많아져야만 뇌가 좋아지는데 태아는 대화를 통해 전뇌를 자극 받게 된다. 꾸준한 자극은 많은 신경회로를 형성하게 되고 이는 곧 전뇌의 발달로 이어지는 것이다.

때문에 사랑이 가득한 대화나 자연의 다양한 소리를 될 수 있으면 자주 들려주는 것이 좋다. 반대로 신경질적인 소리나 성난 소리 등은 태아에게 정신적인 충격을 주게 되므로 삼가는 것이 좋다.

엄마의 기분이 좋으면 태아의 기분도 따라 상승하며 이는 전뇌에 자극을 가져다주어 뇌의 발달을 촉진시킨다. 엄마의 기(氣)가 충만하면 태아의 신경성장 촉진 물질인 소마토르토핀 효소가 나와 전뇌의 발달을 돕고 쾌감을 자극하는 도파민이 나와 태아에게 전달된다. 명석한 아이를 원한다면 태아와 끊임없는 대화를 나누자.

또 태아에게는 엄마와의 대화도 중요하지만 그에 못지 않게 아빠와의 대화나 목소리를 들려주는 것도 중요하다.

태아의 능력

태아는 다 초능력자라는 말이 있듯이 태아는 우리가 믿을 수 없을 만큼의 능력을 지니고 있다.

최근 중국이나 페루의 유아 초능력 학계의 연구로 입증된 것은 태아 때부터 두세 살이 될 때까지는 뭐든지 다 알아볼 수 있는 초능력 상태라는 것이다. 태아는 어머니의 뱃속에 있으면서도 어머니의 상태나 아버지의 상태 및 마음가짐까지도 알 수 있는 것이다.

이것은 직접적인 자극이 아닌 마음의 상태만으로도 태아에게 영향을 줄 수 있으며 이러한 영향력은 태아에게 큰 자극이 된다는 것이다.

이처럼 태아는 모체의 환경에 영향을 받기만 하는 것이 아니라 스스로 받아들이고 수용하기도 하는 능력을 지니고 있다.

사람에게는 누구나 감각과 감정이 있다. 인간은 오감으로 모든 정보를 인지한다. 그 인지 능력을 100%로 놓고 볼 때, 시각이 차지하는 부분은 87%이고, 청각은 7%로 시각과 청각이 전체 감각의 94%를 차지한다. 나머지 6%는 후각, 미각, 촉각 등이 차지한다.

감정은 감각이 아닌 마음의 상태를 나타내는 것이며 '무섭다, 답답하다, 그립다, 짜증난다, 좋다, 나쁘다, 신경질 난다, 아름답다' 등으로 표현된다. 태아도 이러한 감정과 감각을 지니고 있으며 또 이를 사용하고 상황에 따라 대처하는 능력도 지니고 있다.

태아교육의 역사

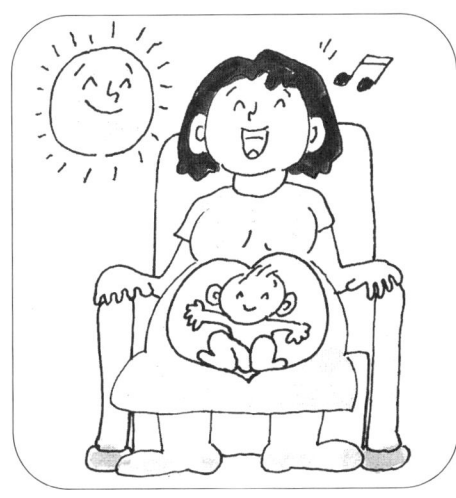

태아교육은 서양보다는 동양에서 더 성행하여 왔던 것이다. 그렇기에 동양적인 태아교육에 대한 내용이 더 많이 전해지고 있다.

그 중에서도 태아교육의 효시라고 할 수 있는 것은 중국, 문왕(B.C 185~B.C 135년)의 어머니 태임이다.

임신 기간 중에는 마음을 깨끗이 해야 한다는 점을 강조한 태아교육으로 인해 문왕이 어진 임금이 되었다고 한다.

중국 한(漢)나라의 대덕이 쓴 '대대례기(大戴禮記)'(A.D 200년)에 보면 옛닐 왕들은 태아교육에 대한 내용을 옥에 새기고 금괴에 넣어서 선조 왕들을 모신 사당에 함께 두었다가 왕손을 잉태하게 되면 옥을 꺼내 보고 태아교육을 했다는 기록이 있다.

우리 나라 영조시대의 사주당 이씨는 진주 유씨 가문에 출가하여 많은 글을 쓴 덕망 있는 현모양처로, 그녀는 태아교육에 관한 내용을 '태교신기(1801년)'라는 책으로 엮었으며 그 내용이 지금도 전해지고 있다.

나라별 태아교육

나라마다 민족마다 어느 정도의 전통적인 태아교육법은 있게 마련이다. 역사가 오래된 민족일수록 더욱 그렇다. 동양문화를 대표하는 중국과 팔레스타인 지역의 유태인, 그리고 유럽과 태아교육을 발전시킨 일본 등이 많이 알려져 있다.

서양의 태아교육은 과학의 발전과 더불어 대뇌 생리학상의 발달 과정에 맞춘 지식 전달식의 태아교육으로 발전하였다. 나라와 민족마다 태아교육의 방식은 달라도 훌륭하고 똑똑한 자손을 낳기 원하는 부모의 마음은 같다고 할 수 있다.

그러나 원하는 바가 같다고 결과가 같은 것은 아니다. 태아교육의 방법에 있어서도 우리에게 좋은 방법과 그렇지 않은 방법을 구별할 수 있어야 한다. 즉, 좋은 것과 우리 실정에 맞는 것을 찾아내어 지혜롭게 실천함이 좋을 것이다.

1. 문헌 속의 태아교육

태아교육에 관해 지금까지 남아 있는 문헌 중에서 가장 오래된 고려말의 '태중훈문'과 조선조의 '태교신기', '동의보감', '규합총서', '계녀서', '내훈' 등에 기록된 내용을 간략하게 설명하기로 한다.

① 태중훈문(胎中訓文-1376년)

고려말 정몽주의 어머니 이씨 부인이 쓴 기록이다. 훌륭한 인물을 낳기 위해서는 큰 업적을 이룬 성인과 현자의 지나간 행적을 더듬어 마음에 새긴다.

그에 관한 책을 읽고 묵상하며, 그의 삶을 항상 부러워하고 그와 같은 인물을 낳으면 얼마나 좋을까를 생각해야 한다. 그와 같은 인물을 낳아야겠다고 결심하는 등 남다른 노력을 해야만 한다고 기록되어 있다.

보통 사람이 실천하기 힘든 행동을 해야한다는 것이 이 책의 골자다.

② 내훈(內訓-1475년)

평소, 마음속에 품은 생각이 선하면 선한 자식을 낳게 되고, 마음에 받아들인 생각과 느낌이 나쁘면 나쁜 자식을 낳게 된다는 내용이 주로 담겨 있다.

중국 문왕의 어머니 태임은 임산부가 만물에 감응을 받아 아기가 태어나면 만물을 닮게 된다는 이치를 깨닫고 마음을 깨끗이 하기에 힘썼다고 한다. 이율곡을 낳은 사임당 신씨는 문왕의 어머니 태임을 본받아 사임이라고 했다한다.

그만큼 마음을 깨끗이 하고 태아교육에 충실한 것이 훌륭한 자녀를 출산하는 올바른 길이라는 것이다.

③ 동의보감(東醫寶鑑-1613년)

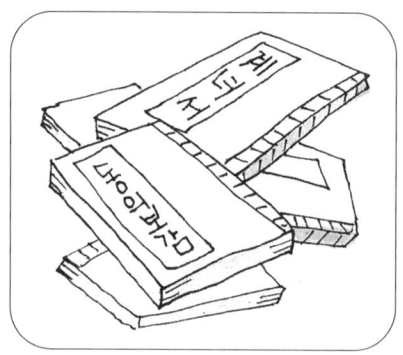

병을 고치는 의학서에 태아교육이 들어있다는 것이 이상하지만 태아교육을 잘하면 근본적으로 병을 예방하고 면역력이 있는 건강한 아기를 출산한다고 생각하면 이해가 된다.

동의보감에는 건강한 아기를 낳기 위해 임신 전에 알아두어야 할 것과 임신 후에 조심해야 할 것을 개월 별로 기록하고 있다.

④ 계녀서(戒女書-1660년)

어머니의 품행이 단정해야 됨을 강조한 내용이다. 왜냐하면 태아교육은 한 사람의 인간성뿐만 아니라 세상에 미치는 영향이 크기 때문이다. 역사 속에서는 성격이 포악하거나 문란한 생활을 한 왕비는 나쁜 군주를 낳았고 착한 마음과 성품을 지니고 태교에 힘을 쓴 왕비는 성군을 낳았음을 강조했다. 연산군을 잉태해서 세상을 어지럽게 하고 수많은 사람들의 목숨을 앗아간 폭군을 만든 성종의 왕비는 질투와 시기하는 마음이 아주 심해서 그 결과로 역사에서 가장 나쁜 왕을 스스로 만드는 잘못을 범했다.

⑤ 태교신기(胎敎新記-1801년)

영조시대에 태어난 사주당 완산 이씨의 글로, 단행본으로 나온 태교지침서이다. 이씨 부인은 진주 유씨 가문으로 출가해서 4남매를 낳아 길렀다. 사주당 이씨가 국내외의 문헌에 나타난 태교법들을 독파하고 난 뒤 자신의 경험을 바탕으로 자세하게 기록한 문헌이다. 대상은 어머니에게만 해당하는 것이 아니고 남자들이 지켜야 할 것까지도 다룬 전문적인 태아교육 지침서이다.

사람은 환경의 영향을 받는다. 태아는 모체가 환경이 된다. 임신 중에 처한 자연 환경 및 기후와 마음가짐, 행동에 따라 태아는 영향을 받고 태어나게 된다.

태교신기에는 남쪽 지방에 살면서 임신하여 태어난 사람들은 너그럽고 어진 일을 좋아하며 북쪽의 추운 지방에 살면서 태어난 사람들의 성정은 억세고 부지런하며 옳은 일을 잘한다고 했다.

이것은 기후나 풍토, 먹는 물 등과 관계가 깊다. 임산부의 마음이나 행동, 음식 등은 이러한 환경과 같아서 임산부가 하기에 따라 훌륭한 아기를 낳을 수도 있고 그렇지 않을 수도 있다는 것이다. 어머니의 정성과 노력이 훌륭한 아기를 낳게 해주는 열쇠라는 것이 주 내용이다.

⑥ 규합총서(閨閤叢書-1869년)

이 책은 조선조 말엽, 부녀자의 생활지침을 위해 순 한글로 만든 책으로 26대 고종 6년(1869)에 간행된 것이다. 여성 백과사전이라고 할만큼 다양한 내용을 담고 있다. 일상에서 지켜야 하는 예의범절, 행실, 아기 키우는 법, 어육 조리법, 염색법, 장 담그는 법, 약

주방문(藥酒方文) 등의 내용이 실려 있다. 임산부는 특히 약물을 조심하라고 전하고 있다.

이 책은 총 다섯 권으로 목판본이다. 유럽과 일본에서 많이 하고 있는 유산균 발효식품의 기본적인 원리를 이미 정립하고 있으며 한국의 전통 음식에 대한 자세한 설명도 첨부되어 있다.

⑦ **3태도와 7태도(민간태교)**

조선시대의 태아교육 중 일반 서민층에서 즐겨 쓰는 태교의 지침으로 세 가지를 분류한 것이 3태도이다. 7태도는 좀더 세분화하여 양반 댁이나 대가 댁에서 지킬 수 있도록 한 것이다. 서민층에서는 생활의 여유가 있고 시간이 허락되면 7태도를 할 수 있으며 대다수는 7태도의 항목 중에서 3가지 정도를 골라서 지켰다.

첫째, 산달에는 높은 곳에 오르거나 앉는 것, 술 마시는 것, 무거운 짐을 드는 것, 험한 산길을 가는 것, 냇물을 건너는 것, 색다른 음식을 먹는 것, 머리감는 것 등을 금지시켰다.

둘째, 말이 많으면 안 되며 깔깔대고 웃거나, 놀라거나, 겁먹거나, 울어서도 안 된다고 했다.

셋째, 태아를 위해 금지할 장소는 개월 별로 마루, 창과 문, 문턱, 부뚜막, 평상, 곳간, 변소, 서재의 순이다. 이런 장소들은 태아에게 안 좋은 영향을 미친다고 했다.

넷째, 성현의 글을 읽거나 시를 읊을 것, 노래를 들을 것, 아름다운 말을 듣고 할 것 등이며 나쁜 것은 듣지 말고, 보지 말고, 생각도 삼가야 하는데 이것을 삼불(三不)이라 했다.

다섯째, 임산부는 가로눕거나, 기대어 앉거나, 기우뚱하게 있으면 안 된다.

여섯째, 기품이 있는 봉황이나 거북이 그림 등을 걸어 놓거나 좋은 향을 맡는 일, 고운 노리개 등을 가까이 하거나 지니고 있도록 했다.

일곱째, 태아를 위해서는 금욕해야 하며 특히 산달에 금욕하지 않으면 태아가 위험하다고 전하고 있다.

2. 조선왕조의 태아교육

조선왕조 때의 태아교육에 관한 기록은 앞서 기술한 바와 같이 사주당 이씨의 태교신기(胎敎新記), 허준의 동의보감(東醫寶鑑), 빙허각 이씨의 규합총서(閨閤叢書), 송시열의 계녀서(戒女書), 인수대비의 내훈(內訓), 이율곡의 성학집요(聖學輯要) 등이 있는데 이것들은 지금까지 전해져 교훈이 되고 있다.

역사를 살펴보면 어머니의 품행이 어떠한 가에 따라 자녀의 성품이 결정되는 경우가 많다. 어진 성품을 지니고 태아교육에 정성을 기울인 왕비는 성군을 낳았으며 인자하지 못하고 성격이 포악해 남을 해하는 성격이면 나쁜 폭군과 군주를 낳았다.

실제의 예로 시기가 심하고 성격이 거친 성종의 비는 조선 역사를 통틀어 가장 포악하고 나쁜 왕으로 평가받고 있는 연산군을 낳았다.

어머니의 품성과 태아교육은 자녀를 통해 다음 세대로 이어진다. 천한 무수리 출신이었던 영조의 어머니는 영조를 뱃속에 품고 있는 동안 많은 갈등과 고통을 겪었을 것이다. 왕의 모후로서 어려움이 많았을 뿐 아니라 정신 분열적인 기질도 있었다. 그런 상황에서 태어난 세자는 결국 쌀뒤주 속에 갇혀 죽임을 당하고 만다.

위의 예는 양친의 건강과 좋은 환경에서 태아가 길러져야 하며 태어나서도 올바른 교육이 이루어져야만 건강한 삶을 영위해 나갈 수 있음을 시사하는 것이다.

3. 중국의 태아교육

중국은 태아교육의 발상지라고 볼 수 있다. 세계에서 가장 오래된 태아교육에 관한 문헌이 있으며 임산부가 가져야 할 마음가짐과 몸가짐 등을 체계적으로 정리해서 예로부터 오늘날까지 실천해 오고 있다.

중국의 어머니들은 훌륭한 아기를 낳기 위해 엄격하게 태아교육을 실천했다. 이것은 태아교육의 중요성과 효과를 이미 알고 있었다는 것을 증명한다.

중국 문헌에 나타난 태아교육에 대해서 알아보기로 한다.

① 대대례기(大戴禮記)

한나라의 대덕이 쓴 책으로 열 달 동안의 행동, 음식, 음악 등에 각별히 신경 쓸 것을 강조했다. 갑자기 먹고 싶은 음식이 생각나도 함부로 음식을 섭취하지 않고 권하는 음식과 반듯한 음식만을 먹었다고 기록되어 있다.

왕후가 왕손을 잉태한지 석 달째가 되면 사람들의 왕래가 많은 처소를 떠나 조용한 별실에서 지냈다고 한다. 또 왕후의 마음이 안정되지 않고 심기가 불편하면 궁중 음악가가 음악을 들려주어 편안한 마음을 갖도록 해주었다고 한다.

② 소학(小學)

송나라 시대의 유학자인 주희(朱熹)가 지은 책으로 열녀전의 태아교육 내용이 나와 있다. 태아교육은 가르침의 근본이며, 올바른 태아교육을 통해 아기를 낳으면 용모가 빼어나고 재주가 뛰어났다고 한다.

가장 중요한 교육은 엄마의 뱃속에서부터 시작되어야 한다는 점을 강조하고 있다.

③ 안씨 가훈(顔氏家訓)

중국 남북조 시대의 학자인 안지추가 남긴 글로 태아교육의 내용을 담고 있다. 왕가에서는 모든 교육을 태내에서 시작하며 왕후가 왕손을 잉태하여 3개월이 되면 태아를 교육하기 좋은 별궁으로 옮겨 보는 것, 듣는 것, 음악과 요리 등을 가려서 취했다는 내용이다.

다른 문헌의 태아교육과 비슷한 내용을 담고 있는 것을 보더라도 당시의 태아교육은 이미 정립된 흐름이 있음을 짐작할 수 있다. 이것은 궁궐에서뿐만 아니라 민간에서도 태아교육이 행해지고 있었음을 시사해 주는 것이다.

④ 사기(史記)

기원전 1세기경에 한나라의 사마천이 쓴 유명한 문헌이다.

태아교육의 내용이 기록된 가장 오래된 문헌이며, 문왕의 어머니인 태임이 정성스럽고 올바른 태아교육으로 어진 임금을 출산했다고 했다.

태임은 태아교육에 있어서 원조와 같은 역할을 하며 모든 이는 태임을 본받아 태아교육을 성실히 하여 훌륭한 자손 보기를 원했다.

⑤ 열녀전(烈女傳)

한나라의 유향이 쓴 책으로 중국 어머니들 사이에서 구전하는 태아교육법을 정리한 것이다. 잠잘 때의 몸가짐, 앉을 때, 서 있을 때의 몸가짐을 항상 똑바르게 유지했으며 삐딱한 자세는 좋지 않다고 했다. 몸과 마음은 하나이기 때문에 몸가짐이 흐트러지면 마음도 틀어져서 올바른 아기가 태어나지 않는다고 생각했다.

음식도 모양이 똑바른 것과 상한 음식은 먹지 않고 보는 것과 듣는 내용이 좋지 못한 것이면 피했으며 좋은 말만 골라서 했다. 이런 것을 성실히 수행하는 것이 태아교육이며 올바른 태아교육은 잘 생긴 용모와 뛰어난 재주를 가진 자손을 본다고 강조하고 있다.

4. 유태인의 태아교육

　세계에서 주는 상 중에서 가장 권위 있고 인정받는 것은 단연 노벨상이다.
　노벨상 수상자 중에서 유태인이 차지하는 비율은 세계 인구의 0.2%에 불과한 데도 물리학상 부문의 23%, 의학상 부문 25%, 문학상 부문 30% 이상을 차지하고 있다. 유태인들은 왜 이러한 두각을 나타내는가 하는 것은 중요한 문제이다.
　노벨상 하나만 가지고 민족을 평가할 수는 없지만 유태인이 뛰어난 것만은 부인할 수가 없다. 왜냐하면 정치, 경제, 미술, 음악, 과학 등의 모든 분야에서 유태인들은 거의 정상을 차지하고 선도적인 역할을 하기 때문이다. 이러한 이유로 해서 1980년대 초 유네스코에서는 유태인의 태아교육에 대한 연구를 시작했다. 유태인들의 교육법은 탈무드 등을 통해서 세계에 전파되었고 지금도 유아교육의 모델로 알려지고 있다.
　유태인들은 탈무드의 가르침대로 살면서 그들의 가르침의 선생인

랍비의 지도에 따라 공동체 의식을 가지고 살고 있다. 유태인의 뛰어난 능력을 그들의 역사성에서 찾는 학자들도 있다.

나라를 잃고 전세계로 흩어져서 2천 년이 넘는 동안 그들은 의지를 잃지 않고 나라를 되찾을 수 있다는 믿음을 가지고 살아왔다. 유태인이라는 이유로 수많은 박해와 핍박을 받고 고통을 받으면서도 끊임없이 교육을 통해 능력을 기르고 성공한 민족이다.

성공하지 않으면 안 되는 각박한 상황 속에서 그들이 선택할 수 있는 것은 학문연구와 예술, 금융과 상업이었다고 주장하는 학자들도 있다.

또다른 학자들은 유태인들이 뛰어난 업적을 이루는 것은 그들의 전통적인 임신법과 관련이 있다고 주장한다. 탈무드에는 부부의 성생활에 대해서도 규제를 하고 있는데, 적절한 시기를 맞추어 임신하는 방법이 '닛다'이다.

'닛다'의 임신법은 월경이 시작한 날부터의 5일과 끝난 후의 7일을 합쳐 12일 동안은 금욕을 하고 12일째 밤부터 부부생활을 시작한다. 그 전에 목욕은 꼭 해야 한다. 이것은 가장 건강하고 활동적인 정자와 난자가 만나도록 한 과학적인 처방이다.

랍비들은 임산부에게 특별한 관심과 사랑으로 대하고 태아교육법에 대해 상세히 가르쳐 준다.

유태인들은 임신을 민족적인 사명과 기쁨으로 받아들인다. 유태인은 임신을 하는 순간부터 아기를 교육시킨다. 어떻게 보면 교육의 영향을 가장 많이 받고 자라는 민족이라고 할 수 있다. 엄마 뱃속에 있을 때부터 죽는 순간까지 끊임없이 어른은 교육을 하고 아이는 교육을 받으며 살아간다. 이러한 적극적인 교육열이 오늘의 유태인을 만들었다고 볼 수 있다.

5. 일본의 태아교육

일본의 태아교육은 중국이나 한국, 유태인보다 앞선 기록이나 역사를 가지고 있지는 않다. 한국이나 중국만큼 문화가 발달하지 못했던 일본에서는 당연히 태아교육 문화도 뒤떨어질 수밖에 없었던 것이다.

일본 문헌 중에서 태아교육을 최초로 언급한 책도 17세기가 되어서야 나왔다. 당시, 한국과 중국에서는 이미 태아교육이 정립되어 많은 방법들이 실행되고 문헌들도 전해지고 있었다.

일본은 타국의 문화와 장점들을 받아들이고 자기 것으로 만드는 능력이 뛰어나다. 일본의 개화기 때에는 서양의 많은 나라들로부터 많은 신문물을 받아들여 크게 발전하는 계기가 되었고 태아교육도 이 시기에 발전하였다. 태아교육법을 서양에서 받아들였다는 것이 아니라 이 시기에 태아교육이 성행했다는 것이다.

그 이유는 '국가를 이끌어갈 인재 양성'을 위해 국가시책으로 태아교육을 정할 만큼 비중을 두었기 때문이다. 그만큼 태아교육의 중요성을 깨달았던 것이다.

또한 개화기 때 가문을 일으키고 빛낼 자손을 얻는다는 것은 매우 중요한 일이었기에 태아교육에 더욱 신경을 썼다.

결국은 FM 동경 방송을 통해서 태아교육 음악을 들려주는 프로그램이 생길 정도가 되었고, 사설 태아교육 학교도 설립되었다. 일본은 세계에서 태아교육을 제일 열심히 실천하는 나라가 된 것이다. 이러한 흐름을 보았을 때 일본의 발전과 태아교육의 실천이 무관하다고는 말할 수 없으며 오히려 태아교육의 범국가적인 실천으로 인해 일본의 경제와 문화가 급속도로 발전되었다고도 볼 수 있다.

다른 나라의 경우도 마찬가지지만 태아교육을 잘 실천한 나라가 훌륭한 인재를 얻고 발전한다. **훌륭한 태아교육의 방법과 지속적인 실천이야말로 나라를 살리는 근본 교육이 된다.** 태아교육으로 인해 나라의 발전이 좌우될 만큼이라면 개인의 발전과 성공적인 인생을 살기 위해서라도 태아교육을 권장하고 훌륭한 태아교육법을 실천해야 할 것이다.

일본의 태아교육법은 한국이나 중국과 비슷한 점이 많다. 지역적인 특성상 태아교육의 문화도 중국을 통해 한국, 일본으로 흘러들어 왔다고 추정되어지기 때문이다.

그 중 몇 가지 내용을 살펴보면, 동경에서는 임산부가 몸을 꼼짝하지 않고 있는 것보다 많이 움직여야 건강한 아기를 출산한다고 믿어서 실천했다. 불교의 영향을 많이 받은 지역에서의 태아교육은 보는 것과 듣는 것 등을 조심시키는 것이 많다. 북해도 지방에서는 엄마의 마음을 들뜨게 하거나 흥분시키는 장면, 상황 등을 피하도록 하였고 나쁜 말을 하지 않도록 했다.

일본의 태아교육에 있어 처음으로 태아교육을 언급한 산부인과 책인 '종초(螽草)'를 쓴 이노우 마사히고는 자신의 아들 짜꾸쓰이를 통해 태아교육의 성공사례를 남겼다. 그는 유명한 약학자였는데, 젊었을 때 아주 심한 알코올 중독자였다. 그러나 아내가 임신한 사실을 알고는 술을 딱 끊고 아내에게 정성으로 대하고, 나라에 이바지할 수 있는 훌륭한 아기가 탄생하기를 바라며 밤낮으로 기도했고, 아내도 태아교육에 온 정성을 기울였다고 한다.

이렇게 해서 탄생한 아기가 가쓰 가이슈이며 가쓰 가이슈는 현재, 일본 근대 해군의 창시자가 되었고 신문물을 받아들여 크게 발전시킨 역사적인 인물로 평가되고 있다.

6. 서양의 태아교육

서양은 과학을 토대로 하여 성립된 문화를 가지고 있다. 과학적인 것이 아니면 인정하지 않으려고 하는 기본 사상이 있다. 어떤 현상이 있을 경우에는 과학적인 결과를 가지고 증명을 하고 난 후에 받아들이는 습성이 있다.

즉, 서양은 원리원칙에 입각한 결과를 가지고 평가하며 동양은 경험론적 입장에서 행동을 취한다. 서양은 논리적인 좌뇌 방식의 사회이고 동양은 직관적인 우뇌 방식의 사회다.

태아교육에 있어서도 이같은 방식이 적용된다. 서양에서는 과학적인 결과치가 존재하지 않는 태아교육이란 것에 대한 관심이 없었고, 자료나 문헌도 없었다. 따라서 서양의 교육은 태어나서부터이며 나이도 태어나서 일년이 지나야 한 살로 인정한다.

중국과 한국에서는 뱃속에서부터 교육이 이루어지고 더 거슬러 올라가면 신부수업을 받는 과정에서 이미 태아교육은 이루어지고 있다. 나이도 뱃속의 열 달을 포함시켜 출생과 동시에 한 살로 인정한다.

수천 년을 이어온 동양의 태아교육에 비해 태아교육에 대한 이해가 부족했던 서양의 태아교육은 과학의 발전과 더불어 급속도로 성장하게 된다.

19세기 말, 허시는 마약과 담배, 술 등이 태아의 성장에 치명적임을 경고했다. 1940년대에는 태아의 청각기능에 대한 실험을 통해 불안과 공포, 괴로움, 슬픔 등이 태아의 발달을 저해한다고 밝혔다.

1960년대는 유명한 '탈리도 마이드' 사건이 독일에서 발생했다. 탈리드 마이드라는 수면제를 복용한 임산부에게서 팔다리가 없는 등의 기형아가 속출한 것이다. 이 사건으로 엄마와 태아와의 관계를 깊이 연구하기 시작했고, 엄마의 심리상태가 태아에 미치는 상관관계를 규명하려는 노력들이 활발해지기 시작했다.

서양에서 이루어지는 대표적인 태아교육법은 배에 손을 얹거나 쓰다듬으며 사랑하는 목소리로 대화하는 방법이다. 이 태아교육법도 W.E 프로이트의 엄마와 아기의 애정 형성에 관한 연구를 통해 엄마의 감정에 아기가 적극적으로 반응한다는 사실이 밝혀지면서부터이다.

이후 많은 학자들이 엄마와 아기의 애정형성에 대해 W.E 프로이트의 연구를 구체적으로 증명하기 시작했다. 이렇게 과학적인 실험과 관찰을 통해서 밝혀진 결과를 가지고 서양에서는 합리적인 태아교육법을 만들어냈다.

이제 서양의 태아교육은 동양의 태아교육을 앞서가는 느낌이 들 정도로 빠르게 발전하고 있다. 우리는 동양의 전통 있는 태아교육을 바탕으로 서양의 과학적 방식을 접목한 올바른 태아교육 문화를 발전, 정착시켜 나가야 할 때이다.

제3장 전뇌계발 단군육아법

전인적인 육아법
출생시부터 2개월까지의 전뇌계발
2개월부터 3개월까지의 전뇌계발
3개월부터 4개월까지의 전뇌계발
4개월부터 6개월까지의 전뇌계발
6개월부터 8개월까지의 전뇌계발
8개월부터 9개월까지의 전뇌계발
9개월부터 11개월까지의 전뇌계발
11개월부터 12개월까지의 전뇌계발

전인적(全人的)인 육아법

필자는 지난 30여 년 동안의 연구를 바탕으로 좌뇌, 우뇌, 간뇌 등을 전부 이용한 전뇌학습법을 개발, 도입하였다. 초고속전뇌학습법을 연구하고 교육을 시키는 과정에서 우리 선조들이, 훌륭한 교육방법 즉, 유아 때부터 전뇌 발달을 위한 훈련을 시켜왔다는 것을 알게 되었다. 이에 단군(한민족)육아법을 재조명하는데 의욕을 가지고 정리하기에 이르렀다.

그동안 단군육아에 대해 언급한 부분이 있기는 하나 그것은 외래 문명의 배척 차원에서 이루어지거나, 음(音)에다 한자(漢字)를 맞추는 식이었다. 즉, 각궁(覺弓), 시상(侍想), 불아(弗亞), 작작궁(作作弓), 도리(道理), 아합(亞合), 서마(西摩), 곤지(坤地), 지암(持闇), 업비(業非) 등으로 풀이를 한 것이다.

그러나 이와 같은 논리는 이해는 되지만 어색한 점들이 많이 발견됐다. 필자의 연구 조사에 의하면 한자 즉 문자의 발명 이전부터 우리 조상들의 단군육아 교육법은 유태인의 탈무드처럼 구전되어 오던 훈련 방법이기 때문에 이를 한자에 맞춰 풀이한다는 것은 무리가 따른다고 생각한다.

그래서 자연과 심성의 조화를 꾀하고 전뇌의 발달은 물론 인지능력을 계발하게 하고 신체 균형의 발달을 돕는 우리의 단군육아법을 범우주적으로 연구 분석하여 풀이해 보았다.

단군육아법은 우주와 자연의 원리에 입각한 인성발달을 전제로 전뇌계발에 중점을 둔 것으로, 아임케쉬(IEMCASH)의 계발이 이루어지는 전인적인 교육이다. 우리 민족 고유의 지혜가 담겨진 차원 높은 육아법이라고 할 수 있다.

따라서 우리 민족은 세계 어느 민족보다도 훌륭한 교육 방법이 실시되어옴은 물론, 우주적 원리에 입각한 고차원적인 육아법이라고 자신 있게 말할 수 있다.

■ 유아의 전뇌 활성화 도표 Ⅰ ■

순서	교 육	목 적 및 효 과	시 기 (개월)
1	자장자장 (EQ · HQ · SQ의 형성, 발달)	①고른 숨결에 따른 심리적 안정감 ②숙면 유도 ③침착한 성격 형성 ④균형 및 리듬감각 습득 ⑤알파(α)파 증대로 전뇌발달 촉진	출생시 부터
2	하품 · 기지개 (HQ · SQ의 형성, 발달)	①氣의 유입훈련(뇌에 양질의 산소공급) ②전뇌의 활성화 훈련 ③기의 순환과 성장 촉진 ④몸 전체를 이완시켜 줌	출생시 부터
3	쭈쭈 (AQ · HQ의 형성, 발달)	①몸의 균형을 잡아줌 ②골절을 튼튼히 함 ③기의 순환작용 ④골절의 성장 촉진	3일후 부터

■ 유아의 전뇌 활성화 도표 Ⅱ ■

순서	교 육	목 적 및 효 과	시기(개월)
4	아기 이름 부르기 (MQ·AQ·EQ의 형성, 발달)	①청각 신경을 발달시킴 ②주인 정신 함양 ③하나의 인격체로 존중 ④부모와의 연대성을 느낌	7일후 부터
5	까꿍 (HQ·AQ·SQ의 형성, 발달)	①집중력 계발 ②시지각 계발(눈에 초점 맺기) ③청력 계발 ④상상력 계발	1~2 개월
6	엄마·옴음 (EQ·SQ의 형성, 발달)	①영(靈)과 육체의 교합의 소리 ②인간과 우주 연결의 최초 음 ③심리적 안정감 ④뇌세포 자극으로 뇌활동 촉진 소리	2~3 개월
7	에비에비 (IQ·MQ·EQ의 형성, 발달)	①세상에는 위험도 있다는 것을 일깨움 ②자제할 수 있는 극기정신 함양 ③자연에 순응하는 태도	3~4 개월
8	맘마 (AQ·HQ·EQ의 형성, 발달)	①몸의 에너지가 생성됨을 일깨움 ②원기의 회복 ③육체적, 정신적인 안정감을 느낌	3~4 개월
9	잼잼 (AQ·CQ·SQ의 형성, 발달)	①뉴턴의 만류인력을 일깨움 ②혈액순환 유도 및 심신의 안정 ③획득하는 것(정보입수, 물체 잡기) ④근육강화 훈련 ⑤간뇌의 자극으로 전뇌를 발달시킴	4~6 개월

■유아의 전뇌 활성화 도표 Ⅲ■

순서	교 육	목 적 및 효 과	시 기 (개월)
10	곤지곤지 (CQ·HQ·SQ의 형성, 발달)	①하늘과 땅(天地)을 알려줌 ②남녀 등의 음양이 있음을 일깨움 ③인지발달 훈련 ④5장6부의 기능 강화 ⑤손바닥 자극으로 전뇌기능발달	4~6 개월
11	도리도리 (CQ·SQ·HQ의 형성, 발달)	①지구의 자전과 공전의 원리를 일깨움 ②목운동 및 척추선 강화 ③관찰 능력을 키워 줌 ④시신경과 뇌기능자극, 눈과 뇌계발	4~6 개월
12	짝짜꿍짝짜꿍 (MQ·HQ·SQ· EQ의 형성, 발달)	①화합의 정신을 일깨움 ②혈액순환에 도움 ③외기(外氣)를 모음 ④남녀 교합(交合)의 이치를 일깨움 ⑤칭찬, 위로, 격려의 표현을 가르침 ⑥전뇌 발달을 유도해 줌	5~6 개월
13	메롱 (AQ·IQ·HQ의 형성, 발달)	①혀의 움직임을 자유롭게 함 ②언어의 정확한 발음을 유도함 ③놀이감각을 익혀 줌 ④상대를 통한 반사작용의 훈련	5~6 개월
14	아함 (용하다·신통하다) (IQ·MQ·EQ의 형성, 발달)	①옳다, 바르다, 잘했다는 칭찬 표현 ②남의 장점발견과 칭찬하는 법 배움 ③긍정적인 사고의 발전을 강조	6~7 개월

■유아의 전뇌 활성화 도표 Ⅳ■

순서	교 육	목 적 및 효 과	시 기 (개월)
15	부라부라 (AQ·IQ·EQ의 형성, 발달)	①척추가 튼튼해지도록 함 ②몸의 균형감각을 유지시키는 훈련 ③율동에 대한 적응 능력 ④지능 감각의 발달	7~8 개월
16	랄랄라랄랄라 (EQ·IQ의 형성, 발달)	①청각 능력을 향상시킴 ②기분의 흥겨움을 알게 함 ③리듬 감각을 익히게 함	8~9 개월
17	둥게둥게 (AQ·MQ·EQ의 형성, 발달)	①정신 집중을 길러줌 ②몸의 균형 감각 ③두려움, 공포감, 적응능력 배양 ④예절을 알게 함	8~9 개월
18	따로따로 (섬마섬마) (AQ·HQ·EQ의 형성, 발달)	①자립정신 함양 ②몸의 평형감각 및 균형감각 훈련 ③근육 강화를 시켜줌	9~11 개월
19	걸음마걸음마 (HQ·EQ의 형성, 발달)	①정신집중을 길러줌 ②균형감각 훈련 ③몸의 중심 이동훈련 ④걷기 위한 예비훈련	11~12 개월
20	뽀뽀 (EQ·MQ·AQ의 형성, 발달)	①신체적 접촉을 통한 정을 느낌 ②감정 표현을 배우게 됨 ③사랑을 배우게 됨	11~12 개월

출생시부터 2개월까지의 전뇌계발

신생아기(期)로서 신생아는 출생 후부터 2주간을 말한다. 몸무게는 약 3.3Kg, 키는 약 50Cm 정도다. 피부는 연분홍 색조를 띠고 있으며 몸 전체에 흰 물질이 덮여 있다가 3~4일 후면 자연히 없어진다. 엉덩이에는 '몽고반점'이라는 푸른 점이 하나 있으며, 이는 자라면서 색깔이 엷어지고 10세쯤 되면 사라지게 된다.

신생아 때는 감각이 미숙한 시기라고 볼 수 있다. 그러나 최근의 연구 결과 신생아는 전에 생각했던 것보다 훨씬 더 민감한 감각 기관을 가지고 태어난다. 또 이 시기에는 7Q의 형성과 발달에도 유념해야 된다. 감각 기관별 발달 정도를 보면 다음과 같다.

▶ **시각** 이틀 정도 지나면 눈꺼풀과 눈동자가 움직이는 동공반응을 보인다. 보통 20~30Cm 이내의 물체에 초점을 맞추며, 좌우 눈동자가 따로 움직이게 된다. 이러한 사시현상은 출생 후 약 7~8개월 정도 지나면 대부분 없어지게 된다.

▶ **청각** 태어난 직후에는 강한 소리에 반응을 나타내며 일주일 정도 지나면 음파를 느낄 수 있다고 한다. 특히 엄마의 어르는 소리는 아기가 좋아하는 소리 중의 하나이다.

▶ **미각** 단맛, 쓴맛 정도를 구분할 수 있으며 쓴맛을 느끼면 얼굴을 찌푸리고 싫은 반응을 보인다.

▶ **촉각** 차고 뜨거운 것에 대한 반응이 잘 나타나며 입술과 혀의 감각이 발달되어 있다.

▶ **후각** 쓰거나 신 냄새, 탄 냄새 또는 모유의 독특한 냄새 등에 매우 민감한 반응을 보인다. 이러한 반응은 좋고 나쁨을 확연히 파악할 수 있을 정도로 명확하게 나타난다.

그러나 비록 이처럼 예민한 감각기관을 가지고 태어난 아기지만 신생아에게서 1개월 남짓의 시기는 모든 것이 미숙한 상태이기 때문에 모든 행동이 거의 반사적으로 일어난다고 볼 수 있다.

대체로 신생아의 경우, 밤낮의 구별 없이 젖을 먹거나 기저귀를 갈 때를 제외하고는 하루 종일 잠만 잔다. 평균 16시간에서 20시간 정도이며 아기에 따라 정도의 차이는 있다.

물체를 분간하지는 못하며 움직이는 것과 밝은 것을 좋아한다. 따라서 이 시기에는 무리한 신체의 움직임보다 주로 청결한 몸의 관리가 중요하다. 갓 태어난 아기가 세상을 경험하는데 있어 직접 작용하는 가장 중요한 능력은 시각과 청각 능력이다.

특히 청각을 자극하는 소리 중에서 아기의 청각에 가장 잘 들어맞는 소리는 인간의 소리이다. 부모 또는 어른이 아기에게 말을 할 때는 본능적으로 목소리의 톤이 높아지며 5초나 15초 간격으로 말을 붙인다.

독특한 소리의 톤이나 회화의 템포가 합쳐졌을 때 신생아는 다른 어떤 자극보다도 더 흥미를 나타낸다.

따라서 아기의 이름을 부르는 것은 아기와 부모 또는 사람에 관한 관심을 연결시켜 주는 족매 역할을 하게 되며 이러한 관심의 촉발은 아기에게 연대성을 갖게 하고 이로 말미암아 아기의 지능이 발달하게 된다.

▶ **모유 먹이기** 서구의 육아법이 들어오면서 가장 빨리 변화를 보인 것이 젖 먹이기이다. 가능하면 처음부터 우유를 먹이거나 또는 모유를 짧게 먹이고 시간을 정해 놓고 우유를 규칙적으로 먹이는 일 등

이다.

　원래 우리의 전통적인 모유 먹이기는, 아기가 원할 때마다 젖을 물렸다. 먹일 때도 아기와 눈을 맞추면서 다정하게 안아주라고 했다. 또 짝가슴이 될 정도로 고집스럽게 왼쪽 젖을 많이 먹였는데, 이것은 왼손으로 아기를 안으면 오른손을 마음대로 쓸 수 있고 아기가 엄마의 왼쪽 가슴의 심장 박동소리를 들으며 뱃속(자궁)같이 편안하게 젖을 먹을 수 있기 때문이다. 이렇게 젖을 먹고 자란 아기는 정서적으로 안정되어 잘 자라고 덜 운다.

　서구식 방법으로 모유를 먹이거나 일찍부터 우유를 먹으며 자란 아기는 오히려 모유를 먹으며 자란 아이보다 자립심이 떨어지고 수동적이며 의존적 성격을 많이 보인다는 통계가 있다. 이러한 임상연구 결과가 여러 곳을 통해 발표되자 최근 들어 모유를 먹이는 젊은 주부가 많아지고 있다.

　모유(아기를 안고 직접 젖을 먹이는 것)를 먹이는 것은 아기에게 있어서 배부른 것, 그 이상의 의미가 있다. 예컨대 젖을 물려서 모유를 먹이게 되면 심리적 안정감은 물론 아기의 지능지수(IQ)를 높이는데 결정적인 작용을 한다.

　특히 지능의 경우, 친어머니의 모유를 먹고 자주 신체적 접촉을 통해 연대감이 형성된 아기와 그렇지 않은 아기를 비교해 보았다.

　처음 3년 동안에는 큰 차이가 없었으나, 4년 후에는 모유를 먹고 자란 아기의 지능이 평균 15포인트 이상이 높은 것으로 조사 발표됐다.

　이는 모유의 수유를 통해 아기와의 연대성을 갖게 되고 이러한 연대성을 가진 아기는 결과적으로 지능이 포괄적으로 높아지게 된다는 단편적인 예를 보여준 것이다.

1. 자장자장(EQ · HQ · SQ의 형성, 발달)

☞ **방법** 잠자는 아기의 등 또는 가슴 부위를 살짝살짝 토닥거리면서 다정스럽고, 사랑스럽게 '자장자장'이라고 들려준다.

☞ **효과** 익숙한 부모의 목소리, 작게 속삭이는 듯한 정겨운 톤의 '자장자장'에서 우러나오는 다정한 리듬감이 아기에게 정서적 안정감과 만족감을 주게 되며 아기와 부모의 신뢰감을 돈독하게 한다. 또 아기의 성격을 원만하고 부드럽게 해준다.

'자장자장'을 해줌으로 인해 아기는 △고른 숨결에 따른 심리적 안정감을 갖게 되며 △숙면을 유도한다. 또한 △침착한 성격 형성 △균형 및 리듬감각 습득 △알파(α)파 증대로 인한 전뇌발달 촉진 등이 이루어진다.

2. 하품 · 기지개(HQ · SQ의 형성, 발달)

☞ **방법** 하품은 졸리거나 따분할 때 즉, 뇌에 산소 공급이 원활하지 않을 때 자율적으로 입이 크게 벌어지면서 내쉬게 되는 깊은 호흡이다. 처음엔 얼굴 부분만 움직이는 것처럼 보이나 점점 하품 시 온 몸의 움직임이 보인다. 기지개는 온 몸을 쭉 펴고 팔은 하늘로 향해서 벌리고, 다리는 아래쪽으로 힘차게 쭉 뻗도록 해준다.

☞ **효과** 하품은 뇌에 산소를 공급해 줌으로써 머리를 맑게 하고

상쾌하게 한다. 기지개는 근육을 늘려주어 신진대사를 활발하게 하고, 산소공급을 원활하게 해서 전뇌 발달을 촉진시킨다.

출생시부터 하는 하품이나 기지개는 △기(氣)의 유입 훈련(뇌에 양질의 산소 공급) △전뇌의 활성화 훈련 △기의 순환과 성장 촉진 △몸 전체를 이완시키는 등의 효과가 있다.

3. 쭈쭈(AQ · HQ의 형성, 발달)

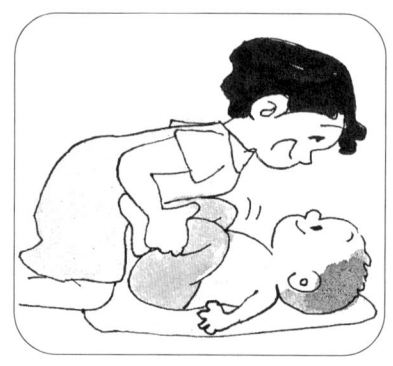

☞ **방법** 태어난 지 일주일 정도가 경과하면 할 수 있다. 이를 위해선 아이를 반듯하게 눕힌다. 양 발목을 가볍게 잡아 천천히 가슴까지 대듯이 무릎을 굽혀 눌러준다. 가슴으로부터 양발을 천천히 당겨 똑바로 펴준다. 이것을 약 5회 정도 반복한다.

다음 양쪽 다리를 자연스럽게 곧게 편 상태에서 양손으로 허벅지부터 가볍게 마사지와 동시에 다리를 곧게 펴주면서 발목까지 내려온다. 이때 '쭈욱쭈욱' 또는 '쭈까쭈까'라고 소리를 내준다. 발목 위까지 다 내려 왔으면 다음 발바닥(용천혈 부위)을 가볍게 엄지손가락으로 부드럽게 마사지하듯이 밀어준다.

☞ **주의** 이 때는 한창 골육이 성장하는 시기이다. 뼈의 발달이 완전하지 않기 때문에 무리한 힘을 주어서는 안 된다. 아기의 표정을 살피면서 싫어하지 않는 범위 내에서 하도록 한다.

☞ **효과** 엄마의 손길에서 심리적 안정을 느끼게 되며, 신체의 각 부분을 움직일 수 있는 능력을 한층 높여준다.

이때 병행하는 마사지는 △피부를 튼튼하게 해주며 외부 환경에 대한 피부 저항력을 키워 준다. 또한 △전체적인 혈행을 도와주며 기의 순환을 촉진시켜 신체의 발육을 촉진시킨다. 부분적으로는 △무릎과 발목의 근육 발달을 도우며 △골절을 튼튼하게 하고 바르게 교정시켜 전체적인 신체의 균형을 잡아준다.

4. 아기 이름 부르기(MQ · AQ · EQ의 형성, 발달)

☞ **방법** 이미 이름을 지었거나, 혹은 이름을 짓지 않은 경우도 있다. 비록, 이름을 짓지 않았을 경우에도 대부분 7일 이내에 이름을 짓게 되는데 아기가 태어나면 '아가야'라든가 혹은 정해진 이름을 자분히 반복해서 얼굴을 마주하고 불러준다.

☞ **효과** 아기 이름을 부르게 되면 신생아의 청각 신경계를 자극하게 되며, 하나의 인격체로서 존재 의의를 갖게 됨은 물론 아기의 이름을 부를 때 형성되는 연대성으로 인해 지능 형성과 발달에 구체적으로 도움이 된다.

아기 이름 부르기는 △청각 신경을 발달시키고 △주인 정신을 함양시키며 △하나의 인격체로서의 인정과 △부모와의 연대성을 느끼게 하는 등의 효과가 있다.

5. 까꿍(HQ · AQ · SQ의 형성, 발달)

☞ **방법** 아기가 안 보이는 곳에서 아기의 시야로 들어오면서 '까꿍'한다.

또는 양손바닥으로 자신의 양눈을 가리고 있다가 손가락을 벌리면서 손가락 사이로 아기의 눈을 바라보면서 '까꿍'한다.

아기 눈을 수건으로 가렸다가 벗기면서 '까꿍'하고 반대로 엄마의 얼굴을 수건으로 가렸다가 내리면서 '까꿍'한다. 이때 엄마의 눈은 아기의 눈과 초점을 맞추면서 한다.

☞ **효과** 자연스럽게 눈의 초점을 맞추는 훈련을 하게 된다. '까꿍' 소리를 통해 청각을 발달시키고 주의를 집중하는 연습을 하게 된다. 특히 심리적으로 눈앞에 사물이 보이지 않는다고 해서 물건이 없어지는 것이 아니라는 것을 알게 된다. 또한 언어 표현력도 키워 주게 된다.

까꿍은 △집중력 계발 △시선을 맞춤으로 인한 시지각 계발(눈에 초점 맺기) △청력 계발 △상상력 계발 등의 효과가 있다.

2개월부터 3개월까지의 전뇌계발

얼러주면 방긋 웃고 옹알이를 시작한다. 밤과 낮의 리듬이 생기며, 몸무게가 늘어나고 피하지방이 많아져서 차츰 아기다운 포동포동한 모습이 된다. 발로 차기도 하며, 손가락을 펴기도 하고, 팔을 흔드는 등 팔과 다리의 움직임이 활발해진다.

엎어 두면 머리를 들어올리고 어느 정도 목을 가눌 수 있게 된다. 모양과 색깔의 구분이 가능하며, 어느 정도의 감정 표현도 가능하고 표정도 다양해진다.

소화기관이 발달하여 먹고 자는 간격이 점차 규칙적으로 되어가며, 뇌신경이 조금씩 발달하여 손발을 잘 움직이게 되고 눈앞에서 장난감을 흔들면 손을 뻗쳐 잡으려고 한다.

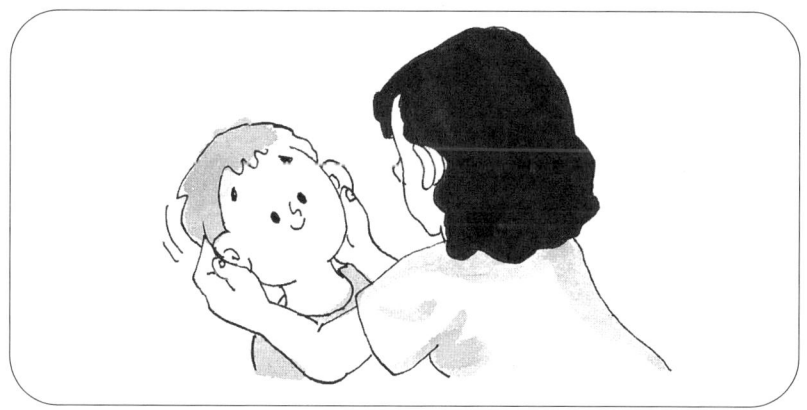

6. 엄마 · 옴음(EQ · SQ의 형성, 발달)

☞ **방법** 아기와 눈을 맞춘다. 다정스런 눈으로 바라보며, '엄마'를 반복해서 아기에게 들려준다. 엄마를 인식시켜 주는 것이다.

인간에게 있어서 '엄마'라는 소리는 불교에서의 '옴', 카톨릭이나 기독교에서의 '아멘', 이슬람교의 '아미인(Amin)'과 같이 가장 기본적이면서도 심오한 뜻이 담긴 인간의 원초적 음이라 할 수 있다.

☞ **효과** 이는 하늘의 소리를 들으면서 자신의 뇌의 파장과 일치시키는 훈련 효과를 준다. 그래서 △영(靈)과 육체의 교합의 소리로 심리적 안정감을 찾고, 간뇌의 송과체 부위를 자극, 전뇌 기능을 발달시킨다. 소리의 파장이 원을 그리며 뇌로 들어가 뇌세포에 자극을 주어 뇌의 활동을 촉진시키는 소리라고 할 수 있다.

'엄마'라는 소리를 들려줌으로써 △심리적 안정감과 △인간과 우주의 연결성 △뇌세포의 자극으로 인한 뇌 활동을 촉진시키는 등의 효과를 가져오는 것이다.

3개월부터 4개월까지의 전뇌계발

아기의 성장 속도에 따라 개인차가 커지기 시작하는 단계이다. 발육을 보면 몸무게는 출생시보다 약 2배 가량 되고 가슴둘레와 머리둘레가 거의 비슷해진다. 보통 아기의 체질이 양친의 어렸을 때를 닮는 경우가 많다.

목을 가눌 수 있게 되며 머리를 들 수 있게 되는 때도 대체로 이 시기이다. 자기의 손을 들여다보고 장난감등의 물건을 쥐어주면 들고 있기도 한다. 특히 손가락을 빠는 일이 잦다. 운동량이 많아지고 옆으로 누이면 혼자 바로 눕기도 하고 발의 힘이 강해져서 무릎 위에 일으켜 세우면 팔짝팔짝 뛰기도 한다.

7. 에비에비(IQ · MQ · EQ의 형성, 발달)

☞ **방법** 보통 소리를 분별하기 시작하는 시기인 3~4개월 되는 때부터 돌 이후 2~3세까지 지속되는, 일종의 경각심을 일깨워 주는 용어이다.

이는 아기가 조심해야 할 것, 위험 등의 앞에 놓이면 조금은 근엄한 목소리로 '에비에비'라고 말해 준다.

☞ **효과** 이 소리는 △인간의 극기 정신을 함양시키고 △자연에 순응하는 태도를 가르친다. 또한 △세상을 살아가는 데는 어려움과 위험, 두려움 등이 있다는 것을 일깨워 주는 효과가 있다.

8. 맘마(AQ · HQ · EQ의 형성, 발달)

☞ **방법** 맘마는 음식 혹은 우유를 대신하는 유아용 명사로 입을 오므렸다(맘)가 벌리는 방법(마)으로 길게 소리를 낸다.

반복해서 사용하다 보면 '맘마'하면 아기가 먹을 것을 준다는 것을 안다. 그리고 자신이 배가 고프면 '맘마'를 입으로 말하게 된다.

☞ **효과** 육체를 숨쉬게 하는 근본으로 움직임에는 어떤 에너지가 필요함을 인식하게 한다. 또한 자신이 먹고 싶은 것에 대한 욕구가 생기기도 하고 포만감으로 안정감을 찾기도 한다. '맘마'라고 말하면서 우유나 모유 그 밖의 음식물을 주게 되면 '맘마'라는 소리만 들어도 아기가 생기를 얻는다.

그로 인해 △몸의 에너지가 생기고 △원기가 회복되며 △육체적으로 정신적으로 안정감을 느낀다.

4개월부터 6개월까지의 전뇌계발

본격적으로 근육에 상당한 힘이 생기는 시기이다. 목을 완전히 가누면서 양옆으로 자유롭게 움직인다. 눈과 손을 동시에 쓸 수 있으며, 멀리 있는 물건도 볼 수 있어 손을 내밀어 잡으려고도 한다. 앉는 자세가 어느 정도 형성되기 시작하며 의자 등에 기대어 잠깐 앉아 있기도 하나 곧 쓰러진다.

특히 호기심이 많이 생겨나고 주위의 여러 사물에 관심을 갖게 된다. 대체로 손을 내밀어 붙잡으려 하고 일단 손에 쥐게 되면 입으로 가져가서 빤다. 무엇이든 입으로 넣거나 빨아서 감촉을 확인하는 것이며, 이러한 것이 이 시기의 아기에게는 매우 중요한 일이다. 혼자서 뒤집기가 가능해지며, 좋고 싫은 것이 확실해진다.

기억력이 생겨 사람을 알아보고 낯을 가리기도 한다. 가지고 놀던 장난감을 감추면 두리번거리며 찾으나 곧 잊어버리는 단계이다. 흉내내기를 즐기게 되고, 소리를 분별하기 시작한다. 근육의 힘과 골격이 형성되면서 뇌의 활동이 본격적으로 이루어지는 시기이다. 때문에 구체적인 신체 운동이나 지각 운동을 시도하게 된다.

9. 잼잼(AQ · CQ · SQ의 형성, 발달)

☞ **방법** 엄마가 아기의 눈을 보면서 양손을 들고 '잼잼'하면서 손바닥을 폈다 오므렸다 한다. 보통 이 시기는 흉내내기와 예상하

는 능력이 발달하는 때이기 때문에 어렵지 않게 따라 하게 된다.

☞ **효과** 손바닥과 손가락의 경락 계통과 혈관계 및 신경계 그리고 오장육부의 상응점 등을 자극한다. 이는 기와 혈행(血行)을 원활하게 하며 오장육부를 튼튼하게 한다.

또한, 자신의 의지에 의해 신체를 움직일 수 있다는 사실을 깨닫게 되며, 사물을 올바로 쥐게 하는 훈련 효과를 가져온다.

잼잼은 △뉴턴의 만류인력을 일깨우고 △혈액순환 유도 △무엇인가 획득하는 것(정보입수, 물질을 잡는 것) △근육 강화 훈련 등을 할 수 있으며 △뇌에 자극을 주게 되어 전뇌를 발달시키게 된다.

10. 곤지곤지(CQ · HQ · SQ의 형성, 발달)

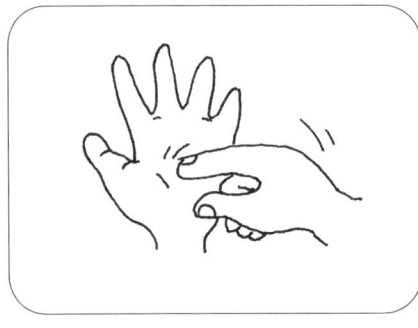

☞ **방법** 엄마가 한쪽 손바닥을 펴고 다른 한쪽 손은 가볍게 주먹을 쥐고 검지만을 편 상태에서 '곤지곤지'하면서 반대편 손바닥 중앙을 찍는다. 서너번 반복한 다음 이번에는 반대로 서너번 한다.

처음에는 어설프게 따라 하게 되나 점차 양팔의 동작도 자연스러워지면서 자신의 손바닥을 반대편 손가락으로 찍게 된다.

☞ **효과** 자신의 눈으로 손바닥과 손가락을 보면서 특정 부위를 찍는 훈련을 통해 눈과 손의 협응 능력을 키워 준다.

이 시기의 아기는 원근감(遠近感)이나 공간지각력 등이 발달하지 않았기 때문에 이러한 훈련을 통해 원근감이나 공간지각력 등을 갖게 된다. 또한 모방을 통한 즐거움을 깨닫고 외부 환경에서 더 많은 경험을 갖기 위해 부지런히 모방을 하는 동기가 부여된다. 자신의 손가락으로 자신의 신체를 건드렸을 때의 느낌을 직접 경험을 통해 얻게 된다.

곤지곤지는 △손바닥의 혈(穴)들을 자극해 오장육부(五臟六腑)를 강화시키고 특히 소화 기능을 활발하게 촉진시킨다. △하늘과 땅(天地)을 알려주고 △남과 여 등의 음양(陰陽)이 있음을 자연스럽게 알려준다. △인지발달 훈련 및 △손바닥의 노궁혈과 기타의 다른 혈들을 자극하여 전뇌 발달에 도움이 된다.

11. 도리도리(CQ · SQ · HQ의 형성, 발달)

☞ **방법** 머리를 좌우로 돌리면서 '도리도리'라고 말한다. 처음에는 동작과 '도리도리'라는 말을 함께 해주다가 차츰 아기가 익숙해지면 손으로 머리를 돌려주지 않아도 된다.

엄마가 '도리도리'라고 말을 해주고 아기 혼자서 머리를 움직이도록 한다. 익숙해지면 거울을 보여 주고 거울 속에 비치는 자신의 '도리도리'하는 모습을 보게 한다.

☞ **효과** 사물을 보기 위해서는 목과 눈이 협응되어야 한다는 것을 느끼게 한다. 목을 움직이는 훈련을 통해 경추의 원활한 발달을 촉진한다. 특히 좌우를 번갈아 돌아봄으로써 시각적 자극의 범위를 넓혀 주기 때문에 관찰 능력을 발달시킨다. 또한 이 때부터 본격적인 발음 흉내를 내도록 하면서 언어 능력을 키워 준다.

도리도리는 △지구가 돌고 있다는 자전(自轉)의 원리를 일깨워 주고 △크게는 우주 공전(公轉)의 법칙을 알려준다. △목운동 및 척추선을 강화시켜 주고 △관찰 능력을 발달시키며 △눈의 시신경과 뇌의 기능을 자극해 눈과 뇌를 계발시키는 효과가 있다.

12. 짝짜꿍짝짜꿍(MQ · HQ · SQ · EQ의 형성, 발달)

☞ **방법** 아기의 눈을 보면서 아기의 양손을 잡고 소리가 나도록 마주치면서 '짝짜꿍짝짜꿍'하고 리듬을 주면서 계속한다.

처음에는 '도리도리'와 같이 말과 행동을 함께 해주다가 아기가 익숙해지면 엄마는 '짝짜꿍짝짜꿍'이라고 말만 하고 아기가 따라 하도록 한다. 어느 정도 익숙해지면 거울을 보여 주고 거울 속에 비치는 자신의 모습을 보게 한다.

☞ **효과** 우리의 손에는, 몸 전체의 교감신경과 같은, 1만5천 개의 교감신경이 분포되어 있다. 손바닥의 뇌궁혈을 자극시키므로 인하여 간뇌 기능을 촉진시키고 육체의 기능들을 활성화시킨다.

실제로 손은 인체의 각 기관과 긴밀한 상응관계가 있어 손바닥을 치료에 이용하기도 한다. 특히 아주 어린 영아의 경우, 한방에서는 침구치료가 불가능하기 때문에 손바닥이나 손등의 특별한 치료점을 임상에 이용하기도 한다.

이러한 손뼉 치기는 △화합의 정신을 일깨우고 △혈액순환에 도움이 되며 △외기를 모은다. 또한 △남녀 교합의 이치를 깨닫게 하며 △칭찬이나 위로, 격려의 표현을 대신한다.

13. 메롱(AQ · IQ · HQ의 형성, 발달)

☞ **방법** 양손의 엄지손가락을 얼굴의 볼우물 자리에 놓고 나머지 손가락은 편 채로 부채를 부치듯 흔들면서 입술을 모으고 혀를 약간 위로 향하게 내밀면서 소리도 같이 낸다. 상대의 반응을 유도하듯이 반복해서 아기에게 그 모습을 보여준다.

☞ **효과** 혀의 움직임을 자유자재로 할 수 있게 된다. 또한 언어의 정확한 발음을 할 수 있도록 하는 기본 운동이다.

메롱을 계속하면 △혀의 움직임이 부드러워지고 △소리를 내는데 정확한 발음을 할 수 있다. △상대를 통한 반사작용의 훈련이 되며 또 △서로 주고받는 식의 놀이처럼 하면 아이가 놀이에 대한 감각을 익히게 된다.

6개월부터 8개월까지의 전뇌계발

혼자서 앉을 수 있게 되며, 서서히 기기 시작하는 때이다. 개인차가 있기는 하나 이 시기에 아랫니가 두 개 정도 나오며 사람의 손가락 등을 심하게 깨물기도 하고 물건 등을 이로 긁기도 한다.

지혜가 생기며 사람을 구별하여 낯가리기가 더욱 심해지고, 같은 행동을 되풀이해 주면 아기는 다음에 일어날 일을 예상할 수 있게 된다.

14. 아함아함(IQ · MQ · EQ의 형성, 발달)

☞ **방법** 아기의 옹알이에 대해, '아함아함'하고 맞장구를 쳐주고, 응답해 준다. 뜻이 담겨 있지 않더라도 서로의 대화 및 상호작용을 하듯이 주고받으면서 하도록 한다.

☞ **효과** 이는 △옳다, 바르다, 잘했다는 칭찬으로 아기에게 자신감을 불어넣어 준다. △긍정적인 사고를 가르치고 △남의 장점을 발견하라는 뜻이 내포되어 있다. 또한 △잘 알았다, 라는 의사 전

달의 메시지를 대신하기도 한다.

15. 부라부라(불무불무)(AQ · IQ · EQ의 형성, 발달)

☞ **방법** 아기의 양쪽 겨드랑이를 양손으로 잡고 '부라부라(또는 불무불무)'라고 리듬감 있게 말해 주면서 앞, 뒤 또는 왼쪽, 오른쪽으로 흔들어 준다.

☞ **효과** 척추 운동 겸 전신운동 효과가 있다. 비록 이 시기의 아기가 운동량이 많지만 전체적으로 균형 있는 운동이 아닌 부분적인 운동이 되는 경우가 많다.

따라서 이와 같은 방법을 통해 전신운동을 골고루 시켜 주게 된다.

특히 척추의 올바른 발육을 돕게 되며, 근육의 왕성한 활동을 통해 혈액순환을 왕성하게 하고 기의 흐름을 원활하게 하여 신진대사를 촉진시켜 준다. 특히 '부라부라'라고 말을 하면서 흔들어 주기 때문에 청각신경을 발달시키며, 율동 적응능력이 발달하게 된다.

부라부라는 △척추운동이 되어 척추가 튼튼해지며 △몸의 균형 감각을 유지시키는 훈련으로 △율동에 대한 적응 능력과 △지능 감각을 발달시킨다.

8개월부터 9개월까지의 전뇌계발

혼자 앉아서 놀 수 있는 시기다. 앉혀 놓으면 쉽게 넘어지지 않는다. 무엇이든 붙잡고 일어서려고 노력하는 등 자발적인 운동이 늘어나는 시기이다. 균형감각을 길러주는 것이 필요한 시기이다. 빠른 아기는 혼자서 붙잡고 서기도 하는 때이다.

16. 랄랄라랄랄라(EQ·IQ의 형성, 발달)

☞ **방법** 양손을 어깨 높이로 올리고 손바닥을 편 채로 음악에 맞추어 손을 위아래로 흔들어 준다.

이때 손목에 힘을 주지 말고 흔들며 어깨나 머리, 몸 등 앉은 자세에서 조금씩 흔들어 주면 좋다.

☞ **효과** 음악적 감성을 키워 줄 수 있는 것으로 목소리의 음파처럼 악기의 소리를 새롭게 인지하게 된다.

음악소리와 노래가 어우러져 △흥겨움의 새로운 소리를 알게 되고 △온 몸의 운동이 되어 에너지 소비가 일어난다. 또한 △청각기능을 향상시키고 △리듬 감각을 익히게 되는 효과를 가져온다.

17. 둥게둥게(AQ · MQ · EQ의 형성, 발달)

☞ **방법** 태어난 직후부터 목을 가누게 될 때까지 아기의 다리는 M자 모양으로 굽어져 있다.

이 상태를 지켜 주면서 한 손은 다리 사이에 넣어 엉덩이를 받쳐 주고 다른 한 손은 목 뒤를 받쳐 주면서 아기를 살짝 들어 아기가 놀라지 않도록 천천히 안아 올린다.

한 손은 아기의 엉덩이 부분을 안고 다른 한 손은 아기의 어깨와 목 부위를 안는다. 그런 다음 천천히 앞뒤로(머리 쪽과 반쪽) 흔들어 주면서 '둥게둥게'라고 말하면서 얼러준다.

☞ **효과** 자신의 몸이 비록 손에 의해 받쳐 있지만 허공에 떠 있다는 것을 느끼게 된다. 이러한 느낌은 특별한 상황에 대해 정신을 집중하도록 유도한다.

특히 '둥게둥게'라는 음률에 맞게 몸을 움직여 주기 때문에 많은 감각 경험을 쌓게 된다. 예컨대 몸의 평형 감각과 균형 감각을 일깨워 수기도 하며, 두려움, 공포감 등에 대한 적응 능력을 키워 주고 부모에 대한 신뢰를 쌓이게 한다.

특히 소리와 공중에 떠 있는 상태에서의 감각은 아기에게 관심과 흥미를 주어 혼자 움직이려는 욕구를 갖게 한다.

둥게둥게는 △정신 집중을 유도하고 △몸의 균형감각을 키우며 △두려움, 공포감에 대한 적응 능력 등을 배양하는 효과가 있다.

9개월부터 11개월까지의 전뇌계발

눈을 뜨고 있는 동안에는 한시도 가만있지 않고 몸을 움직인다. 무릎으로 기거나 걷거나 하며, 눕혀 놓으면 혼자 일어나 앉는다. 물건을 붙잡고 일어설 수 있다. 서는 것을 좋아하며 걸으려는 노력을 하는 때이다. 이름을 부르면 뒤돌아보기도 한다.

어른의 말을 이해하고 자신도 열심히 따라해 보려고 한다. 이때는 언어 자극이 많을수록 아기의 언어 능력이 빨리 발달한다.

18. 따로따로(AQ · HQ · EQ의 형성, 발달)

☞ **방법** '섬마섬마' 혹은 '꼬내꼬내'라고도 하며 이는 한쪽 손바닥 위에 아기를 올려놓고 다른 손으로 아기의 겨드랑이를 받쳐 준다. 받쳐 준 손을 잠시 떼어 아기가 혼자 서 있게 하며 '따로따로'라고 리듬 있게 말한다.

이때 아기는 이미 혼자 서 있을 수 있기 때문에 어른의 손위에서 무릎을 펴고 서 있게 된다. 다만 중심을 잡지 못하고 쓰러지기 때문에 이때 어른은 아기의 발을 잡은 손을 움직여 중심을 유지시키면서 쓰러지지 않도록 하는 것이 중요하다. 아기가 무릎을 굽히면서 앉으려고 하면 곧바로 한 손으로 아기를 잡고 안는다. 보통 3~4회 정도가 적당하다.

☞ **효과** 이 때의 아기는 직립(直立)상태가 아니고 무릎의 힘으

로 차는 시기이기 때문에 어른의 손위에서는 팽팽한 긴장감을 느끼

면서 쓰러지지 않기 위해 애를 쓰게 된다. 이러는 동안 온 몸이 긴장과 이완을 거듭하면서 전신 운동을 하는 효과를 얻게 된다.

또한 처음에는 아빠나 엄마의 손을 통해 아기의 중심점을 이동시켜 직립 상태를 유지하지만 회수를 더해 가면서 이러한 중심의 이동을 이기기 께닫게 되고 아기 스스로 중심을 잡기 위해 신체를 움직이게 된다. 이러한 경험을 통해 몸의 평형 감각과 균형 감각을 키워 준다. 허리와 다리의 운동을 통해 혼자 걷기를 할 때 필요한 근육의 발달을 촉진시킨다.

따로따로는 △자립 정신을 함양시키고 △몸의 평형 감각 및 균형 감각, △근육 강화 등의 훈련 효과가 있다.

11개월부터 12개월까지의 전뇌계발

일어나는 단계를 지나서 물건을 붙잡고 걷기 시작한다. 빠른 아기는 손을 떼고 한 두발짝씩 걷기도 한다. 보통 걸음마를 할 수 있는 시기에는 개인차가 크다. 일반적으로 11개월에서 16개월 사이가 보통이나, 아직은 머리가 크고 무거워 중심을 잡지 못하고 넘어지기 쉽다.

뜻을 알아들을 수 없는 말을 많이 하고 그 중에 간간이 엄마등 뜻이 있는 말을 섞어 하게 된다. 이름을 알아듣고, 스스로 소리를 내어 누군가를 부를 수도 있다. 눈, 코, 입 등을 이야기하면 그것을 가리킬 정도로 말을 알아듣게 된다.

젖살이 빠지고 몸의 균형이 잡히기 시작한다. 걷거나 아직 걷지 못하는 아기도 있는 시기이다. 개인차가 있으나, 아장아장 몇 걸음씩 걷는 때다. 감정과 지혜가 발달하여 자기 마음에 들지 않으면 화를 낼 줄 알고 칭찬과 꾸지람을 구분하고 '안돼'하면 그 의미를 알아듣는다. 몸짓을 통해 자기 의사를 분명히 표현하기도 하며, 손을 자유롭게 움직인다. 또한 또래 집단에 관심을 보이는 시기이기도 한다.

12개월부터는 보통 한 단어씩 정확하지는 않지만 말로써 의사표시를 하기 시작한다. 사람의 말을 흉내내려고 하며 몇 마디 간단한 말을 할 수 있는 아기도 있다. 이때는 모방과 기억력이 발달해 가는 시기이기 때문에 여러 가지 자극이 필요하다.

신체적으로는 태어날 때부터 열려 있던 대천문이 9~10개월경까지 점점 커지다가 11개월 이후부터 닫히기 시작하여, 12개월에서 18개월 사이에 완전히 뼈로 덮인다. 이때부터 아기는 더욱 발육 속도가 빨라지게 된다.

19. 걸음마걸음마(HQ · EQ의 형성, 발달)

☞ **방법** 아기의 양손을 붙잡고 일으켜 세운다. 아기의 양쪽 발을 아빠나 엄마의 발등 위에 올려놓고 처음에는 '하나 둘, 하나 둘' 소리를 내면서 걷는다.

어느 정도 익숙해지면 이번에는 '걸음마걸음마'하면서 리듬에 맞추어 걷는다. 본격적인 걷기 훈련을 위해 손을 떼고 시작한다.

아기의 두 세 걸음 앞에서 아기와 시선을 맞추고 손바닥을 두 서너 번 치면서 관심을 끌고 양손을 내밀면서 아기 이름을 부른다.

혼자서 일어서게 되면 이때 '걸음마걸음마'하고 소리를 내면서 아기 혼자 걸어서 오도록 한다. **처음에는 서너 걸음씩 걷도록** 하며, 시간이 지날수록 걷는 회수를 많이 하여 혼자 충분히 걸을 수 있을 때까지 걷기에 필요한 근육 강화와 신체의 중심 이동, 균형 감각 등을 익히도록 한다. 아직 걷기 준비가 되지 않은 아기는 아기 이름을 부르면 기어서 오게 되는 경우도 있다. 이럴 때는 아기의 뒤 또는 앞에서 양손을 잡아 주고 '걸음마걸음마' 라고 소리를 내면서 천천히 걸음을 떼면서 이동하는 연습을 시킨다.

☞ **효과** 부모의 힘에 의해 아기의 신체가 들려서 이동이 되기 때문에 아기의 흥미가 고조되고 이를 통해 걷는 행동에 정신을 집중하게 된다.

걷기 위해서는 몸의 균형이 어떻게 이루어지는가를 간접적으로 경험하게 된다. 이를 통해 균형 감각과 몸의 중심 이동이 어떻게 이루어지는지를 익히게 된다. 또한 양팔을 잡고 직립 상태에서 이루어지기 때문에 걷기에 필요한 여러 부위의 근육 발달이 촉진된다. 걸음마는 △정신 집중과 △몸의 중심이동 훈련 △걷기 위한 예비 훈련 등의 역할을 한다.

20. 뽀뽀(EQ · MQ · AQ의 형성, 발달)

☞ **방법** 아기의 볼에 입맞춤을 하는 것으로 아기에게 뽀뽀를 해줌으로써 '뽀뽀'라는 것을 보여준다. 그리고 아기가 다른 사람들에게도 뽀뽀를 해줄 수 있도록 한다.

☞ **효과** 신체적 접촉을 통해 부모나 다른 사람들이 아기를 사랑하고 있다는 느낌을 갖게 한다.

사람들과의 △피부 접촉을 통해 아기는 행동 표현 및 감정 표현과 △사랑을 배우게 된다.

특히 만나거나 헤어질 때 하게 되면 △반가움이나 헤어짐의 인사를 대변하게 된다는 것을 알게 된다.

제4장 전뇌계발 유아교육
(1~6세)

환경에 좌우되는 아이
유아 교육의 방법
유아 전뇌계발의 실천 사항

환경에 좌우되는 아이

일찍 가르칠수록 전뇌가 좋다. 부모는 어린이의 가장 훌륭한 교사이다. 즉, 어린이의 7Q 향상은 가정에서부터 비롯된다.

몬테소리 교육으로 유명한 마리아 몬테소리는 인생에서 가장 소중한 시기는 대학시절이 아니라 생후 6살까지라고 했다. 이 시기는 인생 최대의 지능이 형성되기 때문이다. 태아교육을 제외한 생후 6년 동안이 지능 발달에 있어서 가장 중요한 시기라는 것은 교육자들의 공통적인 의견이다.

노벨상을 받은 시카고 대학 총장 조지 W. 비들 박사는 '지금까지 어린이의 학습능력을 너무나 과소 평가하고 있다'라고 했으며, 일리노이 주립대의 더킨 박사는 '일찍부터 글자를 깨우치는 어린이는 지능지수(IQ)는 같지만 글자를 늦게 깨우친 어린이보다 언제나 학교 성적이 좋다'고 했다.

아이들은 환경을 바꿔 주면 전뇌의 발달이 촉진된다. 아이들의 능력발달은 1~3세까지 결정되기 때문에 안정감과 운동능력 등 기본적인 자질을 배양해 주고, 4-6세에는 풍부한 자극을 줄 수 있는 놀이 프로그램을 제공하는 것이 좋다.

어머니의 행동은 어린이의 발달을 결정한다. 맹모삼천지교(孟母三遷之敎)는 장소라는 환경보다 어머니의 열의라는 환경이 맹자를 만든 것이다. 서당 옆에 사는 사람은 많지만 맹자 같이 위대한 학자는 많지 않다. 이것은 어머니의 자식에 대한 행동이 남달랐기 때문이다.

1920년 10월, 인도 캘커타 서남쪽 110km지점에서 이리 소녀를 발견하여 미국으로 데려갔다. 한 명의 이름은 아말라로 나이는 1살 추정, 또 한 명은 카말라이며, 나이는 9살 정도였다. 아말라는 1년 정도 생존하였고, 카말라는 18세까지 살았다.

　저명한 교육학자, 심리학자. 의학자 등 많은 학자들이 아말라와 카말라를 교육하였으나, 카말라는 9년 동안 45단어만을 말할 수 있었을 뿐 죽을 때까지 하루 세 번씩 동물처럼 네발로 엎드려 울부짖었다. 뛸 때는 네 발로 사람보다 빨리 뛰었으며, 땀도 거의 나지 않았고, 더울 때는 이리처럼 혀를 길게 내밀고 헐떡거렸다. 죽을 때에는 하늘을 향해 길게 세 번 울부짖고 죽었다.

　이것은 유명한 이리 소녀 이야기로 환경이 얼마나 중요한 것인가를 말해 준다. 우리가 아이에게 교육과 좋은 환경을 제공하지 않는 것은 아이를 진짜 이리 굴에 집어넣지는 않더라도 그것과 같이 어리석은 일이다. 좋은 환경과 교육을 제공받는 아이는 그만큼 남보다 앞서간다.

1758년 웹스터 사전을 만든 사람으로 유명한 웹스터를 교육시키기 위해 그의 아버지는 남다른 교육 계획을 세웠다.

집안에서 아버지는 영어를 사용하고 어머니는 프랑스어, 할아버지는 독일어만 사용하도록 했으며, 북유럽 출신의 외국인 하인을 일부러 고용하여 그 나라 말만을 사용하도록 하였다.

웹스터가 초등학교에 들어갈 무렵에는 4개 국어를 유창하게 할 수 있었는데, 웹스터는 모든 아이들이 자기처럼 4개 국어를 하는 줄 알고 있었다. 웹스터 아버지의 이러한 교육 계획에 의해 웹스터는 훗날 유명한 언어학자가 되었다.

어린아이는 다 같은 가능성이 있지만 좋은 환경 속에서 제대로 교육을 받은 웹스터와 열악한 환경에서 교육을 받지 못한 이리 소녀의 이야기를 비교해 보더라도 좋은 환경과 풍부한 자극이 아이에게 얼마나 유익하고 중요한지를 알 수 있다.

미국의 유명한 심리학자 와트슨 박사는 '나에게 열 명의 아이가 주어진다면 각 분야의 일인자로 양육시킬 수 있다'고 하였다.

한 실험에서는 정신박약 어머니의 자녀들(지능지수 평균 49)을 좋은 환경으로 이동시켜 양육하였다. 그 결과, 0~2세까지의 아이를 좋은 환경으로 이동했을 때, 평균 지능지수가 100.5로 나타났다. 3~5세까지의 아이를 좋은 환경으로 이동한 경우는 평균 지능지수 83.7을, 6~8세까지는 평균 지능지수 74.6을, 9~11세까지는 평균 지능지수 71.5를, 12~15세까지는 평균 지능지수 53.1이라는 각각의 수치 결과를 보였다.

이 사례를 보더라도 어릴수록 좋은 환경이 얼마나 절대적인 영향을 미치는 것인가를 알 수 있다.

아이의 지적 능력은 4살까지 50%, 8세까지 80%가 완성된다. 따라서 조기 교육은 인생 후반부에 결정적인 역할을 한다.

　하버드 대학교 연구팀은 아이의 능력발달을 위해서, 여러 가지의 환경을 접할 수 있도록 여행을 많이 시키는 것과 말을 많이 사용하는 것을 중요한 요소로 뽑았다. 교육효과가 가장 큰 유아기(1~6세) 때는 좋은 환경 속에서 풍부한 자극을 많이 주어야 한다.
　인간은 평생을 사는 동안 1만4천 가지 정도의 정보를 알고 있으면 생활을 해나가는 데 지장이 없다고 어떤 학자는 말한다. 그런데 취학 전의 아이가 이 중의 절반인 7천 가지를 습득하게 된다.
　인생에 있어서의 기본적인 것은 취학 전에 거의 이루어진다고 보아도 무방하다. 조기교육이나 영재교육이 국가적 차원에서 이루어져야 한다는 것도 이를 기초로 한다. 그런 견지에서 우리 나라의 초등교육도 1~2세 정도는 앞당겨져야 한다는 게 필자의 생각이다.

유아 교육의 방법

인간의 성격은 5~6세 이전에 굳어진다. 따라서 재능교육보다는 인성교육을 먼저 가르쳐야 한다. 공공질서나 양보, 부지런함, 사랑과 인내, 예절, 인성 등은 지식보다 더 중요하며 유아기때 형성된 습관은 인격의 기본 바탕이 되어 일평생을 좌우한다. 때문에 전인적인 교육이 이때 이루어져야 하며 미래에 대한 꿈과 비전을 심어주는 것도 이 시기에 할 일이다.

1. 오감을 자극하라

아이가 어릴수록 아이는 모든 것을 몸으로 느끼고 체험한다. 때문에 많은 것을 보여주고 최대한 많은 것을 경험할 수 있도록 하는 것이 좋다. 인간의 오감을 전부 활용하는 교육이 필요하다. 보고, 듣고, 만지고, 냄새 맡고, 맛보고 하는 것 등은 그 어떤 설명보다도 자극적이며 기억이 오래 남는다.

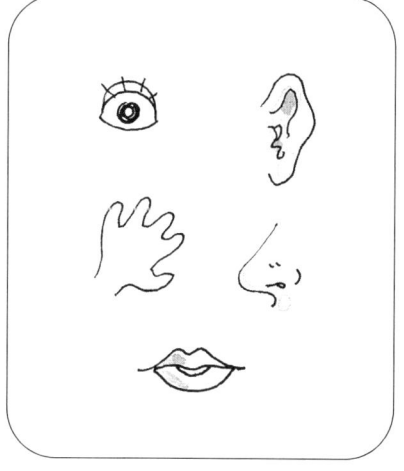

오감의 활용은 또한 전뇌의 활동을 높이는 가장 기본적인 교육이며 7Q(IEMCASH) 향상의 기본이라고 할 수 있다.

▶ **시각** 모든 것이 보기만 해도 새로운 것들이다. 될 수 있으면 많은 것을 볼 수 있도록 하는 것이 아이의 전뇌에 자극을 많이 주는 것이며, 이때는 뭐든 보는 대로 입력하게 된다. '백문이 불여일견(百聞不如一見)'이란 말도 있지 않은가. 무엇이든 눈으로 체험하게 하라.

▶ **청각** 많은 소리나 다양한 말과 언어를 들려주는 아이는 말이 늦어지게 된다. 하지만 말을 하게 될 때는 말을 먼저 배운 아이보다 더 정확하게 보다 많은 언어를 구사하게 된다. 많은 언어를 꾸준히 들려주거나 좋은 음악을 듣는다거나 책을 읽어주거나 아이와 사랑스런 대화를 나누는 것이 좋다.

▶ **촉각** 영아 때는 손으로 만져지는 모든 것을 입으로 가져간다. 그것은 입술의 촉각이 가장 발달된 상태이기 때문이다. 입에 대어 봄으로써 질감을 알고 느낀다. 때문에 입으로 빨아도 되는 놀이도구를 준비해 준다.

▶ **후각** 영아 때는 냄새에 그다지 민감한 반응을 보이지 않는다. 그것은 냄새와 맛 또는 사물을 연상시킬 수 있는 능력이 미흡하기 때문이다. 그렇기에 좋은 냄새와 다양한 냄새를 맡을 수 있도록 하며 냄새와 사물을 연결시켜 주는 것도 좋은 방법이다.

▶ **미각** 입술의 촉각이 예민한 만큼 유아의 혀는 맛에 대한 느낌도 예민하다.
그래서 맛이 평소의 것과 다르다거나 맛이 없는 것에 예민하고 잘 분별해 낸다. 되도록 다양한 맛을 체험하고 음미할 수 있도록 한다.

2. 마음껏 움직이는 신체

운동을 통해 전뇌 신경세포를 최대한 확장시키고 신경전달을 빠르게 유도한다.

특히 민첩성을 키워주는 운동은 전뇌를 좋게 하고 뇌세포의 성장을 촉진시키며 신경 세포망을 확장 발달시킨다. 또한 기억능력과 지능을 향상시킨다.

아이의 움직임을 통제하기보다는 자유롭게 움직일 수 있는 공간을 만들어 줌으로써 활동지수(AQ)를 높일 수 있도록 한다.

3. 꾸준한 전뇌의 자극, 7Q를 높인다

지금까지의 교육은 좌뇌의 발달에만 치우치는 경향이 있었다. 그러나 창조성이 강조되면서 요즘에는 우뇌식 교육에도 많은 관심을 표명하고 있다. 이처럼 우뇌식의 교육을 실시하거나 강조되고 있는 상황이기는 하나 좌뇌식의 교육 습성을 벗어나지 못하는 경우가 허다하다.

우리가 지금까지 좌뇌의 발달에만 주력해 왔다면 이제는 창조성의 우뇌를 강화시키고 그동안 잘 활용되지 않았던 인간의 원천적 뇌인 간뇌를 계발, 활용하는 교육이 이루어져야 할 때이다.

전뇌를 꾸준히 자극시키고 계발함으로써 보다 효과적인 전뇌 활용과 7Q(IEMCASH)의 향상이 이루어질 수 있도록 한다.

4. 많은 이야기, EQ를 풍부하게

훌륭한 사람이나 뛰어난 업적을 남긴 사람들의 이야기인 위인전 등을 들려주거나 그렇지 않으면 책을 많이 읽어주도록 한다. 위인이나 성인, 뛰어난 업적을 남긴 사람들은 예외 없이 책을 많이 접하고 읽고 사색한 사람들이다.

유아기의 독서습관 형성이야말로 아이의 잠재능력을 최대로 키워주는 결정적 요소라 할 수 있다. 책을 읽는다는 것은 그 사람의 능력과 비례하는 경우가 대부분이다.

엄마나 아빠가 다정하게 읽어주는 책이야말로 독서 의욕의 촉매제 역할을 하며, 글을 익혔을 때 양서를 제공해 주는 부모의 역할은 자녀의 능력을 최대한 확장시키는 역할을 한다.

5. 새로운 것에 대한 호기심 배양

아이는 선천적으로 호기심이 많아 질문을 많이 한다. 질문할 때마다 친절하고 자세하게 설명을 해주면 아이의 호기심은 자꾸 불어나고 질문 속에 탐구심도 생겨 IQ와 CQ의 향상을 가져온다.

그로 인해 지식의 축적은 물론 창의성도 계발된다. 아이의 말에 진정으로 귀를 기울이고 상대를 해줄 때 아이는 놀랍게 성장하게 된다. 대답하기 곤란하다고 혹은, 귀찮다고 아이의 호기심을 무시하지 말고 호기심을 풀어주어야 한다.

6. 열 번의 매보단 한 번의 칭찬이

아이들에게 자신감이란 대단히 중요한 덕목이다. 자신감이 있어야만 세상에 도전하며 힘차게 살아갈 수 있다. 열 번의 체벌보다 한번의 칭찬이 아이에게 힘을 주며 칭찬으로 사물이나 세상을 보는 시각이 달라질 수 있으며 MQ와 AQ의 향상을 가져온다.

아이가 실수했을 때, 관용으로 용서하고 잘못했을 때 감싸줄 수 있는 아량을 보이면 아이는 힘을 얻고 남의 잘못과 허물을 용서할 줄 아는 너그러운 인물로 성장하게 된다. 자주 혼나는 아이는 매사에 능동적이지 못하고 수동적으로 돌변해서 활동성이 약화된다. 조그만 일에도 아이에게 칭찬을 자주 해주도록 하라. 의욕과 자긍심을 갖게 된다.

필자는 초고속전뇌학습법을 팀 단위로 학생들에게 가르치면서, 그 중 성적이 가장 부진한 학생을, 칭찬을 통해 우수한 학생으로 만든 경험이 있다. 칭찬은 자긍심을 심어주는 중요한 요소이다.

7. 밝은 사고는 인생의 첩경

비관적이고 부정적인 아이는 아무 것도 할 수 없다. 매사를 긍정적으로 보고 낙관직으로 보는 자세가 필요하다.

내일 세상의 종말이 온다고 해도 오늘 한 그루의 사과나무를 심을 줄 알아야 한다.

긍정적인 아이는 하루하루를 최선을 다해서 보내게 된다. 긍정적인 마음은 전뇌에 활력을 주고 스트레스에 대한 저항력과 질병에 대한 면역력을 키워준다. 또한 AQ, HQ, SQ 등이 상승된다.

8. 꿈은 현재의 주춧돌

　사람을 알려면 그 사람의 생각하는 바를 알면 된다고 했다. 그만큼 평소의 생각이 그 사람을 좌우한다. 좋은 생각이 밑바탕에 깔려 있을 때 선한 행동이 나타나고 좋은 습관이 형성된다.

　유년기 때의 꿈은 인생의 목표를 세우는 데에 있어 초석이 되기도 한다. 그렇게 되게 하기 위해서는 아이와의 꾸준한 대화를 통해 아이의 잠재의식 속에 미래에 대한 영상을 그릴 수 있도록 하는 것이 좋다.

　그러면 무의식 속에서도 아이는 자신의 미래를 설계하게 되고 어떤 사람으로 성장해 갈 것인지 가늠을 하게 된다. 이는 인성 형성에 중요한 밑거름이 되며 AQ, MQ, SQ를 향상시킨다.

　유년기의 꿈과 희망은 쉽게 변하기는 하지만 미래에 대한 근본적인 생각과 꿈이라는 것은 사라지지 않고 잠재의식 속에 자라게 되는 것이다. 지속적으로 미래에 대한 꿈을 꿀 수 있도록 유도하는 것이 좋다.

9. 많은 친구, 사회성을 기른다

인생의 참된 동반자는 진실한 친구다. 어릴 때는 누구나 친구가 될 수 있지만 성인이 되면 서로 돕고 양보하고 마음을 나누는 친구를 만들기가 어렵다.

유아기이지만 놀이를 통해 보다 깊은 우정을 나눌 수 있도록 하며 이는 AQ, MQ의 향상에도 많은 영향을 미친다.

이때는 친구들을 통해 사회를 배우게 된다. 타협과 양보를 알게 된다. 많은 친구들과 어울림으로 인해 활동성이 강화되고 이는 곧 활동지수(AQ)의 상승으로 연결된다.

'왕따(따돌림)'라는 말이 유행처럼 번지고 사회적인 문제로까지 이어지고 있는 상황에서 사회성을 기르는 것은 무엇보다 중요하다. 이를 통해 친구의 중요성도 함께 깨닫게 해주고 참된 친구란 인생에 있어 가장 값진 재산 중의 하나임을 새겨준다.

10. 하나의 악기쯤은 다룰 수 있게

정서 활동을 할 수 있는 악기 연주는 전뇌 활동에 많은 도움을 준다. 또한 좌뇌와 우뇌의 균형적인 계발과 발달을 가져와 IQ는 물론 우뇌의 창의력을 키워주며 심신의 안정도 제공해 준다.

아인슈타인은 바이올린을 어릴 때부터 배워 프로 연주자와 같은 실력을 지니고 있었다. 그는 피곤할 때나 스트레스를 받았을 때 또는, 영감이 떠오르지 않을 때 바이올린을 연주하며 심신을 달랬다.

만약, 아인슈타인에게 바이올린이 없었다면 위대한 발견도 어려웠을 것이라는 견해도 있다. 어릴 때, 접하는 악기연주는 일생의 동반자와 같으며 살아가면서 힘들고 어려울 때, 좌절할 때 등 역경을 이겨 나가는 때에 큰 위안이 되어주기도 한다.

11. 좋은 프로그램으로 교육시킨다

우리 주변에는 찾아보면 평소 알지 못했던 좋은 교육기관이나 시설 또는 프로그램을 운영하는 곳들이 많다. 이런 위탁 교육기관을 알아보고 전뇌를 계발시킬 수 있는 곳을 찾아 교육을 받도록 한다.

특히 위탁교육을 하게 될 때에는 아이의 능력에 맞는 다양한 교육을 시켜보고 적성에 맞는 것을 선택하거나 아이가 흥미 있어 하는 프로그램을 선택하도록 한다.

그러나 무엇보다 중요한 것은 지식의 습득도 중요하지만 습득방법을 터득하게 하는 것이다. 습득방법을 터득하게 되면 아이가 스스로 알아서 새로운 것을 받아들이고 소화하는 데에 남다른 능력을 갖게 된다. 또한 이는 IQ, CQ, MQ, AQ 등의 향상을 가져온다.

12. 공동체 속의 예의와 협동심은 7Q의 향상

　공동체를 이루며 살고 있는 인간은 인간으로서의 예절을 지키고 서로 협동하며 살아야 한다. 이는 독단적으로 존재할 수 없다는 말이다. 예절을 지키며 협동하는 것은 인간으로서 당연한 것이며 유아시절부터 이것을 가르쳐서 습관화시켜야 한다.
　독불장군은 없다. 조직이나 사회 안에서 예의를 갖추고 협동할 때 보다 나은 사회를 이룩할 수 있고 본인에게도 도움이 된다. 예절을 지키며 협동하는 아이가 아임케쉬(IEMCASH)도 동시에 향상된다. 먼저 모범을 보임으로써 자연스럽게 몸에 밸 수 있도록 유도하는 것이 좋다.

13. CQ 향상의 모험심 강한 아이

　세상은 살아볼 만한 것이다. 그러기 위해선 도전의식이나 모험심이 필요하다. 모험심이 강한 아이는 자라서도 항상 새로운 것을 추구하며 보다 창의적인 삶을 꾸려가게 된다.
　어떤 일에 직면했을 때에 그 일에 대한 도전의식은 아이에게 자신의 문제를 스스로 해결하려는 의지도 함께 심어준다. 어른의 눈으로 '모든 것을 하지 말라'는 식이 아닌 이이기 직접 해보고 부딪혀 보고해서 일에 대한 진가를 스스로 느끼도록 한다.
　낱말을 모르면 사전을 찾아보게 하거나 가까운 곳에 심부름을 보내거나 새로운 것을 접하면 오감을 사용해 알아보거나 직접 경험을 해보도록 한다. IQ와 EQ, CQ, AQ 등의 향상이 이루어진다.

14. 시대를 앞서가는 지혜를

단순한 지식의 습득이 아닌 미래를 내다볼 줄 아는 거시적인 안목의 지혜를 가르쳐야 한다. 당장의 일에만 급급한 것이 아니라 미래를 생각하며 인내하고 새로운 계획을 세울 수 있게 한다.

지금 있는 사과 1개를 먹지 않고 10분을 기다리면 2개를 준다고 했을 때, 10분간 참고 기다리는 아이는 드물다. 즉흥적인 아이들이 당장의 이익을 참으면 더 큰 이익이 온다는 것을 배웠을 때, 이 아이는 중요한 한가지의 지혜를 더 터득한 것이 된다.

이러한 사고 방법은 후에 큰 재산이 된다. 인내하는 것과 미래를 바라보는 것 등은 생각과 행동을 통해서 습관화되어 성격을 형성하는 데 중요한 역할을 하며 MQ, SQ 등의 향상을 가져온다.

또한 운명을 결정하는 요소가 되기도 한다. 안다고 행동이 나오지는 않는다. 때문에 어릴 때부터 일에 대한 분별력을 키울 수 있도록 하며 삶의 윤리나 지혜를 일찍 습득하도록 하는 것이 좋다.

15. 남을 생각할 줄 아는 마음, EQ를 높인다

사람이 사람으로서 살아가기 위한 가장 기본적인 마음은 바로 남을 생각할 줄 아는 마음이다. 이런 마음이 없다면 살아있어도 아무 소용이 없다.

'인간은 사회적 동물이다'라는 말처럼 '나'만이 아니라 '우리'라는 말이 있기에 살아있는 존재의 가치도 있다. 더불어 잘 사는 삶, 그것은 인간 삶의 궁극적인 목표다. 나보다 못한 이에게 베풀 줄 아는 도량을 어려서부터 심어주어야 한다.

유아 전뇌계발의 실천 사항

1. 만져 보기

갓난아기 때는 무엇이든 입으로 물건을 가져다 대고 빨아본다. 이 시기에 가장 왕성히 활동하는 감각기관은 입이기 때문이다. 돌이 지나고 걸어다니면서 유아기가 되면 손과 입을 다 사용하지만 우선 손으로 만지려고 한다.

이 시기에 손의 감각과 관심의 욕구를 채워주면서 갖가지 물건들을 만져 보게 하는 것은 아이의 전뇌 발달시기에 맞는 재미있는 훈련이 되며 7Q(IEMCASH)의 형성과 발달을 가져온다.

< 방 법 >

① 여러 가지의 물건을 놓고 약 10가지를 보게 한다.
② 눈을 가리거나 물건 위에 보자기를 덮어 가린 후에 우선, 하나씩 만져 보기만 하고 맞추게 한다.
③ 그런 다음, 만져 본 물건들은 하나씩 이름을 불러 말하게 하거나 부모가 '이것일까, 저것일까'를 물어서 맞추도록 한다.
④ 익숙해지면 더 많은 물건을 놓고 다양하게 시도하고 맞추는 시간과 만져 보는 시간도 빠르게 조절한다.
⑤ 전체를 만지지 못하게 하고 부분만 만지게 하는 방법도 있다.
⑥ 가급적 놀라게 하는 물건을 제외하고는 무엇이든 놀이 재료가 된다. 물이나 김치, 밀가루 등도 재료가 될 수 있다.

2. 숨바꼭질

숨바꼭질은 숨고 찾는 아주 간단한 형태의 놀이이다. 그렇지만 숨바꼭질은 상당히 많은 전뇌의 자극과 추리를 요구하는 지적인 작업이며 IQ, EQ, CQ, AQ 등의 향상을 가져온다. 놀이하는 형태나 변화에 따라서 다양하게 접근할 수 있다는 이점도 있다.

< 방법 >

①어린 유아는 아이의 몸 뒤에 숨어서 부르는 것만으로도 충분히 놀이가 된다.
②단계를 밟아 점차 멀리, 보이지 않는 곳에 숨기 시작한다.
③힌트도 소리를 내어 부르던 것에서 부르지 않는 것으로 바꾸어 가며 행한다.

④물론 숨는 사람과 찾는 사람의 역할을 바꾸어 가며 실시한다.
⑤아이들은 어른이 숨었던 곳에 똑같이 숨는 경우가 많으므로, 위험한 곳에 숨지 않도록 주의한다.
⑥처음에는 집안에서 하고 익숙하게 되면 야외에서 시행한다.
⑦인원도 처음에는 두 명에서 다수가 참가하는 방식으로 바꾸어도 좋다.

3. 레고를 이용한 만들기

레고는 플라스틱으로 만든 블록(조그만 벽돌)으로 하나씩 끼워 맞출 수 있도록 제작된 유아용품이다. 블록은 큰 것과 작은 것이 있고 만들려고 하는 모양이나 수준에 따라 여러 가지로 나누어진다. 레고를 이용하면 어떤 모양이든 독창적으로 만들 수 있다.

자신의 생각대로 모양을 창작할 수 있기 때문에 전뇌 발달과 7Q(IEMCASH)의 향상에 좋으며 좋은 교재가 된다.

입체감을 만드는 레고의 형식은 항상 신선함과 새로움을 주고 아이는 더욱 몰두하게 되어 집중력을 기를 수 있는 장점을 제공한다.

< 방 법 >
① 우선 하나씩 쌓는 연습을 시킨다.
② 넓게 혹은 높게 쌓는 연습을 시킨다.
③ 부모가 모양을 먼저 만들고 아이에게 보면서 만들도록 한다.
④ 아이가 잘못 만들 경우에는 힌트를 주거나 조금씩 도와준다.
⑤ 간단한 모형을 잘 만들게 되면 점점 복잡하고 입체적인 모형으로 접근해 나간다.
⑥ 어려운 모양은 같이 만드는 방식으로 연습한다.
⑦ 최종적으로는 아이 혼자서 여러 가지의 형태를 만들 수 있도록 한다. 아이들은 전혀 다른 모양을 잘 만든다.

4. 찰흙놀이

흔히, 손을 제2의 두뇌라고 한다. 그만큼 손의 움직임이 뇌에 미치는 영향이 크다는 말이다.

손을 섬세하게 사용하는 사람일수록 전뇌가 뛰어나다고 한다.

찰흙놀이는 이런 면에서 7Q(IEMCASH)의 향상을 동시에 가져오는 놀이 중의 하나이다.

찰흙을 가지고 하는 놀이는 손을 다양하게 사용할 수 있다는 점에서 큰 장점을 가지고 있다. 요즘은 문방구에서 찰흙을 팔지만 예전에는 흙을 반죽하여 사용했다. 찰흙이 마르면 굳어지기 때문에 물을 묻혀 가며 모양을 만드는 것이다. 손에 닿는 미끌미끌한 감촉과 함께 자신의 마음대로 주물러 만드는 과정은 손을 섬세하게 움직이게 한다.

이처럼 미세하게 모양을 만드는 작업은 뇌세포를 자극하고 새로운 회로를 형성하게 하는 역할을 한다.

흙이 많은 곳에서는 직접 찰흙을 채취하여 사용하거나 그렇지 않으면 문방구에서 구입한다. 또는 밀가루를 물에 섞어 밀가루 반죽으로 찰흙을 대신하는 방법도 있다.

5. 카드(트럼프) 이용하기

카드는 네 가지의 서로 다른 모양을 기초로 구성되어 있다. 카드 앞면에는 숫자와 숫자에 맞는 개수만큼의 모양이 그려져 있다. 카드를 이용한 훈련은 SQ, IQ, HQ 등의 향상을 가져온다.

이 카드를 이용하면 여러 가지 방법으로 교육이 가능하다. 주의할 것은 교육을 한다기 보다 재미와 흥미를 위주로 놀이하는 것이 중요하다. 부담감을 주는 것은 가장 좋지 않은 방법이다. 수 개념이 거의 없는 유아에게 사용하면 좋다.

< 방 법 1 >

①카드 두 장을 놓고 어느 모양이 더 많은지 알아맞히도록 한다.

②처음에는 개수가 많이 차이나는 것부터 하는 것이 좋으며 점차 비슷한 숫자를 가지고 질문한다.

③모양은 다양하게 사용하고 발전이 되면 숫자를 보고도 맞출 수 있도록 유도한다.

④후에는 한 장씩 비교하지 말고 네 장을 가지고 두 장씩의 묶음을 주어서 두 묶음 중 어느 쪽의 모양이 많은지 맞추도록 한다.

⑤발전되면 여러 장을 한번에 보고 판단하도록 유도해도 좋다.

< 방 법 2 >

①카드의 숫자를 1에서 10까지 또는 10에서 1까지 차례로 배열하도록 유도하여 숫자의 순서 및 양적인 관계를 알게 해준다.

②1에서 10까지의 숫자를 알게 되면 2,4,6,8,10의 짝수와 1,3,5,7,9의 홀수로 놓게 할 수도 있다.

③또는 합쳐서 5가 되는 수, 8이 되는 수 등의 문제를 내주고 모양의 개수를 세어 보면 더하기의 개념을 터득할 수 있다.

6. 도트카드 이용하기

도트카드란 A4 용지 정도 크기의 종이에 도트 즉, 동그란 점이 찍혀 있는 카드를 말한다. 일반적으로 1개부터 100개까지 100장의 카드가 있다. 한 장에는 점 1개, 또 한 장에는 점 2개 식으로 100장의 카드에 서로 다른 수만큼 점이 찍혀 있는 것을 말한다.

이 도트카드를 이용하여 전뇌계발 훈련을 한다. 역시 유아를 대상으로 하는 만큼 교육의 효과를 먼저 기대하지 말고 놀이를 하는 기분으로 가볍게 시도하는 것이 좋다. 도트카드를 이용하는 방법은 다양하다.

< 방 법 >

①우선 적게 찍힌 카드와 숫자가 많이 찍힌 카드를 들고 비교하여 보여준다. 이때 어떤 카드에 있는 것이 더 많은 가를 알아본다.

②많고 적음에 대해서 충분히 숙달시키며 수의 개념에 대해 알게 하고 1에서 10까지의 숫자를 가르칠 수 있다.

③도트카드에는 1~100까지의 숫자가 있기 때문에 수준에 따라 숫자를 더 가르칠 수도 있다.

④1에서 10까지와 많고 적음의 개념을 알았으면 두 장의 카드를 더하면 어떻게 되는가를 가르치고 다음에는 뺄셈을 가르친다.

⑤도트카드의 목적은 수와 친해지는 것이기 때문에 계산능력을 기르는 것에 중점을 두어서는 안 된다.

⑥오히려 순간적인 파악능력을 키우는 방향으로 나가는 것이 좋다. 순간적인 파악능력이란 1초 정도의 시간에 카드를 보고 몇 개인지를 맞추는 방법으로 적은 숫자에서 시작하여 많게는 100개까지 훈련을 할 수 있다.

7. 노래하기

노래는 감정적인 우뇌의 기능이 많이 포함되어 있다. 좌뇌가 잘 못되어 말을 못할 때에도 노래는 할 수 있다는 실험결과가 나온 적도 있다.

그만큼 우리의 감정부분을 자극하고 정서를 풍부하게 하며 우뇌의 기능을 향상시키는 장점이 있다. 많은 노래를 듣고 익히며, 부르게 하면 더욱 좋으며 이는 EQ, SQ, HQ의 향상을 가져온다.

노래는 동요를 위주로 듣게 하는 것이 아니라 클래식 음악, 전통민요, 사물놀이 등을 포함하여 다양한 장르의 음악을 듣게 한다. 물론, 락 뮤직등 정서상 도움이 되지 않는 음악은 당연히 피한다.

유아기에 있어서는 제한을 두어서는 안 된다. 이것은 아이에게 너무 어렵다고 생각하거나 수준이 너무 높아서 안 된다고 하는 것 등은 아이의 능력을 과소 평가하는 것이다.

유아기의 전뇌는 흡수력이 좋고 무한한 잠재능력이 있기 때문에 들어오는 정보가 어떤 내용이든 다 수용한다고 보는 것이 타당하다. 다양하고 많은 정보가 들어오면 올수록 전뇌는 더욱 민감하게 반응하고 더욱 체계적이고 복잡하게 구조를 이루어간다.

이렇게 다양하게 정보를 흡수하면서 부르는 노래는 그 효과가 배가 된다. 단순히 동요나 아이에게 맞다고 생각하는 음악만을 고집하면 전뇌의 많은 발전을 기대하기 힘들다.

즐겁게 같이 노래하기를 실천해 보자.

8. 놀이터를 활용하는 AQ, EQ의 향상

주택가에는 보통 놀이터가 있게 마련이다. 아파트단지내에나 주변의 큰 교회 등에 있는 놀이터를 이용해 보자.
놀이터에는 그네, 미끄럼틀, 사다리, 시소, 모래 등이 있는데 놀이터만 찾으면 아이와의 야외활동 준비는 끝이다.
아이들의 지적인 전뇌발달은 운동과 많은 관련성을 지니고 있다. 놀이를 통한 신체의 조절능력 향상은 곧 전뇌의 발달로 연결된다. 민첩성과 평형능력, 순발력 등은 전뇌를 발달시키는데 가장 중요한 요소로 꼽힌다.
어린 시기의 운동은 문제를 풀고 맞추는 실제적인 전뇌 훈련보다 오히려 더 큰 전뇌발달을 가져오는 경우가 많다.

9. 7Q 향상의 계절별 놀이

우리 나라는 북반구의 중앙에 위치하여 사계절이 있다. 사계절에는 나름대로의 분위기가 있다. 계절에 따라 더위와 추위, 바람, 가랑비, 폭우, 서리, 태풍, 눈 등 다양하게 펼쳐진다.
계절의 변화를 잘 살린 교육은 사계절의 변화가 뚜렷하지 않는 나라에서는 하기 힘들다. 때문에 계절별 놀이는 사계절이 뚜렷한 나라에서나 할 수 있는 좋은 교육이라 할 수 있다.

< 방 법 >
①봄에는 햇볕이 따뜻해짐에 따라 얼음이 녹는 것과 눈이 녹아 땅이 질퍽거리는 것등을 보여줄 수 있다. 4월경에는 시골에 가면

아지랑이와 막 피어나는 새싹들을 보여줄 수 있다. 산과 들에는 이름 모를 풀과 꽃들이 피어난다. 봄철의 향긋한 냄새를 맡게 해주는 것은 마음에 행복을 심어주는 것이 된다.

②여름에는 물놀이를 할 수 있으며 울창한 나무와 숲 그리고 벌레들과 각종 과일 및 열매들을 보여줄 수 있다. 넓은 바다와 해수욕장, 먹구름과 천둥번개, 소나기 등도 좋은 볼거리이다. 덥다고 지쳐 하지 말고 여름의 뜨거움을 즐기게 한다.

③가을은 수확의 계절이다. 또한 겨울을 준비하는 계절이다. 풍성한 먹거리들을 보여주면 좋다. 농산물 시장과 수산 시장 등은 좋은 교육 환경이다. 산의 단풍과 논과 밭, 낙엽들을 보게 하고 겨울을 준비하는 곤충과 동물, 식물들을 가르쳐 준다.

④겨울은 추워서 움츠러드는 계절이다. 우리가 되도록 밖에 나가지 않고 집안에서 생활하는 것처럼 동물과 식물도 나름대로 활동을 하고 봄을 준비한다는 것을 가르쳐 준다. 눈과 얼음, 스키장과 눈썰매장, 매서운 바람 등 추운 겨울이지만 따사로움을 느낄 수 있는 햇빛 등도 가르쳐 줄 수 있다. 또 봄을 준비하는 자연의 지혜를 가르친다.

⑤사계절을 하나씩 확실히 보고 경험하도록 해주는 것은 많은 활동을 필요로 한다. 경제적인 부담을 주지 않고도 부지런하면 얼마든지 계절을 느끼고 즐길 수 있다. 여러 가지의 방법을 생각해서 시도해 보도록 하자.

10. 조각 맞추기

　현대는 전문가의 시대이다. 여러 가지를 다 잘 할 수도 있지만 어느 한 분야에서만큼은 독보적인 존재가 되어야 한다. 그러나 자신에 대한 과신으로 인해 전체적인 협동이나 협응성을 잊으면 안 된다. 특히 타인과의 유대관계를 잘 맺고 협조할 줄 아는 사람이 사회에서도 성공을 거둔다는 이미 알려진 통계도 있다.
　조각 맞추기 퍼즐은 전체적인 윤곽을 알고 거기에 부합되는 조각을 하나하나 찾아서 맞추는 것이다. 공간개념도 있어야 하고 기억력도 있어야 하며 추측과 유추도 할 줄 알아야 조각을 잘 맞출 수 있다. 또한 이를 지속적으로 해줌으로 인해 EQ, IQ, SQ가 향상되는 결과를 가져온다.
　조각 맞추기는 우뇌와 간뇌의 훈련에는 아주 좋은 재료이다. 간단한 것부터 시작하여 어려운 것으로 나가되 처음에는 사는 것보다 집에서 만들어서 사용하면 좋다. 하나의 완성된 그림을 가지고 가위로 조각낸 다음 맞추기를 하면 된다. 여러 번 맞추면 다른 그림을 가지고 같은 방식으로 하면 된다.

11. IQ 향상의 말잇기

유아기의 가장 중요한 것 가운데 하나는 언어를 배우는 것이다. 인간이 다른 동물과 구별되는 것도 언어가 있기 때문이다. 말을 하는 것은 지식을 축적하는 것이며 사고를 표현하기 시작한 것이다.

표현력이 뛰어날수록 지능이 뛰어난 동물이라 할 수 있다. 언어를 구사하는 인간 중에서 다양하고 풍부한 어휘를 쓰는 민족과 개인은 전뇌가 뛰어나다. 이는 이미 많은 경험과 자료로 입증된 내용들이다.

< 방 법 >

여기서의 말잇기는 간단한 말을 더하여 이어나가는 것이다.
먼저 '나는 동물원에 갔다' 라는 말을 하면 다음 사람이 '나는 동물원에 가서 원숭이를 보았다' 라고 한마디를 덧붙인다. 다음 사람이 말을 받아서 '나는 동물원에 가서 원숭이를 보았고 바나나를 주었다' 라고 덧붙여 말을 하는 식으로 계속한다.

12. 한글 익히기

　요즘은 초등학교 입학 전에 이미 한글을 배우기 때문에 한글을 모르는 초등학생은 별로 없다. 이왕에 배워서 익힐 것이라면 늦지 않게 가르치는 것이 합당하다.
　언어와 글은 배움의 척도이다. 글을 먼저 배운다는 것은 세상의 지식을 보다 먼저 접할 수 있는 기회가 된다. 부모가 읽어주는 것을 듣는 것만으로 제한하지 않고 스스로 책을 읽는 것은 또다른 차원의 정보를 받아들이는 것이며 IQ, EQ, AQ의 향상을 도모한다.
　어떤 추적 조사의 연구 결과 한글을 먼저 깨우친 아이가 그렇지 않은 아이에 비해 초·중·고등학교의 성적이 앞선다는 것을 입증한 바 있다. 글을 안다는 것은 그만큼 일찍 전뇌의 활동을 자극하고 뇌세포를 활성화시키며 뇌신경 회로를 다양하게 만들어 주는 역할을 하는 것이다.

< 방 법 >

　①전통적인 방법대로 가,나,다,라… 아,야,어,여부터 가르치며 모음과 자음을 익히게 하고 기초 단어를 시작으로 가르친다.
　②자음과 모음을 먼저 가르치지 않고 생활 주변의 단어부터 시작해 단어를 통해 점차 많은 글을 알도록 하면 자음과 모음은 별도로 가르치지 않아도 터득하게 된다.
　③단어 카드를 통해 익힌다. 앞에는 그림, 뒤에는 단어가 있는 카드로 익히게 한다. 단어를 놓고 사고 파는 시장놀이등 다양하고 복합적인 방법으로 글을 익히게 하면 효과적이다.
　④일대일 개인지도 선생님을 통한 한글교육 방법도 경제적으로 크게 부담이 되지 않는다면 권장할 만 하다.

13. 영어는 기본

영어는 더 이상 외국어가 아니다. 이는 우리의 현실이 영어를 외면할 수 없음을 실감케 한다. 그만큼 영어교육은 절실하다. 특히 회화에 있어서 더욱 그렇다. 현대는 영어를 모르면 살아갈 수 없는 시대이다. 말과 글을 모르는 벙어리나 문맹인처럼 영어를 모르면 같은 취급을 받을 정도이다.

일반적인 언어는 전뇌의 좌측부분 즉, 좌뇌에서 담당한다. 어린 시절에는 좌우뇌 양쪽에서 언어를 담당하다가 성장하면서 좌뇌에서 대부분을 담당하게 된다. 사람은 언어를 통해서 성장한다고 할만큼 언어는 인간에게 가장 중요한 사항이다.

어른이 되어 외국어를 배우게 되면 전뇌의 언어영역과 같은 제2의 언어역영이 생겨난다는 보고가 있다. 그만큼 뇌의 활용 정도가 많아진다고 할 수 있다.

어린 시절의 외국어 습득은 더 다양하고 전뇌의 발달에 더 많은 영향을 미친다. 2개 국어 이상을 구사하는 사람일수록 전뇌의 기능이 탁월하게 발달되어 있다는 연구 결과가 선진 유럽에서 이미 나온 바 있다.

외국어의 교육시기에 대한 논란이 있지만 태교가 중시되는 시대에서 유아기 때의 외국어 교육은 빠를수록 좋다고 본다. 14세까지는 뇌에 언어 중추가 가장 활동적이기 때문에 외국어를 성인에 비해 쉽게 배울 수 있다. 그러나 14세 이전만 생각하면 너무 늦다. 유아기 때에 적절하고도 확실한 외국어 교육이 필요하며 이것은 훗날 효과적인 교육의 실체로 떠오를 것이다.

어린 시절의 교육은 결코 없어지지 않는다. 전뇌에 기억되고 잠재되며 능력의 한 부분이 된다.

14. 컴퓨터 시대

말을 하지 못하는 사람을 벙어리라고 한다. 말을 할 줄 알되 제대로 표현해 내지 못하면 반벙어리라고 볼 수 있다. 글을 모르면 문맹이요, 제대로 읽을 줄 모르면 반벙어리나 마찬가지이다.

사이버스페이스, 멀티미디어 시대에서 컴퓨터를 모른다는 것은 말과 글을 모르는 벙어리나 문맹보다도 못하게 여겨질 것이다. 다음의 세대는 그만큼 첨단문명에 익숙해야 한다는 말이다.

특히 자라나는 어린 시절부터 컴퓨터를 제대로 익히고 사용해야만 급변하는 시대에 적응하며 살 수 있다. 21세기의 모든 정보는 컴퓨터로 통한다고 할 수 있다.

유아기에 적절한 교육이 이루어진다면 컴퓨터의 기본 개념을 쉽게 이해하고 성장해 나가면서도 자연스럽게 컴퓨터와 더불어 생활할 수 있게 될 것이다.

말과 글을 다른 사람보다 잘 구사하고 쓸 때, 그 사람의 능력이 배가 되듯이 컴퓨터를 잘 다루고 사용할 줄 알면 큰 능력이 생기는 것이다.

앞으로의 시대는 컴퓨터를 잘 다루는 사람이 앞서가는 시대이며 컴퓨터로 인해 인생이 달라질 수 있을 만큼 그 역할과 기능이 뛰어난 필수품이다.

컴퓨터를 자유자재로 다룰 수 있도록 도와주자. 요즘, 컴퓨터에 음란한 내용이 많다고 컴퓨터를 통제하지만 구더기 무서워 장 못 담그는 경우가 되어서는 안 될 말이다.

자녀의 컴퓨터를 지도하기 위해서는 부모가 먼저 알아야 하며 서로 공유하는 컴퓨터의 문화에는 얼마든지 건전하게 사용할 수 있다는 것을 알게 될 것이다.

15. 생활 속의 집중력 훈련, SQ, MQ, HQ를 높인다

사람이 살아가는 데 필요한 사항은 너무나도 많다. 그 중에서도 없어서는 안 되는 요소가 바로 집중력이다.

집중력이 없고서는 어떤 일도 제대로 할 수 없으며 질적인 성과를 기대하기 어렵다.

집중력은 타고나는 성향보다는 생활습관에서 비롯되는 경향이 많다. 집중력은 훈련으로 향상이 가능하며 성격 형성에도 도움을 준다. 돋보기로 햇빛을 받아도 초점이 맞지 않으면 소용이 없고 초점이 맞으면 물건을 태울 수 있는 힘을 발휘한다.

똑같은 돋보기와 햇빛으로도 사용하기에 따라 결과가 달라지듯이 비슷한 환경과 지능에서도 집중하는 정도에 따라 결과가 판이하게 달라질 수 있다.

< 방법 1 >

①아이가 원하면 끊임없이 해주도록 한다. 유아기 때는 누구나 집중력이 있다. 이것은 조절하기에 따라 쇠퇴하기도 하고 더 계발되기도 한다.

②유아는 재미있는 동작이나 말, 놀이를 했을 때 그것을 반복하는 성향이 짙다. 이때 부모가 싫증을 내지 말고 아이가 지쳐서 더 이상 원하지 않을 때까지 계속 요구를 들어준다.

③아이가 먼저 그만 두기 전에 부모가 먼저 그만 두어서 아이의 행동을 저지하는 것이 자주 반복되면 아이는 끈기와 집중력을 상실하게 된다.

④자녀의 집중력을 높여주기 위해서는 부모의 인내와 끈기, 집중력이 요구되는 것이다.

< 방법 2 >

①눈을 감고 숫자를 세게 한다. 아이는 눈을 감고 가만히 있는 것을 잘 못한다.
②이것을 꾸준히 계속하면 집중력이 향상된다.
③숫자는 부모가 세면 좋고 아이가 숫자를 세도록 해도 되지만 천천히 같은 간격을 유지하면서 센다.
④처음에는 1에서 10까지를 반복하는 방식으로 한다.
⑤익숙해지면 1에서 100까지를 세거나 숫자를 거꾸로 해서 100에서 1까지 내려오는 방법이 있다.

< 방법 3 >

①물건을 가만히 1분간 응시한다.
②물건은 어떤 것이든 상관없다. 편안한 자세에서 몸을 움직이지 말고 눈으로 응시한다.
③처음에는 1분을 채우기 어려우므로 10초(열을 셀 때까지) 동안만 실시하고 익숙해지면 20초, 30초, 1분 등으로 늘려간다.
④시간을 체크하기 위해서 처음에는 소리를 내어 불러주는 방법으로 하고 숙달되어서 잘 할 수 있으면 소리를 내지 않고 10초, 20초, 1분 동안도 할 수 있도록 유도한다.
⑤1분간을 집중할 수 있으면 상당한 집중력을 소유한 것이므로 더 이상의 욕심은 내지 말고 꾸준히 계속하는 것이 가장 좋다. 시간을 조금씩 늘려 가는 것도 좋은 방법이나 무리하면 안 된다.

16. 카드를 이용한 기억력 향상

그림카드, 숫자카드 등 어떠한 형태의 카드든 상관이 없다. 크기와 모양이 똑같은 카드를, 2장이 한 쌍을 이루거나 같은 그림이나 숫자가 되게 하여 20장 정도를 준비하여 뒤집어 놓는다.

무작위로 두 장을 뒤집어 똑같은 카드이면 가져가고 다른 카드이면 그 자리에 다시 뒤집어 놓는다.

서로 한번씩 교대로 하여 끝냈을 때 카드를 많이 가져간 자가 이기게 된다.

이 놀이는 짝이 틀렸을 때 카드를 다시 뒤집어 놓는 과정을 통해 카드의 그림이나 숫자 그리고 위치를 기억하게 하는 것이다. 이는 위치와 공간적인 개념을 깨닫게 하고 단기기억 능력을 향상시킨다.

놀이는 두 사람이 혹은 여러 명이 하는 경우 등에 따라 카드의 개수를 조절하여 쉽게 또는 어렵게 하는 경우가 있다.

놀이기구로는 카드이외에도 병뚜껑의 안쪽에 그림을 붙여 사용하거나 쉽게 구할 수 있는 것을 이용해도 된다.

무엇보다도 중요한 것은 놀이를 즐기는 마음이다. 기쁜 마음으로 즐겁게 놀이를 하다보면 어느 사이 IQ와 EQ, SQ가 쑥쑥 향상되는 자녀를 보게 될 것이다.

17. EQ를 풍성하게, 식물 기르기

사람은 자연에서 태어났다. 그래서 자연과 더불어 있는 것이 가장 편하고 아름답게 보인다.

간단한 식물을 기르는 것은 도시화된 각박한 환경 속에서도 조금이나마 자연을 느낄 수 있는 손쉬운 방법이며 EQ 발달에도 많은 영향을 미친다.

< 방 법 >

①물이 든 투명한 컵에 양파를 놓고 키워 싹이 나고 잎이 자라는 모습과 뿌리가 자라는 모습을 보여준다.

②무의 머리 부분(몸체와 잎사귀가 같이 붙어 있는 부분)을 잘라서 물에 살짝 잠겨 있게 하면 싹이 난다.

③콩나물은 가장 쉽게 자랄 수 있는 것 중의 하나다. 길러서 먹을 수 있으면 더욱 좋지만 먹을 정도가 되지 않아도 상관없다. 물을 같이 주면서 크는 모습을 관찰할 수 있으면 족하다.

④한때 잔디인형이 유행한 적이 있다. 잔디인형은 못쓰는 스타킹의 안쪽에 잔디씨를 깔고 그 위에 톱밥이나 흙 등 잔디씨가 뿌리를 내릴 수 있는 것을 담아 놓는다.

그런 다음, 스타킹의 입구를 묶은 다음 거꾸로 들어올리면 씨를 뿌려 놓은 부분이 위쪽에 위치하게 된다. 그 다음은 스프레이로 항상 촉촉하게 습기를 유지시켜 주면 스타킹 사이사이로 싹이 나게 된다.

⑤기타 간단한 작물이나 꽃, 화분 등을 이용하여 집안이나 야외에서 식물을 아이와 함께 직접 기르면 아이의 정서 발달과 전뇌발달에 좋다.

18. 애완동물 기르기

애완동물을 기른다는 것은 자기가 사랑을 주는 대상이 생겼다는 것이다. 유아는 사랑으로 큰다. 엄마의 사랑, 아빠의 사랑, 주위 사람들의 사랑과 관심이 있어야 한다. 유아기 때의 사랑은 받는 것만이 아니라 줄 수도 있어야 한다는 것을 알게 해주는 것은 좋은 교육이 된다. 사랑은 많이 받아본 사람만이 베풀 수 있으며 사랑을 베풀어 본 사람만이 받아들이는 법도 안다.

사랑은 인간에게 있어서 가장 위대한 것이지만 자연스럽게 이루어지는 것보다 학습으로 이루어지는 경우가 더 많다. 따뜻한 사랑이 흐르는 가정 속에서 자라는 아이야말로 참으로 행복한 아이이며 EQ, AQ, MQ, HQ 등의 향상에도 영향을 미친다.

금붕어, 고양이, 개, 거북이, 새 등을 길러보거나 햄스터나 이구아나 같은 이색적인 애완동물도 가능하다. 마당이 있는 경우라면 좀더 다양한 동물들을 기를 수 있을 것이다.

19. 종이 접기(색종이 기타)

종이를 접는다는 것은 손놀림이 필요하다. 그것도 섬세한 손끝의 동작을 요구한다. 따라서 손의 작용에 영향을 받아 전뇌가 계발되고 뇌신경 세포의 회로가 활성화된다. 또한 한 손이 아닌 양손의 협응에 의해 입체감 있는 형태를 만들므로 해서 효과가 가중되고 7Q(IEMCASH)의 향상을 가져온다.

< 방 법 1 > 어머니가 만들기
①아이에게 색종이를 보여주고 색감을 익히게 하면서 좋아하는 색을 지정하게 한다. 다음에는 또다른 색을 지정하게 한다.
②지정한 색의 종이로 목표한 모양을 어머니가 접는다. 이때 목표하는 모양도 아이에게 정하게 할 수 있지만 아주 어린 유아는 부모가 선택한다.
③지정한 모양을 아이에게 잘 보이는 위치에서 설명을 곁들이고 아이의 반응을 보면서 천천히 만든다.
④접은 모양을 가지고 놀게 한다.

< 방 법 2 > 아이가 만드는 경우
①색은 아이가 지정하고 모양은 어머니가 쉬운 것으로 선택한다.
②아이가 접을 수 있도록 하고 어려울 때는 조금씩 도와준다.
③아직 손놀림이 미숙해 완성도가 떨어진다. 그러나 칭찬에 인색하면 안 된다.
④흥미를 유발시켜 다시 만들도록 유도한다.
⑤한가지를 여러 번 접게 하여 혼자서도 접도록 유도한다.
⑥가지고 놀면서 성취감을 맛보게 한다.

20. E.S.P 카드를 이용한 투시, SQ 향상

E.S.P 카드란 〰, ☆, □, ○, + 의 다섯 가지의 모양이 그려진 네모난 종이를 말한다. 이처럼 서로 다른 다섯 가지의 카드를 가지고 투시 연습을 해본다. 위 모양의 카드가 마음에 들지 않을 경우, 다른 단순한 모양의 카드로 바꾸어서 연습해도 무방하다.

< 방 법 >

①카드를 뒤집어 놓고 다섯 가지의 모양 중에서 하나의 모양을 맞추도록 하며 보통 두 벌을 준비해 섞어놓고 알아맞히도록 한다.
②아이와의 대화와 놀이를 중심으로 한다. 맞추었을 경우에는 꼭 칭찬을 해주고 못 맞추더라도 질책하거나 실망하는 눈빛을 하면 안 된다.
③매일 5~10분 이상씩 꾸준히 실시한다.
④처음에는 확률이 1/2이나 1/3 수준에서 시작해도 무방하다. 꼭 맞추려고 하기보다는 재미로 한다.
⑤여러 가지 다양한 방법으로 응용하여 시도해도 좋다.

21. AQ, HQ, SQ 발달의 민첩성 기르기

동작의 민첩함은 전뇌의 민첩성과 상관 관계가 있다. 민첩한 동작을 향상시킴으로 인해 민첩한 전뇌를 만들 수 있으며 이는 성장 후에는 잘 길러지지 않는 것이다.

대부분이 유아기 때 결정된다고 보아야 하며 유아기때 발달된 민첩성은 계속해서 효과가 지속된다.

< 방 법 >

①마음껏 움직이며 놀게 한다. 많이 움직인다고 움직임을 제한해서는 안 된다.
②빠르게 움직이는 물건 등을 잡는 놀이를 한다.
③아이를 눕혀 놓고 양 발목을 잡은 다음, 달리기를 할 때처럼 빠르게 발을 움직여준다.
④아이를 눕혀 놓고 양쪽 손목을 잡고 팔을 빠르게 번갈아 움직여준다.
⑤놀이기구 등을 이용해 기거나 뛰고 구르는 운동을 반복적으로 시킨다. 유아용 놀이기구가 있는 곳을 정기적으로 이용하면 좋다.
⑥기타 순간적이며 빠르게 움직일 수 있는 놀이를 많이 한다.

제5장 전뇌계발 어린이 교육
(7~12세)

교육에 좌우되는 아이
머리가 좋아지는 음식
어린이 전뇌계발의 실천 사항

교육에 좌우되는 아이

어린이는 나라의 보배이다. 어린이를 교육시키지 않으면 나라의 장래는 없다. 그 나라의 미래를 알려면 어린이를 보면 된다. 교육은 백년대계와 같다. 한번 잘못하면 돌이키기가 힘들다. 따라서 제대로 된 교육이 필요하며 올바른 방법으로 시행해야만 한다. 21세기에 걸맞은 전뇌 교육이 절실히 요구된다.

어린이는 영아나 유아를 포함하지만 여기서는 취학 연령에 해당하는 초등학생을 기준으로 했다. 사람의 잠재능력은 앞에서 언급했듯이 14세 이전에 가장 많이 나타난다. 14세 이전의 교육을 통해 잠재능력이 키워진다고 볼 수 있다. 때문에 어린이 교육은 아이에게 있어 매우 중요한 시점이며 잠재능력을 효과적으로 계발시킬 수 있는 단계라 할 수 있다.

청소년기나 청장년기, 노년기에도 잠재능력의 계발은 이루어지지만 어린이에 비해 미약한 수준이다. 전뇌의 계발은 적절한 시기를 택하는 것이 중요하다. 이 시기를 놓치면 몇 배의 힘을 기울여도 성과가 미약하게 된다.

초등학생 시절의 잠재능력 계발은 사회적응과 연결되는 역할을 하기 때문에 영아나 유아기의 계발과는 또다른 차원의 문제이다. 영아나 유아기의 전뇌 계발은 순수한 잠재능력의 계발과 관련이 많고 직접적인 사회성과는 연관성이 적다. 사회성을 바탕으로 한 잠재능력 계발은 청소년과 성인이 되었을 때에 연속성을 나타내며 적용과 응용을 할 수 있는 직접적인 연결고리인 것이다.

　따라서 영아기와 유아기 때의 전뇌계발은 사회성을 바탕으로 한 초등학생 시절의 전뇌계발과 상호 보완 작용을 하여 폭발적인 능력을 발휘할 수 있게 된다.
　초등학생 시절에 전뇌계발이 제대로 이루어지지 않는다면 영아기나 유아기 때의 전뇌계발은 잠재성만 풍부할 뿐 드러나지 못할 수도 있다는 것이다. 이처럼 어린이의 전뇌계발 교육은 태아와 영아 그리고 유아교육과 성인교육을 연결시켜 주는 징검다리 역할을 하면서 그 자체적으로도 중요한 가치를 갖는 전뇌계발 시기인 것이다.
　꾸준한 전뇌계발 활동으로 초등학생 시절을 충실히 보낸다면 앞으로의 인생은 가능성이 매우 큰 탄탄대로라 할 것이다.

머리가 좋아지는 음식

성장기의 어린이뿐 아니라 인간은 누구나 좋은 영양이 담긴 음식을 먹어야 기운이 나고 머리도 좋아진다. 정신적으로 신체적으로 건강해야만 건강한 삶을 영위할 수 있기 때문이다.

전뇌에는 알칼리성 식품이 좋은데, 예를 들면 콩이 주원료가 되는 두부와 두유, 된장 등은 뇌세포 활성화에 도움이 되는 최고의 식품이라고 알려져 있다.

콩류나 달걀은 레시틴을 다량으로 함유하고 있는데 레시틴은 뇌세포에 활력을 불어넣음과 동시에 뇌와 신경계의 기능을 높여주는 역할을 한다. 또 뇌에 들어가 기억력을 향상시키는 물질인 아세틸콜린을 뇌로 유입되게 하는 역할을 한다.

뇌기능의 활성화에 있어 고려인삼이나 콩 등에 들어있는 사포닌이라는 성분 역시 뇌기능을 활성화시키는 데에는 좋은 식품이다.

전뇌를 좋아지게 하기 위해서는 인스턴트 식품과 동물성 지방(포화지방)을 적게 섭취하고 되도록 자연식을 많이 섭취하도록 하며, 생신류, 이패류와 같은 불포화 지방 성분은 적당히 섭취하는 것이 좋다.

특히 양질의 단백질을 섭취한다. 콩은 아미노산의 균형을 유지하는 데 뛰어난 효과가 있다. 귤은 농약 성분을 완전히 제거한 다음, 껍질째 먹는 것이 좋다. 우엉이나 고구마 등의 섬유질도 섭취하도록 한다. 이것들은 장내에서 비타민 B의 활동을 돕고 변비를 예방해 준다.

■ 기초 식품군과 전뇌 기능 활성화 식품군 ■

구 분	기초 식품군	전뇌기능 활성화 식품군
단백질	쇠고기, 닭고기, 돼지고기, 햄, 소시지, 고등어, 참치, 된장, 두부, 우유, 계란 등	신경계의 원활을 돕는 인지질이 함유된 호박씨, 해바라기씨, 잣, 호두, 은행, 콩류, 깨, 생밤 등의 씨앗류나 열매. 비타민 B1이 많은 콩등. 철분이 다량 함유된 시금치, 겨자, 된장, 파 등. 두뇌계발이나 노화방지에 효과가 있는 DHA 성분은 고등어, 정어리, 꽁치, 참치 등에 다량 함유되어 있다.
칼슘	우유, 발효유, 미역, 김, 말린 멸치나 정어리 등	
비타민및 무기질	시금치등의 청채류, 당근, 부추, 호박, 무, 배추, 사과, 귤, 딸기, 양파, 오이, 토마토 등	
탄수화물	쌀, 밀가루, 빵, 면류, 고구마, 감자, 설탕 등	
지방	버터, 마가린, 참기름, 샐러드유, 마요네즈 등	

한편, 원숭이를 대상으로 한 실험에서 딱딱한 음식이 뇌에 좋다고 밝혔다. 실험의 내용은 원숭이 무리에 오른쪽 위 어금니와 아래 어금니를 제거하여 관찰했다. 오른쪽 이가 없는 관계로 오른쪽의 뇌에 자극이 가지 않아 오른쪽 뇌가 심하게 퇴화되었다.

오른쪽 턱을 움직여 줌으로써 오른쪽의 뇌에 직접적인 자극이 주어지는데 항상 음식을 왼쪽으로만 먹음으로 인해 자극이 가지 않았기 때문이다. 딱딱한 음식을 양쪽의 어금니를 활용하여 씹어주는 것은 뇌의 발달을 촉진시키는 결과를 가져온다는 것이다. 이와 반대로 부드러운 음식은 장의 운동을 약화시켜 변비를 유발하고, 장은 몸밖으로 배출되지 않은 배설물을 음식물로 인식, 재흡수 한다. 장의 건강을 위해서 딱딱한 음식도 가끔씩 먹어 주도록 한다.

어린이 전뇌계발의 실천 사항

1. 목표를 상상(想像)으로

　상상이란 마음속에 떠오르는 이미지(Image)이며 여러 가지로 활용할 수 있다. 이는 간뇌의 발달과 함께 SQ의 향상을 가져온다. 아침부터 저녁때까지 있었던 일을 떠올릴 수도 있고 과거나 미래를 떠올릴 수도 있다. 상상은 공상과는 다르다.
　상상은 현재의 지각(知覺)에는 없는 사물이나 형상을 과거의 경험, 관념에 근거하여 재생시키거나 만들어내는 마음의 작용이며 공상(空想)은 실행할 수 없거나 실현될 수 없는 생각을 말한다.
　공상이 전혀 쓸모 없는 것은 아니지만 크게 유익하지는 않다. 상상하기의 여러 가지 중에 목표의 달성 이미지를 이용한 상상은 여러 가지 면에서 유익하다.

　우선 자기가 달성하고자 하는 미래의 상태를 떠올리고 그 목표가 이루어진 것을 상상한다. 전혀 의심하지 않고 이미 목표가 이루어진 것으로 믿고 상상하면 마음에 기쁨과 즐거움이 따르게 된다. 틈날 때마다 미래 목표가 달성된 시점을 상상한다.

그 성공을 의심하지 않고 믿으며 떠올리는 회수가 많으면 많을수록 실제의 성공에 점점 더 가까이 가게 된다.

또한 상상하는 것으로 인해서 달성하고자 하는 의지가 더욱 강해지고 목표의식이 뚜렷해져서 결국에는 상상하던 것이 이루어지게 된다.

< 상상을 위한 초알파(α) 스크린 만들기 >

① 편안한 상태에서 힘을 주지 않고 눈을 살짝 감는다.
② 눈썹 사이의 인당혈 위쪽 이마부분에 될 수 있는 한 크게 스크린을 만든다.
③ 선명하게 보이도록 만들려고 노력한다.
④ 자신이 투영시킬 대상물을 크게 스크린에 그린다.
⑤ 위의 순서에 입각해서 구체적으로 떠올린다.

< 방 법 > 물체 이미지 트레이닝(Image training)

물체 이미지 트레이닝은 심신이 편안하고 안정되어 머리를 맑게 하고 집중력을 키워준다. 이로 인해 기억력이 좋아지며 감각 기능과 지각 능력이 월등하게 발달하며 간뇌의 기능이 활발해진다.

① 눈을 감고서 눈꺼풀 위에 하나의 스크린을 만들어 본다.
② 스크린이 점점 환해지면서 이마 위에 놓여 있다고 상상한다.
③ 해, 산, 시계, 연필, 인형 등 생각나는 것을 하나씩 떠올린다.
④ 즐거웠던 일, 여행 갔을 때 본 자연 광경 등을 떠올린다.
⑤ 떠올린 물체를 영화를 보는 것처럼 스크린을 통해 그려본다.
⑥ 집중력이 높아질수록 물체는 더욱 뚜렷하게 스크린에 맺히고, 그 물체의 형태와 색깔 또한 명확하게 떠올릴 수 있다.

2. EQ와 AQ를 높이는 마음의 지식, 여행

어린이는 경험을 통해서 성장한다. 경험에는 직접 경험과 간접 경험이 있는데 대화나 책을 통해서 얻는 것은 간접 경험이며 여행은 직접 경험이다.

여행은 인생에 있어서 풍부한 자산이 된다. 보고, 듣고, 냄새 맡고, 만져 보고, 맛보는 오감과 마음에 와 닿는 감정을 통하여 마음 깊숙이 자리잡는 여행의 느낌이야말로 살아있는 교육의 표본이라고 할 수 있으며 EQ와 AQ를 향상시키는 역할을 한다.

여행은 사람을 단련시키고 사색하게 만들며 넓은 시야를 갖게 한다. 과거와 미래를 생각하게 하는 힘이 있으며 신선하고 충격적인 감동과 아름다움을 느끼게 한다. 또한 자연과 하나가 되게 하는 역할을 한다.

우선, 가까운 고궁과 문화유적을 자주 둘러보고 교외로 나가 맑은 공기를 마시게 한다.

기회를 자주 마련하여 기차여행과 도보여행을 해보거나 어린이 캠프등 단체에 소속되어 여행하는 것도 권장한다. 우리 나라의 구석구석에는 볼 것도 많고 다닐 곳도 많다. 여건이 허락한다면 외국 여행도 좋은 방법이다.

3. 컴퓨터는 내 친구

과학이 최첨단으로 발전하는 21세기에는 컴퓨터를 친구처럼 가까이 느끼고 자유롭게 다룰 수 있어야 한다. 글자를 모르는 문맹보다 컴퓨터를 모르는 컴맹이 더 살기 어려운 시대가 오고 있다. 남보다 앞서가기 위해서 컴퓨터를 배우고 사용하는 것이 아니라 태어나면서 말을 배우듯 당연히 다루어야 하는 것으로 변화하고 있기 때문이다.

어차피 배워야 할 것이라면 제대로 확실히 배워서 자유롭게 다룰 수 있어야 한다. 부모가 컴퓨터를 전혀 모르는 상태에서 아이에게만 기대하는 것은 잘못이다.

부모가 먼저 컴퓨터를 배우는 열정이 있어야 아이가 컴퓨터를 제대로 배우며 컴퓨터를 아는 부모만이 아이를 올바른 컴퓨터 학습의 길로 인도할 수 있다. 컴퓨터를 잘못 배우면 생산적이기보다는 비생산적인 음란물 등의 도구로만 사용될 가능성도 있다. 그러나 아이와 부모가 교류하는 컴퓨터의 세계는 IQ와 CQ, SQ를 높인다. 또 힘을 발휘할 수 있는 미래시대의 핵심 분야가 될 것이다.

4. 현미경으로 보는 또다른 세상

하나의 세계를 세부적으로 본다는 것은 경이로움을 느낄 수 있는 즐거움이 된다. 즐거움은 흥미를 유발하게 하고 계속적인 관찰을 통해 좋은 전뇌의 자극과 경험을 제공한다.

어린이일수록 작고 세부적인 것에 관심이 많고 이에 대한 관찰은 전뇌발달과 더불어 IQ와 EQ, SQ 등의 향상을 가져온다.

우선 머리카락, 나뭇잎, 종이, 스펀지, 옷감, 금속, 개미 등 주변에 있는 간단한 물건부터 관찰해 본다. 관찰한 것은 노트에 기록으로 남겨놓으면 좋다. 매일 하나씩 관찰해 나갈 때마다 새로운 기쁨이 솟아나고 더욱 다양한 물건들을 관찰해 나가면 된다.

현미경은 너무 배율이 높은 전문기용보다는 값이 저렴하고 배율이 낮은 것으로도 충분히 관찰할 수 있으므로 내구성이 있는 적당한 것을 선택한다.

현미경 관찰은 우리가 보이는 세상과 보이지 않는 세계가 있음을 보여주는 좋은 교육이므로 물질만이 아닌 정신적인 세계에 대해서도 얘기해 줄 수 있다.

5. 모든 길은 책 속에

책은 언제나 우리 곁에 있어야 한다. 책을 읽는 자만이 성공할 수 있고 책을 읽는 사람이 높은 지식과 인격을 갖출 수 있다. 유아 시절에 읽은 책과 초등학교 시절에 읽은 책은 마음에 받아들이는 정도가 다르다.

유아기 때는 잠재적인 능력의 축적 및 계발에 치중하는 것이며 초등학생 시기에 읽은 책은 성인이 되었을 때 나타나는 능력의 실제 발판이 된다. 또한 IQ와 EQ, MQ, SQ 등을 높여준다.

책은 다양하게 읽도록 해주는 것이 좋다. 특히 위인전은 꼭 읽게 해주고 더욱 흥미를 고조시키는 역할을 하게 해준다. 책을 읽지 않고 큰 업적을 이룬 사람은 없다.

책 속에는 과거와 현재, 미래가 들어있고 진리와 지혜가 있다. 삶의 목적과 방향이 제시되어 있는 것이다.

어린이는 부모의 즐거움이다. 부모가 먼저 책을 읽는 모습을 보여줄 때 어린이가 본받아 책을 읽는 습관이 생긴다. 책을 많이 읽는 어린이는 성적이 오른다. 산수를 포함한 전과목의 성적이 향상되는 것이 실험으로 증명되었다.

매일 규칙적으로 책을 읽을 때, 책 속에서 얻는 기쁨이란 말로 표현할 수 없는 것이다. 그 가치란 무엇으로도 잴 수 없는 값비싼 것이다.

어린이에게 책을 읽히려거든 부모가 먼저 책을 읽는 모범을 보이도록 해야 한다.

초고속전뇌학습법의 초고속정독 과정을 배우면, 매일 한 권 이상의 책을 읽을 수 있어서 좋다. 이때는 매일 읽은 책의 목록을 작성해 놓는 것이 좋다.

6. 기억을 향상시키는 그림일기

일기는 하루를 뒤돌아보게 한다. 어린 시절의 일기 쓰기 습관은 삶을 풍요롭게 해주는 역할을 한다. 천재들의 공통된 습관중 하나는 메모하는 습관이다.

에디슨이나 아인슈타인은 놀랄 만큼 많은 메모를 남겼다. 아이디어가 떠오를 때마다 메모를 하고 그것을 참고로 하였다. 그렇기 때문에 수많은 발명과 발견을 할 수 있었던 것이다.

사람은 누구나 순간적으로 스치는 아이디어가 있기 마련이다. 그것을 잘 적어서 활용할 줄 아느냐, 모르냐의 차이가 서로 다른 결과를 낳는 것이다. 또한 EQ, CQ, SQ, HQ를 향상시킨다.

아무리 기억력이 좋아도 다 기억할 수는 없다. 또 불필요한 것까지 다 기억하고 있는 것은 집중에 방해가 된다.

일기를 통하여 그날을 반성하고 생각하는 바를 적는 습관은 그래서 중요하다. 잘 그리지 못하는 그림이라고 해도 간단히 그림을 그려 놓으면 훗날에 보았을 때, 더 쉽게 떠오르게 되고 종합하고 요약하는 능력까지 길러준다.

중요한 한가지 사항만을 간단히 적어나가면 부담도 없고 빠른 시간에 기록할 수 있기 때문에 매일 계속해 나가는데 무리가 없다. 그림 하나와 거기에 딸린 설명만 있으면 된다.

매일 꾸준히 기록해 나갈 때 전뇌 능력은 올라가고 기록하는 습관과 정리하는 습관이 생기면 정신적인 성숙도 이루어질 것이다.

7. 민첩성을 기르는 운동은 꾸준히

어린 시절의 운동 가운데는 민첩성과 순발력을 기르는 운동이 전뇌계발에 가장 좋다.

민첩성과 순발력을 기르는 운동을 하게 되면 운동신경 세포가 강화되고 신경전달의 속도가 빨라지게 된다. 판단력과 순간적인 포착능력도 상당히 향상된다.

우리 몸의 신체구조는 운동신경 세포와 뇌신경 세포가 불가분의 관계로 이루어져 있다. 빠르고 민첩한 신경전달의 능력이 있는 사람은 전뇌의 회전 속도 또한 빠르게 작동한다. 많은 실험들이 운동신경 세포의 발달을 통한 뇌신경 세포의 발달을 증명하고 있다.

성장기에 지구력을 길러주는 운동을 병행하게 된다면 아이의 전뇌 회전력은 더욱 확실한 효과를 볼 수 있을 것이다.

여러 가지 기능의 운동이 다 중요하겠지만 초등학교 시절에 요구되는 것은 순발력을 필요로 하는 민첩성을 기르는 것이 전뇌 계발에는 가장 적합하며 AQ와 HQ의 향상을 가져온다.

민첩성과 순발력을 기르는 운동은 탁구, 피구, 야구, 축구, 배드민턴, 닭싸움, 단거리 달리기, 기계체조, 줄넘기 등이며 이 중에서도 탁구, 피구, 배드민턴, 줄넘기의 두 번 뛰기 등은 특히 효과가 좋으며 손쉽게 할 수 있는 것들이다.

이러한 운동들은 꾸준히 하면 할수록 상당한 효과를 가져다준다.

8. 영적인 능력을 길러주는 종교

짐승에게 종교가 있는가? 그렇지 않다. 인간만이 종교를 가지고 있다. 종교를 갖는다는 것은 인간의 속성이다. 지구상의 모든 생명체 중에서 가장 위대한 것은 인간이다. 그러나 신은 인간보다도 우수한 존재이다. 인간으로서는 신과 함께 하는 것이 다른 인간보다도 뛰어날 수 있는 조건이 되는 것이다.

종교란 마음의 고향이며 영혼의 고향이다. 신을 아는 사람과 모르는 사람과는 차원이 다른 삶을 살아갈 수 있으며 SQ, HQ, EQ의 향상을 가져온다.

어린 시절부터 종교를 알고 거기에 속한다는 것은 영적인 능력이 더해진 삶을 사는 것이다.

사람에게는 영(靈) 능력이 있어야 제대로 자기의 잠재능력을 펼쳐 나갈 수 있다.

미신이 아닌 참다운 종교는 사람을 깨어나게 하며 가진 능력을 한껏 키워 주는 역할을 한다. 종교를 통해서 자신을 알게 되고 사회성이 길러지며 조직에 속하는 법과 조직을 만들고 운영하는 법도 터득하게 된다.

종교는 집중력을 고도로 높여주는 한편 몰입할 수 있는 능력을 길러주며 인간의 능력을 초월하게 한다.

9. 전뇌 활용의 바둑(장기 · 체스)으로 7Q 향상

어떤 게임이나 오락을 하는 경우에 초보자들은 대부분 알고 있는 지식을 내세워 규칙과 원칙을 따지며 논리적으로 풀어가려고 하는 좌뇌식의 사고가 주류를 이루게 된다.

초보를 벗어나 숙련 상태가 되면 좌뇌식의 사고를 버리고 우뇌식의 사고방식과 방법을 택하게 된다.

우뇌 방식은 총괄적이며 보다 고차원적이다. 최고의 숙련 상태가 되면 우뇌방식에서 간뇌방식으로 전환된다. 초감각과 예지능력이 발휘될 수 있는 수준으로 향상되는 것이다. 그래서 바둑(장기, 체스)을 계속하게 되면 좌뇌와 우뇌, 간뇌를 계발시킬 수 있다.

여기서 주의할 점은 처음부터 우뇌형이나 간뇌형이 되는 것이 아니라 지식을 축적하는 좌뇌형에서 발전하여 우뇌형과 간뇌형이 된다는 것이다. 체계적이고 지속적인 좌뇌방식의 발전이 없이는 우뇌형과 간뇌형이 될 수 없다.

체계적인 지식과 좌뇌방식의 발전이 있다하더라도 좌뇌방식을 고집하고 고수한다면 우뇌나 간뇌형으로의 전환은 이루어지지 않고 좌뇌방식에 머무르게 된다는 것이다. 따라서 시기 적절하게 전뇌를 활용하는 것이 중요하다.

10. 기억력 향상 훈련으로 하는 7Q 높이기

 기억력은 인생에 있어서 가장 중요한 요소 중의 하나이다. 기억은 사람에게만이 아니라 동식물에게도 있다.
 실험으로 증명된 바에 의하면 지렁이에게도 기억력이 존재한다. 사람에게 있는 것은 지렁이에게 있는 것 같은 원초적인 기억능력이 아니라 좌뇌, 우뇌, 간뇌의 기억능력이다. 이러한 기억능력도 훈련에 따라서 향상시킬 수 있다.

< 방 법 1 >

①좌뇌식의 기억훈련은 언어와 문자를 통해 할 수 있다. 적당량의 문장이나 말을 기계적으로 여러 번 되풀이하여 반복해서 기억한다.
②매일 시간을 정해 놓고 10~20분씩 연습한다.
③국내외의 유명인물, 문학서적의 명문구 등을 기억하면 좋다.

< 방 법 2 >

①우뇌의 기억훈련은 총체적인 기억훈련이다. 문장 하나하나를 기억하기보다는 개념과 전체의 뜻을 기억하며 흐름을 위주로 기억한다.
②공간적 개념이 있는 지도, 그림, 분위기, 느낌, 시기 및 상황 등을 위주로 기억한다. 한가지 사항만이 아닌 복합적인 것을 기억한다.
③위치나 이미 알고 있는 물건 등에 연결해서 기억한다.
④오감을 최대한 활용하고 의미를 부여한다.

< 방 법 3 >

①간뇌식 기억법은 최대한 빠르게 훑어보듯이 내용을 본다. 잠재의식 속에 기억이 된다고 생각하고 마음을 안정시키고 기억할 내용을 보아 나간다.
②만약, 책이라면 전체 내용이 머리 속에 사진 찍힌다고 보고 빠르게 보아 나간다. 1~2초 안에 1~20쪽을 본다.
③특별한 방법을 사용하지 않고 오직 집중력만으로 쪽 전체를 보아 나간다.
④하루종일 있었던 일을 모두 영상으로 세세하게 떠올려 본다.

11. 구구단으로 하는 집중력 키우기

집중력은 가지고 있는 능력을 하나로 모아주는 역할을 한다. 돋보기로 초점을 맞추는 것과 같은 이치이다. 가지고 있는 능력이 하나로 모아졌을 때 능력을 최대한 발휘할 수 있으며 집중력은 더욱 더 발전하게 된다. SQ와 IQ도 따라 향상된다.

집중력이 없는 능력은 좋은 컴퓨터를 가지고 사용하지 못하는 것과 같다. 다음의 간단한 방법으로 집중력을 키워 보자.

< 방 법 >

①구구단을 2단부터 9단까지 정확하고 빠르게 외운다. 시간을 측정하여 시행할 때마다 시간을 단축하면 좋다.

②구구단을 거꾸로 외운다. 9단부터 시작하여 2단까지 정확하고 빠르게 실시한다. ①항의 방법보다 집중훈련의 효과가 탁월하다.

③우리 나라 산 이름을 외운다. 처음에는 지도를 보고 도별로 기록된 산들을 외워 나간다. 익숙해지면 지도를 보지 않고 외운다. 다음은 다른 나라의 산 이름도 외우기 시작하여 점차 많은 산 이름을 외운다. 유명하고 큰 산을 위주로 외운다.

④우리 나라 강 이름부터 시작하여 다른 나라의 강 이름까지 외운다. 한강, 낙동강, 두만강 등등. 역시 마찬가지로 처음에는 지도를 보고 하다가 기어이 되면 보지 않고 외워서 한다.

⑤구구단을 9단부터 거꾸로 하는 것과 산 이름, 강 이름을 한꺼번에 시간을 정해 놓고 할 수 있는 만큼 한다. 정해진 시간 안에 최대한 많이 할 수 있도록 계속해 나가면 놀라운 집중력이 생긴다.

⑥익숙해져서 달달 외울 수 있을 때까지 시간을 단축해 가며 시행한다.

12. 좋은 성격은 인생의 디딤돌

하나의 생각이 쌓이면 행동이 생겨난다. 행동이 쌓이면 습관이 생겨나고 습관이 쌓이면 성격을 형성하며 성격이 쌓여 운명을 결정하게 된다. 운명이 결정되는 것은 생각으로 부터이지만 습관적인 행동이 쌓인 생활방식인 성격이야말로, AQ, EQ, MQ의 향상을 가져오며, 우리의 인생을 결정짓는 요소인 것이다.

부지런함, 끈기, 인내, 양보, 용서, 절제, 결단 등이 골고루 발달된 사람은 좋은 성격의 소유자라고 볼 수 있다.

성격이 좋은 사람은 대인 관계가 원만하고 성공 확률이 높으며, 지능지수가 뛰어나고 감성지수와 활동지수도 뛰어나다.

좋은 성격은 풍부한 환경과 사랑 및 관심에서 비롯된다. 관용과 포용력 있는 사랑 속에서 성장한 아이들은 좋은 성격을 형성해 나간다. 화목한 가정이야말로 아이를 키우는 영양분이다.

지능보다 감성이 중요하듯이 일반적인 지능이나 환경, 지식의 습득보다는 좋은 성격을 심는 일이 더 중요하다. 알라딘의 요술램프에서 나오는 거인처럼 좋은 성격은 큰 능력을 발휘하여 세상을 이겨 나가게 할 것이다.

13. 비디오를 2배속으로

요즘엔 비디오가 없는 집이 없다. 또 기분이 좋아지고 여러 가지 첨단 프로그램이 장치된 것도 있다.

비디오를 2배속으로 볼 경우 내용을 파악하기가 어려워진다. 내용을 파악하기 위해서는 그 내용에 집중을 해야하고 신경을 더 써야만 한다.

빠르게 지나가는 영상을 기억하기 위해 노력하는 훈련은 SQ와 IQ, HQ 등의 향상과 더불어 간뇌 계발에 아주 좋다.

< 방 법 >

①처음에는 이미 알고 있는 내용 중에서 일부분만을 보게 한다. 시간은 1분에서 시작하여 5분까지 한다.

②비디오의 내용은 교육적인 것과 일반적인 것 두 가지를 병행한다.

③2배속의 경우 자막과 소리가 빠르게 지나가므로 집중하여 내용을 파악하게 하면서 시청시간을 늘려간다.

한번 시작으로 10분씩 2회를 보게 한다. 익숙해지면 20분간 보게 한다.

④한번도 보지 않은 교육 비디오를 2배속으로 보게(1~2회 정도)힌 후 정상 속도로 보게 하면 기억효과와 전체 흐름을 파악하는 능력이 탁월하게 된다.

⑤시간을 정해놓고 규칙적으로 훈련할 경우, 집중력, 관찰력, 통찰력, 이해력, 지능, 판단력 등이 좋아지게 된다.

⑥부모는 아이가 지루해 하지 않도록 유도해 주는 것이 중요하다.

14. 좌뇌, 우뇌, 간뇌를 운동으로 계발

일반적인 근육 운동은 전뇌에 많은 영향을 미치지는 않는다. 그러나 근육운동도 활용하기에 따라서 전뇌계발에 이용할 수 있다.

< 좌뇌 훈련 방법 >

숫자를 세면서 아령을 든다거나 팔굽혀펴기를 하면서 숫자를 세어나가는 것 등은 좌뇌 훈련과 육체 훈련을 동시에 할 수 있는 이점이 있다. 계단을 오르며 숫자를 셀 수 있으며 지정한 숫자에서 거꾸로 빼내려 가면서도 할 수 있다. 1,3,5,7,9 등의 홀수로 하는 경우와 2,4,6,8 처럼 짝수로 해도 된다.

숫자가 아니더라도 운동을 하면서 정확한 규칙을 지켜야만 하는 경우에도 좌뇌가 계발될 수 있다. 예를 들면 축구공을 찰 때, 20번을 정확히 15도 각도로 연습을 하는 것과 탁구를 치며, 점수계산을 하는 것 등은 모두 좌뇌 훈련과 관련이 있다.

여러 명이서 하는 아이들의 긴 줄넘기, 공기놀이, 고무줄 놀이 등도 아이들의 좌뇌 훈련에는 좋다.

< 우뇌 훈련 방법 >

대부분의 운동은 우뇌의 발달과 관계가 있다. 감각적인 것과 운동영역 등은 오른쪽 부분의 대뇌피질에서 담당하기 때문이다. 운동을 통해 우뇌가 발달하면 신경세포 조직이 발달하고 신경세포 조직으로 인해 뇌세포의 활성화가 이루어지기 때문에 운동은 전뇌계발에 좋으며 우뇌를 계발시켜 준다.

특히 어린이에게는 민첩성과 순발력을 요구하는 운동을 하면 두드러지게 전뇌의 발달을 가져온다. 육체와 정신은 둘이 아니며 이것은 하나로 연결되어 있다.

탁구, 배드민턴, 야구, 피구, 축구, 스케이트, 롤라 등은 우뇌 계발에 좋은 운동으로 어린 시절에 배우고 실천하기에 좋다.

< 간뇌 훈련 방법 >

간뇌는 특별한 개념에 속한다. 간뇌는 본능적인 것과 초월적인 것이 혼재한다.

따라서 감각적이고 직접적인 것을 차단하게 되면 본능적이면서도 초월적인 것이 활발히 활동하고 더 발전되면 계발이 이루어지게 된다.

눈을 가리고 하는 술래잡기나 제기차기, 비석치기 등의 우리 나라 전통 놀이를 비롯해 볼링이나 골프, 게이트볼, 서바이벌게임, 암벽타기, 등산 등은 간뇌를 계발시키기에 좋은 운동들이다.

15. 자는 동안에도 두뇌는 쑥쑥, 수면학습

 사람의 뇌파는 보통 4가지로 분류된다. 평상시의 베타(β)파와 정신 집중상태나 편안한 마음의 상태인 알파(α)파, 그리고 잠이 들었을 때의 뇌파인 세타(θ)파, 그리고 깊은 잠이 든 내부 의식상태인 델타(δ)파가 있다. 수면학습이라고 해서 완전한 수면상태에서 행하는 것이 아니라 초기수면이 진행되는 시기와 잠에서 깨어나는 시기에 행해 주는 것이 좋다.
 실험결과에 의하면 한창 수면중일 때는 오히려 수면에 방해를 주는 경우가 많고 효과도 거의 없다. 초기수면 상태나 잠이 깰 무렵, 15~30분 정도에 하는 학습이 가장 효과가 뛰어나다.

< 방 법 >

 ①카세트 테이프를 준비하고 원하는 내용(학습내용, 장래희망, 목표, 계획 등)을 녹음한다. 처음 녹음은 15분 정도가 적당하다.
 ②엄마나 아빠의 목소리로 녹음하거나 어린이 본인의 목소리로 녹음을 하되 수면에 방해되지 않도록 잔잔한 목소리로 녹음한다.
 ③취침 시에는 큰소리에서 점점 작은 소리로 녹음하고 기상 시에 트는 테이프는 작은 소리에서 점점 큰 목소리로 하는 것이 좋다.
 ④카세트 테이프는 다 돌아가면 자동으로 꺼지도록 조작하여 취침 시에 머리맡에 놓고 자면 된다. 아침에는 잠에서 깬 뒤 카세트를 틀고 듣고 일어나거나 깨는 시각에 맞춰 부모가 틀어주면 된다.
 ⑤한가지의 내용을 일주일 정도 반복한 뒤 다른 내용으로 녹음하여 같은 방법으로 시도한다.
 ⑥영어단어, 회화, 일반 과목의 내용, 바라는 장래목표 등을 꾸준히 들으면 훨씬 빠르게 원하는 목표를 이룰 수 있게 된다.

16. 7Q 향상의 양손잡이

인간의 뇌는 좌우대칭형이다. 음악, 미술, 무용, 체육처럼 감성적이고 상상력과 창의력이 필요한 부분은 우뇌가 맡고 읽기, 쓰기, 말하기, 셈하기와 같은 기본적인 학습은 좌뇌가 맡는다.

오른손잡이는 좌뇌가, 왼손잡이는 우뇌가 발달해 있다. 손의 기능과 뇌의 기능이 반대쪽으로 연결된 셈이다. 따라서 많이 움직이는 손의 반대편 뇌가 손가락의 신경자극에 의해서 발달하게 된다.

우리는 평소 사용하지 않는 손을 자주 사용하여 발달되지 않은 뇌를 계발하고 발달시켜야 한다.

< 방 법 >

①오른손잡이는 왼손을, 왼손잡이는 오른손을 자주 움직이고 사용하도록 한다.

②평소 생활 속에서 실천할 수 있는 몇 가지 예를 보자.

반대편 손으로 이닦기, 전화 받기, 글씨 써보기, 머리 빗기, 숟가락 및 젓가락질하기 등 평소 사용하지 않던 손을 자주 이용하도록 한다.

③양손을 함께 사용한다. 이를 닦을 때, 오른손과 왼손으로 번갈아 가며 닦고 컵을 사용할 때도 양손을 골고루 사용한다.

제6장 전뇌계발 청소년 교육
(13~18세까지)

잠재능력의 발달과 발현의 시기
청소년 전뇌계발의 실천 사항

잠재능력의 발달과 발현의 시기

청소년기는 목표를 정하는 시기이다. 이때 꿈을 가지고 목표를 정하는 것이 일생을 좌우하게 된다. 기존에 있던 잠재능력을 최대한 발달시키고 또한 나타나는 시기이기 때문에 인생의 성공 여부를 결정 짓는 가장 중요한 때라 할 수 있다.

전인적 인간으로 성장하기 위한 인성이 다져져야 하는 시기이며 배워야 할 것들도 많은 상황이다. 다양하고 복잡한 지식과 정보 속에서 수용해야 될 것과 버릴 것을 잘 가릴 줄 알아야 한다.

지식의 습득도 중요하지만 새로운 정보의 활용방식에 있어서도 자신에게 맞는 방법이 무엇인지를 파악할 수 있어야 한다. 수용에 있어서도 자신과의 융화가 잘 이루어져 어색함 없는 어울림의 옷이어야 한다는 것이다.

어떻게 배우고 수용하며 어떤 가치관을 정하느냐에 따라 인생이 달라진다. 특히 이 시기는 전뇌계발을 어떻게 해 주느냐에 따라 삶의 결과가 직접적으로 달라질 수 있는 시기이며 또한 나타나는 시기이기노 하다.

따라서 청소년기의 전뇌계발은 앞으로의 인생에 방향을 설정할 수 있도록 해주며 도전할 수 있는 마음의 준비와 실력을 갖추게 하는데 중점을 두어야 한다.

굳센 의지와 목표가 있는 자는 성공하는 자이며 그렇지 않은 자는 낙오자가 된다. 전 인생을 통틀어 청소년기의 교육은 나침반과 같은 역할을 하는 시점이다. 출발을 잘 해야 한다.

청소년 전뇌계발의 실천 사항

1. 나에게 투자하는 1만 시간

어떤 분야이든 한가지에 1만 시간을 투자하게 되면 그 사람은 그 분야의 세계적인 권위자가 된다고 한다. 하루에 한 시간씩을, 매일 일년 삼백육십오일을 투자해서 공부한다면 27.5년, 약 28년이 걸리고 2시간씩 투자하면 14년이 걸린다. 또 3시간씩이면 10년, 4시간씩이면 7년이며, 1일에 7시간씩을 투자한다면 4년이 된다.

J.F. 케네디의 가훈은 "네가 하고 싶은 일을 해라. 네가 만약 도랑 치우는 일을 하고 싶으면 그 일을 해라. 하지만 세상에서 도랑을 가장 잘 치우는 사람이 되라."는 것이였다고 한다.

한가지에 1만 시간을 투자한다는 것은 확실한 특기를 만드는 것이다. 남이 하는 것을 나도 하는 것이 아니라, 남들이 하지 못하는 것을 내가 해야 한다. 그것도 확실하고 빠르게 해야 한다. 그래야만 인정받고 자신 있게 살아갈 수 있다.

한가지에 1,000시간만 투자해도 국내에서는 전문가 대접을 받을 수 있으며 2,000시간을 투자하면 책을 쓸 정도의 권위자가 된다. 3,000시간을 넘어가게 되면 서서히 국내의 틀에서 벗어나 해외로 발을 넓히게 되고 10,000시간이 되면 세계적인 권위자 즉, 세계 각국으로부터 인정을 받고 초청 받는 인물이 될 수 있다.

내가 흥미 있고 남들이 안하는 것이라면 충분하며 꾸준히 노력하면 틀림없이 성공할 수 있다. 또한 IQ와 AQ도 높일 수 있다.

2. 두 가지를 하나로, 결합의 법칙

프랑스 학자인 푸앙카레는 자신의 저서 '과학과 방법'에서 위대한 발견과 발명에 대한 법칙을 설명하였다.

이 법칙을 적용하면 보통 사람들도 위대한 천재들처럼 발명과 발견을 할 수 있다는 것이다. 공식은 간단하다. 위대한 발견과 발명은 서로 다른 이질적인 것의 결합이라고 한다.

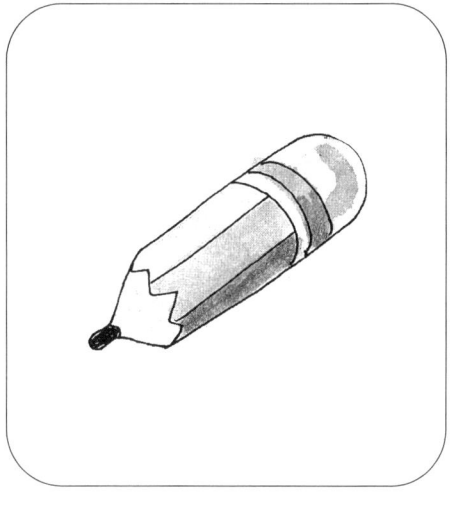

예를 들어 항아리와 꽃은 전혀 다른 두 개의 물질이지만 항아리에 흙을 채워 꽃을 심으면 화분이라는 전혀 다른 것이 탄생한다. 또 연필과 지우개는 서로 다른 물건이지만 하나로 합쳐졌을 때 지우개가 달린 연필이라는 새로운 발명품이 된다.

모든 발명과 발견은 무에서 유를 창조하는 것이 아니라. 유에서 유를 창조해 내는 것이다. 즉, 이미 있는 서로 다른 두 개의 물건이나 현상을 하나로 합치는 발상에 의해 새로운 것이 발명, 발견되고 탄생한다는 깃이다.

이러한 간단한 법칙을 생활화하고 습관화했을 때 우리의 아이디어는 번득이고 삶은 풍요로워진다.

생활 속에서 주변에 있는 물건이나 사상, 현상 등을 하나로 합쳐 보자. 무엇인가 새로운 것이 만들어질 것이다. 또한 CQ와 SQ의 향상도 가져온다.

3. 계획 없는 날을 없애자

계획을 세운다는 것은 좌뇌의 방식이다. 감정적이고 즉흥적인 것은 우뇌식의 사고 방법이다.

여기에 몰두의 노력 끝에 나오는 영감은 간뇌의 기능이다.

전뇌는 좌·우·간뇌의 균형적인 사용이 중요하며 어느 한쪽으로 성향이 치우치거나 두드러지면 안 된다. 계획 없이 즉흥적이고 감정적인 것으로 일을 처리한다면 졸속 행정이나 부실 건축 등이 이루어질 것이다. 집을 지을 때 설계와 기초가 중요하듯이 계획은 삶을 살아가는 데에 있어서 가장 중요한 역할을 담당한다.

지금은 나이가 어려도 세월이 지나면, 어른이 되고 어르신이 된다. 계획을 세우는 것은 시간을 절약하는 지혜가 된다. 인생은 시간 게임이다. 주어진 시간을 효율적으로 사용하느냐 그렇지 못하느냐에 따라 성패가 결정된다. 비행기, 복사기, 전화, 인쇄술 등이 발명된 것도 따지고 보면 시간을 단축하고 정복하기 위해서이다. 시간을 번다는 것은 쓸데없는 일에 시간낭비를 하지 않는 것이며 그만큼 새로운 일에 더 많은 시간을 할애할 수 있다.

우선, 10년 계획을 세우자. 그리고 1년 단위로 목표를 세운 다음, 월별로 진행할 사항을 정하면 10년 계획은 완성된다.

세운 계획은 수시로 점검하고 10년내에 달성할 것을 목표로 하여 열심히 노력한다. 10년 뒤에 이루어질 계획과 성공을 상상하며 기쁜 마음으로 노력하자. 여건이 허락한다면 월별 목표와 계획을 참고로 하여 주간계획과 일일계획을 작성하여 실천하면 더욱 좋다.

4. 청년기에 필요한 근육운동, 전뇌를 계발시킨다

일반적으로 운동을 하면 근육이 강화되고 골격이 튼튼해지며 혈액순환이 잘된다. 또한 신진대사가 원활해지고 위장이 강화되어 소화도 잘 되며 심폐기능도 좋아진다.

이것은 상식에 속하는 이야기이다. 운동을 통해 신체 모든 기관의 기능이 좋아진다. 전뇌의 기능과 성능도 이와 마찬가지이다. 그러나 사람들은 보통, 운동으로 뇌가 활성화되고 좋아질 것이라는 것을 생각하지 못한다.

왜, 뇌는 상식적인 수준에서 생각하지 못하고 벗어나야 하는가? 지금부터는 생각을 달리하도록 하자. 뇌 역시 신체 장기 중의 하나이기 때문에 운동을 통해 강화되고 기능도 향상되는 것임을 의식하고 운동에 임해 보기 바란다.

운동을 하면 뇌력이 강화되고 집중력이 향상되며 전뇌 회전이 잘 된다. 청소년기에는 근육을 붙이는 운동이 필수적이다.

어린이기에는 근육이 붙지 않으며 청년기 이후에는 근육운동이 적당하지 않다. 왜냐하면 근육운동은 신체내에 독소를 만들기 때문인데 청년기 이전에는 독소를 제거하는 능력이 신체내에 있다.

골격에 적당한 근육이 붙으면 뇌세포도 활성화되며 민감하게 반응하고 활동한다. 또 신체의 활동지수가 강화되어 활발한 행동을 지속적으로 할 수 있게 된다.

전뇌가 좋아지기를 원한다면 근육을 붙이는 운동을 하도록 하자. 청소년기와 청년기를 거쳐 근육을 붙이고 이후에는 맨손체조등 가벼운 운동을 지속적으로 해주는 것만으로도 노년까지 충분히 관리가 된다.

5. 뇌가 산소를 마신다

운동은 크게 두 가지로 나눈다. 한가지는 아나로빅으로 근육운동 즉, 무산소 운동이며 또 한가지는 에어로빅으로 유산소 운동을 뜻한다.

근육운동이 전뇌에 미치는 영향은 상당하다. 그러나 유산소 운동의 효과에는 미치지 못한다. 두 가지가 다 중요하지만 유산소 운동이 더 중요하다는 것이다.

좌뇌, 우뇌 중 '어느 것이 더 중요한가'하는 문제보다는 균형 있는 발전이 더 중요한 것과 같은 이치이다.

유산소 운동은 지속적으로 숨이 차게 하는 운동으로 산소를 많이 필요로 하는 운동을 말한다. 보통 여성들이 많이 하는 에어로빅은 대표적인 유산소 운동이며 이 밖에 줄넘기, 수영, 등산, 빠르게 걷기, 자전거 타기, 조깅, 테니스 등 생활 속에서 할 수 있는 종목들이 많다.

뇌는 산소가 1분간만 완전히 차단되어도 기능이 정지해 버린다. 또한 영양분이 공급되지 않으면 활동을 할 수가 없다. 뇌에 가장 중요한 산소와 영양분을 공급해 주는 것이 혈액이며 이 혈액은 혈관을 통해서 공급된다.

혈액이 뇌에 원활히 공급되면 뇌세포는 계속 활동한다. 또한 적절한 유산소 운동을 통해 혈액순환이 더 잘 이루어진다면 평소 활동하지 않던 뇌세포까지도 활동하게 된다. 따라서 유산소 운동은 뇌세포를 항상 젊고 활력이 넘치게 하며 기능을 향상시킬 수 있는 만병 통치약과도 같은 존재인 것이다.

유산소 운동은 전뇌를 좋게 하는 여러 가지 방법에 있어서 제1순위를 차지하며 7Q(IEMCASH)를 높인다.

6. 7Q 향상의 시야 확장

 시야 확장의 광의의 의미는, 실력을 길러 현재의 능력 상태에서 계속 확장해 나가는 것이다. 사물이나 관점을 폭넓게 확대하여 생각할 수 있는 능력을 키우는 것이 좋다. 생각의 전환도 좋고 지식에 대한 확대도 물론 가져 와야 한다. 확장은 발전으로 가는 징표이며 수축은 퇴보와 죽음이다.
 한편, 체내의 혈관이 수축되면 동맥경화와 중풍이 온다. 그러나 모세혈관이 확장되면 영양공급과 산소공급이 원활히 되어 뇌신경세포가 활성화된다.
 협의로는 눈의 근육을 강화하고 시야를 확대하여야 함을 의미한다. 그런 다음, 시지각 능력을 길러 이해 능력을 키워 주면 독서능력이 확대되어 초고속정독 능력이 생긴다.
 시야의 확대란 이처럼 시지각 능력의 확대도 포함되지만 우물안 개구리가 되어서는 안됨을 일컬으며 어떤 분야이든 폭넓은 시각으로 보아야 함을 강조하는 것이다.

< 방 법 >
①어떤 주제와 내용을 확장시킬 것인지 목표를 정한다.
②영어를 배우려면 가장 기본적인 문법과 단어의 뜻을 알아야 하듯이 설정한 주제나 내용의 기본적인 술기를 세운다.
③여기에 실행 사항이나 알아야 될 내용들을 넓혀 나간다.
④어떤 한 내용에 관한 지식이나 행동 등이 쌓이게 되면 그 결과로 인해 하나의 특기와 실력이 생기게 된다.
⑤이는 모든 분야에 있어서 다 적용할 수 있으며 운동, 교제, 공부 등 여러 가지 내용을 동시다발적으로 사용할 수 있다.

7. E.S.P를 이용한 나도 초능력자

E.S.P란 초감각 지각을 말하며 이것은 훈련을 통해 향상시킬 수 있다. 초감각 지각능력이 향상되면 집중력이 놀랍게 향상된다. 더불어 전뇌의 능력이 계발되며 SQ와 HQ가 향상된다.

개인적으로 다른 모양을 만들어 사용해도 무방하지만 특별히 좋아하거나 싫어하는 모양 등이 들어가면 훈련에 지장을 주게 되므로 피하도록 한다.

< 방 법 >

① 똑같은 카드를 두 벌 만들어 10장을 가지고 훈련한다.

② 처음에는 카드를 뒤집어 놓고 카드 위에 10cm쯤 떨어지게 손바닥을 펴고 정신을 집중한다.

③ 3~5분 후에 다섯 가지의 모양 중에서 느낌이 강한 한가지를 말한 뒤에 카드를 뒤집어 보고 결과를 기록한다. 한번에 10회 정도 실시한다.

④ 매일 10회 이상씩 실시하며 기록해 나간다. 확률은 30%이상이 되면 하나의 카드를 맞추는 시간을 1~3분으로 줄여서 한번에 20회 이상을 실시한다.

⑤ 매일 20회 이상을 실시하며 기록해 나가고 확률은 계속 높여 나가도록 한다.

⑥ 이 방법은 꾸준히 하는 것이 중요하며 최소한 6개월 이상을 실행해야 한다.

⑦ 원하는 결과가 나오지 않는다고 해서 멈추거나 좌절하지 말고 계속해서 해나가도록 하고 결과가 좋을 경우에는 응용해서 실시하도록 한다.

8. 청개구리식 몸 사용, 전뇌 향상

청소년기가 되면 일상 생활 속에 있는 것들은 대부분 습관화된다. 행동 양식과 언어, 예절 등 거의 모든 것들이 굳어져간다고 볼 수 있다. 세계의 90%가 오른손잡이이며 나머지 10% 정도가 왼손잡이이다.

그러나 이 10%의 왼손잡이들 중에는 대부분 좌뇌와 우뇌가 바뀌어 있어서 왼손잡이라고는 하지만 실제로는 오른손잡이와 다를 바가 없는 왼손잡이다.

좌뇌와 우뇌가 바뀌어 있지 않은 상태의 왼손잡이는 10%이므로 왼손잡이의 90%는 좌뇌와 우뇌가 바뀐 경우다. 그러므로 제대로 된 왼손잡이는 전 인류의 1%밖에 되지 않는다.

평소 많이 사용하는 손의 반대편 손을 자주 사용한다는 것은 사용하지 않는 뇌를 사용하는 것과 마찬가지이 결과이기 때문에 전뇌 발달에 좋다고 할 수 있다. 반대편 손의 사용이 익숙해지면 익숙해질수록 전뇌가 발달하고 계발된다고 보면 된다.

반대편으로 젓가락질하기를 틈나는 대로 연습하거나 익숙해지도록 한다. 그러면 그만큼 반대편의 전뇌가 좋아진다고 할 수 있다.

9. 전뇌를 자극하는 퍼즐(Puzzle)

전뇌를 자극하면서 가벼운 기분으로 게임 하듯이 진행할 수 있는 것으로 퍼즐이 적당하다. 이 퍼즐은 가볍게 시작할 수 있으면서도 전뇌를 활성화시키는데 탁월한 효과를 발휘한다.

< 방법 1 > 조각 맞추기

하나의 완성된 그림을 조각 내어 따로따로 떼어놓고 다시 짜 맞추어 원래의 그림 형태로 만드는 방법이다.

이것은 공간개념과 위치, 색감, 원래 그림을 이미지화 하는 능력들이 필요하고 집중력과 인내력도 길러진다. 하나의 내용을 반복해서 연습할 수 있으며 숙달되면 시간을 단축한다. 익숙해지면 그림의 내용을 바꾸거나 조각의 개수가 많은 것으로 바꾼다.

< 방법 2 > 숫자 맞추기

어떤 도형이나 도표에 숫자를 넣고 나머지 빈칸에 들어갈 숫자를 계산하거나 추정하여 맞추는 방법이다. 계산 능력과 추리력, 논리력이 필요한 문제를 틈틈이 반복하면 좌뇌훈련에 특히 도움을 준다. 자료는 서점등에서 쉽게 구할 수 있다.

< 방법 3 > 낱말 맞추기

일명 크로스워드(Cross word)라고 하는 낱말 맞추기는 어휘능력을 측정해 보고 기르는데 안성맞춤인 퍼즐이다. 낱말 맞추기는 어휘력의 향상과 동시에 지능의 향상을 가져다준다. 모르는 낱말은 찾아보면서 진행하도록 한다. 낱말 맞추기는 수록된 책자나 단어를 만들 수 있는 나무 조각을 구입하여 사용하면 된다.

10. 신념을 이용한 집중력 강화

청소년기에는 주위의 유혹이 많아 한가지에 집중하기란 쉽지가 않다. 청소년기에 꼭 해야할 것 중, 가장 중요한 것은 공부다. 건강이나 친구, 취미활동도 중요하지만 장래를 위해서는 공부를 해야 한다. 기왕에 하는 공부라면 집중적으로 하는 것이 좋다. 이런 집중력은 SQ, MQ, AQ, EQ를 향상시킨다.

집중은 마음에서 나온다. 의지가 강하고 신념이 있는 사람에게는 자연적으로 집중하는 힘이 나오게 마련이다. 집중이 안 된다는 것은 의지와 신념이 약하다는 증거이기 때문에 자신의 의지와 신념을 강하게 하는 것이야말로 집중력을 키우는 절대적인 방법이다.

< 방 법 >

① 집중은 포기하는 데서 나온다. 자기가 목표하는 것 이외에는 미련 없이 포기하고 하나만 남긴다. 그러면 자연스럽게 집중을 하게 된다. 목표이외의 것은 무조건 포기하는 연습을 한다.

② 목표를 강화하기 위해서 구체적인 계획과 목표를 세우고 동기부여를 한다. '목표를 왜 이루어야 하는가'와 목표를 이루었을 때 '어떤 것이 돌아오는가'를 구체적으로 명시하고 상상한다. 남들에게 공언하는 방법도 좋다. 협조가 이루어질 수 있다.

③ 하루에 세 번(아침, 점심, 저녁)씩 1분간을 투자하여 자신의 목표가 이루어진 것을 상상하고 그 목표를 꼭 이루고야 말겠다는 다짐을 되풀이한다. 목표가 이루어지는 시점까지 계속한다. 이 방법을 계속하면 의지와 신념이 강화되어 결국 목표를 이루게 된다.

④ 적당한 운동과 편안한 마음으로 심신을 단련하면서 위의 세 가지 방법을 꾸준히 실천하도록 한다. 건강해야 집중도 할 수 있다.

11. 내가 아는 단 한가지, 몰입하기

몰입이란 자신마저도 잊고 어떤 한가지에 푹 빠져 있는 것을 말한다. 어떤 일을 제대로 성취하기 위해서는 오직 그 일만을 생각해야 한다.

컴퓨터의 황제 빌게이츠는 중학생 때 컴퓨터에 빠져 그 당시 구하기 힘들었던 개인용 컴퓨터를 사달라고 졸랐다. 그의 어머니는 빌게이츠 아버지의 봉급 6개월 치를 모아 컴퓨터를 사주었다. 그 아들에 그 어머니이지만 이것 때문에 오늘날의 빌게이츠가 탄생했다고 해도 과언은 아니다. 뉴턴이 계란인줄 알고 잘못 삶은 시계의 이야기나 에디슨이 발명에 미쳐 열차에서 불을 낸 일 등은 자신의 일 한가지에 빠져 있었기 때문이다.

현대는 전문가를 요구하고 있다. 여러 가지를 다 잘하는 사람보다 한가지를 철저히 잘하는 자가 살아남는 시대이다. 몰입하지 않으면 살아남을 수 없고 한가지에 미치지 않고서는 전문가가 될 수 없다.

꼭 필요한 한가지에 목표를 정해 놓고 그 목표를 이룰 때까지 미쳐 보자. 몰입해 보자. 잠도 줄이고 식사도 거른 채 목표이외에는 아무 것도 생각하지 말고 목표를 이루어 보자.

한가지를 성취하고 나면 자신감이 생기고 또다른 한가지를 성취할 수 있는 여력이 생기게 된다.

우리 나라 사람으로 최고 무술가 중의 한 사람인 최영의는 일련의 동작으로 이루어진 하나의 장을 행하는데 1만 번을 되풀이해야 된다고 할만큼 몰입을 강조하였다.

흐름이 있는 동작을 익히기 위해 1천 번, 1만 번을 반복해서 내 것으로 만들었다면 그것은 어디서나 통할 수 있는 실력이 된다.

12. 생각대로 이루어지는 상상

상상력은 우리 인간을 미래로 이끌어주고 발전을 가져다주는 구실을 한다. 상상력이 없는 인간은 고루하고 발전이 없으며 가능성이 빈약하다. 인류를 발전시켜 온 천재들이나 위대한 업적을 남긴 정치가, 경제가, 화가, 음악가, 군인 등 많은 사람들도 상상력을 바탕으로 해서 목표를 이루었다고 해도 과언은 아니다. 상상력을 키우는 것은 전뇌를 계발하는데 있어서 아주 효과적인 방법이다.

< 방 법 >
①눈을 감고 내 주변에 있는 물건들을 떠올려 본다.
②떠오른 두 가지 물건을 하나로 합쳐 새로운 물건을 만들어 본다. 상상이 잘 되든 못되든 신경 쓰지 말고 여러 번 시도해 본다.
③나의 몸을 이동시켜 여기저기 여행을 다닌다.
④갈 수 없는 곳, 예를 들어 방에 있으면서 미국이나 달, 태양을 여행하는 것을 상상해 본다.
⑤나의 몸을 떠나 목표를 정한 과거의 시대로 간다.
⑥나의 몸을 떠나 연대를 정해서 미래로 가 본다.
⑦과거의 천재들에 대해 알아보고 과거로 가서 천재의 몸 속으로 내 영혼을 집어넣고 내가 천재인 것처럼 느끼고 행동해 보도록 한다.
⑧과거의 천재를 현재로 불러외서 천재가 내 몸 속에 들어간 뒤에 나의 행동이 천재처럼 바뀌어 가는 모습을 상상해 본다.
⑨내가 하고자 하는 목표(공부, 운동, 취미)를 가장 잘했던 위인이나 현재 인물을 설정하고 그들과 한 몸임을 상상하고 내 실력이 향상됨을 떠올린다.
⑩틈날 때, 지치거나 힘들 때 위와 같은 방법으로 상상해 본다.

13. 잠재의식에 심은 씨앗 키우기, 마인드컨트롤

 마음의 조절인 마인드 컨트롤(Mind Control)은 마음 깊은 곳 즉, 잠재의식 속에 씨앗을 심어놓고 이것이 커져서 결과로 나타나게 하는 기법이며 IQ, MQ, EQ, AQ, CQ, SQ, HQ 등의 7Q를 향상시킨다.
 마음 깊은 곳에 씨앗을 제대로만 심어놓으면 잠재의식은 좋은 땅과 같아서 싹이 자라고 열매가 맺어지게 된다.
 잠재의식은 어떤 씨앗이건 싹을 나게 하고 열매를 맺게 하기 때문에 좋은 씨앗을 잘 심어야 한다. 나쁜 씨앗을 심어도 열매가 맺어지기 때문이다.
 그 각각의 결과는 나름대로 상상해 보라. 어느 것이 좋은 결과를 나타낼 것인지를 말이다.

< 방 법 >
 ①편안한 자세(앉거나 눕는다)를 취하고 심호흡을 한 뒤 마음을 안정시킨다.
 ②조용히 눈을 감고 초알파 스크린(본문 226쪽 '초알파 스크린 만들기' 참조)을 만든다.
 ③여기에 5라는 숫자를 쓰면서 마음속으로 5를 세 번 말한다.
 ④스크린에 있는 숫자 5를 천천히 지우고 4를 쓰면서 마음속으로 세 번 말한다. 이제 마음속으로 더 깊이 들어왔다고 생각한다.
 ⑤스크린에 있는 숫자 4를 천천히 지우고 3을 쓰면서 마음속으로 세 번 말한다. 이제 마음속으로 4보다 더 깊은 수준으로 들어왔다고 생각한다.
 ⑥3보다 더 깊은 마음으로 들어가기 위해 스크린에 있는 숫자 3

을 천천히 지우고 숫자 2를 쓰면서 마음속으로 세 번 말한다. 세 번 말하면서 마음속으로 더 깊이 들어왔다고 생각한다.

⑦숫자 2를 천천히 지우고 1을 쓰면서 이제 마음 속 가장 깊은 곳에 도달했다고 생각한다. 마음속으로 1을 천천히 세 번 말한다.

⑧이제 화면 속에 있는 1을 천천히 지우면 아무 것도 없는 마음 속 가장 깊은 곳인 잠재의식 상태이다. 이곳에 내가 생각하는 것을 심는다.

⑨씨앗을 심는 방법은 마음속에서 말을 하며 상상을 하는 것인데 말은 미래형과 현재형, 그리고 과거형을 쓴다.

예를 들어 "나는 내일 오전에 영어공부를 할 것이다. 꼭 하고야 만다. 무슨 일이 있어도 꼭 영어공부를 한다. 꼭 해야만 한다. 나는 할 수 있다. 나는 영어공부를 한다. 나는 영어 공부를 했다. 나는 내일 영어 공부를 잘 할 것이다."라고 말한다.

일반적으로 현재형과 미래형을 섞어 쓰는 것이 좋다.

⑩마음 깊은 곳에 생각을 심었으면 전혀 의심하지 않고 믿는 마음을 갖는 것이 중요하다. 심은 생각이 꼭 이루어질 것이라고 믿으면서 잠재의식 상태에서 벗어나는데 마음속으로 1,2,3,4,5를 센다.

⑪1,2,3,4,5는 천천히 1~2초에 하나씩 세는데 숫자를 세면서 마음 깊은 곳에서 점점 깨어난다고 생각하면서 5를 셀 때 눈을 뜬다.

⑫눈을 뜬 뒤 내 마음속에 무엇을 심었는지 다시 한번 생각하고 꼭 이루어야겠다고 다짐을 하고 일상 생활을 시작하면 된다.

하루에 2~3번 정도를 하면 좋고 목표를 이루는 것이 오랜 시간을 요하는 것이라면 그 목표를 이룰 수 있을 때까지 틈나는 대로 활용한다.

14. 습관으로 만드는 성격

성격이란 그 사람의 생활방식을 말한다. 이미 형성되어 습관화된 생활방식이 성격이 되는 것이다. 한 인간에게 있어 생활습관은 그래서 중요하다.

세 살 버릇 여든까지 간다는 말이 있다. 그만큼 습관은 잘못 들이면 고치기가 힘들다는 말이다. 청소년기에 제대로 된 생활방식과 습관을 만들어 놓지 못한다면 나머지의 생에서는 생활방식과 습관을 고치기가 힘들다.

청소년기에 바로잡지 않으면 가능성이 없다는 말이다. 유아기나 어린이기에는 부모가 아이의 습관을 형성시켜 주거나 생활방식을 바로잡아 주지만 청소년기에 접어들면 스스로가 고쳐야 한다. 죽을 각오를 하고 바로잡지 않으면 더 어려워지게 된다.

하나의 행동이 습관화되려면 약 100일 간이 필요하다. 100일을 계속한 행동은 습관이 되어버리고 이것은 결국 그 사람의 생활방식이 된다. 그리고 그 사람의 성격으로 형성되어 운명을 지배하게 된다.

생각이 쌓여 행동을 만들고 행동이 쌓여 습관을 만들며 습관이 계속되어 성격이 되고 이 성격은 운명을 만든다. 처음 시작은 생각이다. 올바른 생각을 자꾸만 하면 올바른 행동을 바탕으로 한 생활방식이 자신을 지배하게 되며 결국은 올바른 인생을 살아가게 된다.

세 살 버릇은 여든까지 간다지만 그것을 자위하며 변하기를 거부하지 말기 바란다. 청소년기의 나쁜 버릇은 과감하게 청산하고 좋은 버릇과 습관을 형성해서 스스로의 힘으로 운명을 개척해 보도록 하자.

15. 다양한 직접 체험의 현장, 여행

책을 읽는 것은 간접 경험이요, 여행은 직접 경험이다. 남이 보고 듣고 경험한 것을 전해 듣는 것은 책을 읽는 것이요, 직접 느끼고 보고 체험하는 것은 책을 통해서 얻는 기쁨과는 또다른 새로운 세계이다.

'젊어서 고생은 사서도 한다'는 말이 있다. 여행이 꼭 고생은 아니지만 힘들여 하는 여행이야말로 참다운 지식이 된다. 여자로서 아이를 낳아본 사람이나 그렇지 않은 사람이나 아이를 낳는 고통에 대해 말할 수 있지만 그 심도의 차원은 다르다.

여행을 많이 한 사람의 마음속에 쌓인 여러 가지의 느낌과 보고 들은 것들은 여행을 하지 않은 사람과는 차원이 다른 것이다. 그냥 말로만 차원이 다르다고 할만 한 사항이 아닌 겪어보지 않고는 모르는 그 무엇이 있다.

공부는 쉽게 따라갈 수 있지만 여행을 많이 한 경험은 쉽게 따라갈 수 없다. 경험만큼 소중한 것은 없다.

틈날 때마다 가까운 곳부터 다니자. 한여름, 모두 피서를 갈 때에도 계획을 세워 외딴 곳으로의 여행을 시도해 보자. 도착하는 곳의 문화에 젖어보고 친구를 만나고 그들의 생활에 섞여 보자. 그래서 점점 더 넓은 곳으로 여행하고 싶은 욕구가 일어나면 더 넓은 곳으로 여행을 시작하면 된다.

계획을 세워 국내 여행부터 한 지역씩 훑어나가는 것도 좋고 문화나 장르별로 나누어 해당하는 지역을 탐방하는 것도 좋다. 그러다 보면 노하우가 생기고 무전여행, 장거리 자전거 여행, 트레킹, 하이킹, 등반여행, 1인 여행, 단체여행, 관광여행, 기차여행 등 여러 가지 형태의 여행을 시도하게 된다.

16. 책 속의 내용을 내 것으로

청소년기는 야망을 갖기 시작할 나이다. 야망은 지식을 근원으로 한다. 지식은 책에서 나오며 지혜의 근본이 된다. 많은 책을 읽는다는 것은 선인들의 지식과 지혜를 내 것으로 만든다는 것을 의미한다.

책읽기는 IQ와 EQ, MQ의 향상을 가져온다.

시간이나 환경, 공간의 제약 때문에 체험하지 못했던 것들을 책을 통해 나눌 수 있다. 규모 있게 책을 읽으려면 도서목록을 작성하여 계획 있게 책을 읽어야 하며 무턱대고 읽어서는 안 된다. 많은 책을 읽는다는 것은 무조건적인 다독을 의미하지는 않는다.

고전을 위시한 양서를 읽는 것이 무엇보다 중요하며 자신의 관심사에 대한 것까지도 확대하여 읽어야 한다. 자신의 관심밖이라할지라도 만인이 인정하는 좋은 책은 꼭 읽어보도록 한다.

인생은 짧고 시간은 한정되어 있다. 한정된 시간에 많은 책을 읽으려면 양서를 가려 읽는 방법과 독서의 기술 즉, 초고속정독법을 익히면 좋다. 다른 사람보다 10~20배 정도 책을 빨리 읽을 수 있어 10~20배 이상 시간을 아껴 쓸 수 있고 그만큼 풍부한 지식과 지혜를 축적할 수 있다.

책 속에는 미래가 있다. 정보가 들어 있다. 선인들의 지혜가 살아있다. 전뇌를 계발하는데 있어 이보다 더 좋은 방법이 어디에 있겠는가! 지식도 축적하고 전뇌도 계발시키고 일석이조다. 책을 읽자!

제7장 전뇌계발 청년기 교육

(18세~20대 후반)

과감한 도전과 연습의 시기
청년기 전뇌계발의 실천 사항

과감한 도전과 연습의 시기

유년기와 청소년기가 주어진 학습을 익히는 시간의 연속이었다면 청년기는 자신의 학습과 적성을 통한 준비와 도약의 시기다.

또한 지금까지 키워 온 잠재능력 속의 꿈이든 현실화된 꿈이든 이를 향해 가는 직접적인 시기이며 부단한 노력이 필요한 중요한 때다. 자신의 능력을 최대한 펼쳐 볼 수 있는 절호의 기회이며 동시에 도전을 바탕으로 한 경험을 축적하여 잠재능력을 최대한 발휘할 수 있는 발판을 마련하는 시기이다.

청소년기에 도전이 없다면 그 인생은 황무지를 가는 것과 다를 바가 없다. 꿈과 미래의 포부를 안고 무모하더라도 도전해 볼 때 비로소 청년기의 진정한 가치가 있다고 할 것이다. 미래를 향한 도전은 아름다운 것이며 그 도전은 참다운 인생을 만들어줄 것이다.

특히 어린 시절과 청소년기의 전뇌계발을 통해 이룩한 잠재능력 발휘의 실습기라 할 수 있는 청년기 때의 성공과 실패는 인생에 있어 그리 중요하지 않다. 다만 실패에도 굴하지 않고 최선을 다하는 자세가 숭요하다.

인생에 있어 실패란 성공의 어머니라고 하지 않던가. 청년기의 실패란 인생의 재산이며 살아가는 밑거름이다.

적극적인 삶의 자세는 전뇌의 아임케쉬(IEMCASH)를 향상시키고 전뇌계발을 더욱 가속화시켜 활용하면 할수록 전뇌의 능력이 커진다.

청년이여! 야망을 갖고 자신의 미래에 도전하기 바란다.

청년기 전뇌계발의 실천 사항

1. 7Q 향상에 운동은 기본

 청년에게 힘이 없다면 그것은 청년이 아니다. 인간에게는 영(靈)과 육(肉)이 있다. 영혼을 담는 그릇인 육체가 튼튼해야만 영혼이 제 역할을 다할 수 있다. 동물이건 식물이건 활발한 활동력을 가지고 있는 종자가 많은 번식과 발전을 이룬다. 하물며 만물의 영장인 인간에게 활동은 더욱 중요한 역할을 한다.
 시간을 절약하며 '시테크' 절약을 수립하는 것도 따지고 보면 정해진 시간 안에 많은 활동을 하기 위해서이다. 다른 사람보다 얼마나 더 활동하느냐가 성장 발전의 밑거름이 되는 것이다.
 물론 똑같은 활동을 해도 지능이나 능력 또는, 얼마나 효율적인 방법을 사용하느냐에 따라서 달라지기는 하여도 근본적으로 활동시간과 영역에 달려 있다고 볼 수 있다. 따라서 운동을 통해 질병 없는 건강한 체력을 갖추는 것이 절실하다. 운동은 크게 심폐기능을 향상시키는 것과 근력을 기르는 운동으로 대별되며 이 두 가지를 훈련함으로써 활발한 활동력을 보장받을 수 있다.
 운동은 매일 30분에서 1시간 정도가 적당하며 심폐기능을 향상시키는 운동과 근력을 기르는 운동을 병행하거나 격일로 하는 것이 바람직하다. 스포츠센터나 헬스클럽 또는 각종 단체나 조기회에 소속되어 다른 사람들과 교류하며 건강을 다지는 것은 지루하지 않고 지속적으로 운동을 할 수 있는 좋은 방법 중의 하나이다.

2. 여행을 통한, 세계를 내 품에

청년기 때의 여행은 해외 여행을 권한다. 물론 국내 여행을 도외시하라는 것은 아니다.

청소년기에는 야망을 크게 가져야 하기 때문에 해외로 눈을 돌려 국제 사회에 대한 적응력과 식견을 길러야 한다. 외국의 문물을 직접 보고 느낀다면 7Q의 향상은 물론 생각하는 것이 남다르게 발전할 것이다.

허황된 생각이나 공상에서 벗어나 현실성 있는 상상력을 바탕으로 한 구체적인 계획을 세울 수 있게 된다. 무엇보다도 공부를 해야겠다는 필요성을 절감하게 되고 노력을 하는 계기가 된다.

청년기에는 우물안 개구리가 되면 안 된다. 과감히 우물 밖으로 나와서 넓은 세상을 바라보고 그 속에서 야망을 펼쳐 나가야 한다. 우물 밖으로 나가기 위해서는 해외 여행이 아주 효과적이다.

경제적인 것이 부담이 될 수도 있겠지만 여러 가지 정보를 찾아보고 조사를 하다보면 저렴한 비용으로 여행을 할 수 있는 방법이 있을 것이다. 그것 또한 자신이 찾아보는 것이 좋다. 친구를 통해서건 여행사를 통해서건 여러 경로를 통하여 알아보면 된다.

젊은 시절에 세계 일주를 계획하여 실천하는 사람도 있다. 강동석씨는 요트로 태평양을 횡단하였다. 또 경비행기로 지구를 일주한 사람도 있다.

그들의 기개와 용기는 무슨 일을 하여도 성공할 수 있을 것이다. 바로 나 자신이 그러한 용기와 기개와 야망을 키우기 위해서 여행을 계획하고 실천해야 한다.

세상을 두루 보지 않고 어찌 세상을 알겠는가! 여행은 빠를수록 좋다.

3. 싫증을 모르는 가속학습

 가속학습이란 써제스토피디아(Suggestopedia)라고 하며 최대한 빠른 속도로 학습을 하는 것을 말한다. 한때 슈퍼러닝이라고 소개된 적이 있는 학습방법이다. 이 학습법은 불가리아의 로자노프 박사가 창안, 보급한 것으로 많은 실험과 연구가 행해진 방법이다.
 우리 나라의 실정과 환경에 잘 맞지 않아 실효를 거두지 못하여 널리 퍼지지는 않았으나 사용하기에 따라서 IQ와 SQ, HQ의 향상을 가져오는 효율적인 방법이 될 수 있다.

 < 방 법 >
 ①요즘의 어학기계나 카세트는 좋은 제품이 많이 나와 있다. 기능 중에 2배속 이상의 빠르기로 돌려도 소리를 들을 수 있는 제품을 구입한다. 힘든 경우에는 일반 카세트를 사용해도 무방하다.
 ②카세트에 학습내용을 녹음한다. 녹음할 때는 가능한 한 또렷한 목소리로 최대한 빠르게 녹음한다.
 ③빠르게 녹음한 카세트 또는 일반 녹음하여 빠르게 들을 수 있는 카세트를 준비하여 듣는다.
 ④카세트의 내용을 들을 때는 우선 △마음을 안정시키고 호흡은 길고 깊게 하여 뇌파를 내려 α파 상태를 만든다. △마음을 열고 모든 것을 받아들이는 자세를 취하고 아무 것도 생각하지 않는다. △눈을 감고 가만히 듣는다.
 ⑤카세트의 내용은 공부하는 단원의 진도에 맞추어서 녹음한다.
 ⑥내용을 녹음할 때는 한가지 내용을 여러 번 반복하는 것이 좋으며 실제 공부하는 진도보다 빠른 시기 즉, 예습으로 활용한다.
 ⑦익숙해지면 전체 과목이나 공부할 내용에 연결시켜 활용한다.

4. 신념을 통한 목표 달성

목표를 꼭 이루고야 말겠다는 생각과 마음, 이것이 강하면 신념이 된다. 신념을 가장 잘 활용한 사람으로는 미국의 루즈벨트 대통령과 독일의 철혈재상이라는 비스마르크를 들 수 있다.

루즈벨트 대통령은 미국 헌법을 초월하여 대통령을 네 번씩이나 연임하였다. 그는 30세 때 소아마비에 걸려 죽을 고비를 넘기며 투병생활을 했으며 3년 간의 노력 끝에 겨우 목발을 짚고 걸을 정도가 되었다. 휠체어를 타고 다니면서도 대통령에 대한 꿈을 버리지 않았고 결국은 대통령에 당선되었다. 그것도 네 번씩이나 말이다. 루즈벨트는 말하기를 "할 수 있다는 신념만 있으면 무슨 일이든지 이룰 수 있다"고 하였다.

우리는 루즈벨트보다 건강하다. 신념만 강화되면 되는 것이다.

독일의 비스마르크가 젊은 시절에 친구와 산길을 가고 있었다. 마침 소나기가 와서 급류가 흐르고 있었다. 그들은 조심스럽게 길을 가고 있었는데 어찌된 일인지 갑자기 친구가 급류에 빠져 떠내려가게 되었다. 친구는 다급하게 살려달라고 도움을 요청하였다.

도와주지 않으면 죽을 수밖에 없는 상황이었다.

그러나 도와주어야 할 비스마르크는 도움은커녕 "내가 평소에 너를 미워하였는데 잘됐다"며 빨리 죽으라고 욕을 해댔다. 떠내려가던 친구는 분노를 느끼며 '악착같이 살아나가 꼭 복수를 해야겠다'고 생각하며 기어코 살아 나와 비스마르크에게 덤벼들었다.

이때 비스마르크는 조용히 말하기를 "내가 너를 살렸다"고 했다.

어리둥절한 친구에게 비스마르크는 "내가 너를 살리려했다면 나도 죽었을 것이고 또 도와줄 방법도 없다. 내가 도와줄 수 있는 방법은 너의 마음을 강하게 해주는 방법밖에는 없다고 생각하여 욕을 했다. 그런데 네가 나에게 복수하려고 살아 나왔으니, 내가 너를 살렸다."고 했다. 친구는 그때서야 비스마르크가 자기를 살렸다는 것을 깨달았다고 한다.

루즈벨트나 비스마르크가 이처럼 사람의 마음을 강하게 하는 신념을 잘 이용하였다면 우리도 이용할 수 있다. 비스마르크는 말하기를 "강철같은 의지가 있다면 평생 이룰 수 있는 업적을 누구든지 100배나 더 이룰 수 있다"고 하였다.

달성하고자 하는 인생의 목표를 되새겨서 강하게 해야 한다. 의지란 마음에 뜻을 품는 것이고, 의지력이란 마음에 품은 뜻을 실천하는 힘이며 감정이나 상황에 치우치지 않고 자신의 감정을 제어하여 오직 계획한 대로만 밀고 나가는 추진력 있는 힘을 말한다.

이것은 논리적이고 이성적인 좌뇌의 힘과 고통과 좌절, 갈등을 겪으면서도 인내하며 마음을 달래는 우뇌의 힘이 함께 작용하여야만 이룰 수 있다. 간뇌의 작용으로 좌뇌와 우뇌가 공존하며 목표를 이루어나가는 것이 바로 전뇌의 활용이며 7Q의 향상이다.

절제하고 마음을 통제하며 달성하고자 하는 목표의 이미지를 강화하여 목표를 이루어나가도록 하자.

5. 더 많은 산소를 내 몸 안에

사람은 누구나 엄마 뱃속에서부터 호흡을 시작한다. 뱃속에 있을 때는 탯줄을 통하여 산소공급을 받는 태식호흡을 하며 태어나면 코를 통해서 복식호흡을 한다. 이때의 호흡이 가장 자연스럽고 우주의 기를 받아들이는 가장 좋은 상태이다.

형태는 복식호흡이지만 단전에 기가 모이는 단전호흡과 같다고 보면 된다. 자라나면서 호흡은 외부의 자극에 의해 서서히 위로 올라와 가슴을 위주로 하는 흉식호흡이 된다. 병약하거나 나이가 들어 노인이 되면 숨이 목에 걸친 것처럼 된다. 보통 사람이 운명을 다하여 죽게 되면 '숨이 넘어갔다'고 표현한다. 호흡이 깊고 아래로 내려갈수록 건강하며 기가 넘친다고 볼 수 있으므로 호흡의 훈련은 어린이와 같은 상태가 되도록 하는 것이 가장 좋은 방법이다.

< 방 법 >

①허리를 펴고 바르게 앉아, 눈은 가볍게 감는다.
②배꼽 밑의 단전 즉, 기해(氣海) 부분에 약간의 힘을 준다. 입을 다물고 코로 숨을 천천히 들이마신다.
③처음에는 너무 많이 마시지 않도록 한다. 너무 많이 들이마시면 기침이 나고 천천히 내쉬기가 힘이 든다.
④내쉴 때는 입을 다문 상태에서 코로 천천히 길게 내쉬면 된다.
⑤숨을 들이마시거나 내쉴 때는 가늘고 길며 깊이 있게 하도록 하고, 숨쉬는 소리가 나거나 급격하게 하지 않도록 한다.
⑥호흡을 할 때는 아랫배 즉, 단전에 의식을 집중한다.
⑦위의 방법을 5~10분 정도 매일 훈련한다. 익숙해지면 들이마시고 내쉬는 1회 호흡시간을 6초, 8초, 10초 등으로 늘려 나간다.

6. 뇌력의 재충전, 신체 이완(Relax)훈련

 신체 이완 조절법은 독일의 슐츠가 개발한 방법으로 세계적으로 널리 알려진 방법이다. 신체를 이완(긴장을 푸는 것)시키면 마음도 평안해지고 뇌파는 α파 상태가 되어 전뇌를 휴식시키고 재충전시킬 수 있다. 또한 7Q(IEMCASH)의 향상을 가져온다.
 손이나 발 등의 신체를 무겁다고 느끼는 방법과 따뜻하게 느끼는 두 가지 방법이 널리 쓰인다. 이 방법은 5분 정도의 시간만 있으면 언제 어디서나 사용할 수 있어 효율성이 매우 높다. 공부나 일을 하다가 피곤하거나 지쳤을 때 그 자리에서 5분 가량 시행해 준다.

 < 방 법 >
 ①의자에 앉아 있을 때는 편안한 자세로 기대어 몸의 힘을 뺀다. 누워 있을 경우에는 손발을 편안한 상태로 놓고 목의 힘을 뺀다.
 ②먼저 오른쪽 발이 무겁다고 생각하며 마음속으로 말한다. "오른쪽 발이 무겁다"라고 반복해서 되뇌인다.
 ③오른쪽 발이 무거움을 느낀다면 이번에는 왼쪽 발을 시도한다.
 ④역시 마찬가지로 "왼쪽 발이 무겁다"고 하는 말을 마음속으로 반복하며 무거움을 느낀다.
 ⑤이번에는 오른쪽 팔을 같은 방법으로 무겁다고 생각하며 힘을 뺀다.
 ⑥이제는 온 몸에 힘이 빠지고 무거워졌다고 생각하며 마음속으로 되풀이한다. 온 몸이 무거워지고 힘이 빠진 상태로 편히 쉰다.
 ⑦이 때에는 기분 좋은 상상 즉, 푸른 풀밭이나 맑은 하늘의 뭉게구름, 기분 좋은 산들바람, 졸졸 흐르는 시냇물 소리, 한여름의 시원한 나무 그늘밑 등을 떠올리며 휴식을 취한다.
 ⑧이는 5분만 해도 효과적이며 휴식이 되었다고 생각되면 눈을 뜬다.

7. 얼굴과 이름을 동시에 기억

　사람의 얼굴은 가지각색이다. 남녀노소를 비롯 황인종, 흑인종, 백인종 등 똑같은 얼굴은 하나도 없다. 한 어머니의 뱃속에서 나온 일란성 쌍둥이도 얼굴이 똑같지는 않다. 이렇게 천차만별인 얼굴들에도 나름대로의 특징이 있다. 이 훈련은 IQ와 EQ를 높여주기에 충분하다.
　이 특징을 파악하고 사람을 구별하는 능력이 우리의 전뇌 가운데 우뇌의 역할이다. 아무리 비슷한 사람이 있어도 그것을 간파하는 우뇌의 능력은 좌뇌가 따라올 수 없는 영역이다.
　이름은 얼굴과 다르다. 한정된 말과 글자의 제한 때문에 똑같은 이름과 비슷한 이름이 많이 존재한다. 이름을 기억하는 것은 좌뇌의 영역이다. 따라서 이름을 기억하는 훈련은 좌뇌의 훈련이 된다.

< 방 법 1 >
　①먼저 이름에서 뜻을 찾는다. 뜻은 반응을 최대한 이용해 찾는다.
　②예를 들어 '김갑수'라는 이름이 있을 때 〈'김'을 '갑'자기 먹었더니 '수'다스러워졌다〉라고 뜻을 만들 수 있다. 이름만으로 뜻을 만들거나 성까지 포함하여 만들면 된다.
　③주변 사람들의 이름으로 삼행시를 짓듯이 뜻을 만드는 연습을 하면 된다.

< 방 법 2 >
　①일주일을 작정하고 하루에 한가지씩 얼굴의 특징을 파악하는 연습을 한다.
　②제1일에는 하루종일 사람들의 눈만 보고 다니면서 특징을 파악

한다. 하루종일 보고 다니면 사람들의 눈이 각양각색으로 서로 다른 것을 알게 된다.

③제2일째에는 코만 보고 다니며 특징을 파악하고 3일째는 입만 보고 다닌다. 4일째는 이마와 두상만 보고 다니며 5일째는 뺨과 귀를 보고 다닌다.

④제6일째는 얼굴 전체에 비중을 두고 보되 전체 얼굴 중에서 어느 부분이 가장 특징적인가를 살핀다.

⑤제7일째는 얼굴 전체 중에서 가장 두드러진 특징을 파악하는 한편 웃거나 찡그린 모습, 목소리까지 염두에 두고 얼굴의 느낌을 파악한다.

< 방 법 3 >

①얼굴에서 파악한 특징에 이름으로 만든 뜻을 연결한다.

②얼굴을 보면 특징과 연결된 이름이 생각날 수 있도록 하며 이름을 말하면 얼굴이 떠오르도록 한다.

③예를 들어 '김갑수'의 얼굴 특징이 눈썹이 짙고 코가 크다면 '김'을 '갑'자기 먹고 '수'난 당한 얼굴 즉, 김을 눈썹에 붙여서 까맣고 코에는 덕지덕지 김을 붙여서 크게 보이는 것처럼 상상으로 이미지화하여 생생하게 떠올린다.

④얼굴과 이름을 기억하는 핵심은 얼굴과 이름의 특징을 서로 연결하는 작업에서 생생하게 이미지화(모양으로 우스꽝스럽게 떠올리는 것) 하는 것이다.

⑤특히, 처음 만나는 사람일수록 이 방법을 사용하여 기억하면 좋다. 연습을 할수록 실력은 놀랍게 향상된다.

⑥얼굴을 기억하는데 있어서 머리카락의 형태나 옷 등 변할 수 있는 것은 특징으로 삼지 않는 것이 좋다.

8. 두뇌를 전자수첩으로

사람이 생활하다보면 아는 사람이 많아지고 그들에 대한 기록도 많아진다. 근래에는 산업의 발전으로 전자수첩이 등장하여 전화번호 등을 메모리 하여 가지고 다니기도 한다. 그러나 전화를 걸때마다 일일이 찾아보아야 하는 번거로움과 수첩을 깜박 잊고 가지고 오지 않았거나 분실했을 경우에는 난감하다.

언제 어디서나 떠올릴 수 있는 우리의 전뇌에 기억하고 저장시킨다면 IQ와 AQ를 높임은 물론 아무 때나 꺼내 쓸 수 있는 가장 확실한 방법일 것이다. 또한 전화번호를 기억하는 것은 좌뇌훈련에 상당히 효과가 있는 좋은 방법이다. 누구든지 자기가 알고 메모해 놓은 전화번호를 다 기억하고 있는 사람은 없을 것이다. 마음만 먹는다면 왠만큼의 노력으로 대부분의 전화번호는 기억할 수 있다.

< 방 법 >

① 먼저 알고 있는 사람들의 전화번호를 재정리하면서 꼭 필요한 번호들을 먼저 챙긴다.

② 하루에 10분 동안씩 규칙적으로 전화번호를 외운다.

③ 기억하는 방법은 그 사람의 이름을 보고 얼굴을 떠올리면서 전화번호를 소리내어 말하며 기억한다.

④ 전화번호의 특징이나 발음에 유의하면서 그 사람의 이름과 연결시킨다.

⑤ 목표한 전화번호를 다 기억할 때까지 계속해서 매일 기억한다.

⑥ 완벽하게 기억해서 달달 외울 정도가 되면 먼저 외운 번호이외의 것들을 기억한다. 불필요한 번호를 괜히 기억하는 것 같지만 전뇌훈련에 많은 도움을 줌으로 필요성을 가지고 기억한다.

9. 어림짐작을 통한 적중훈련, SQ와 HQ를 높인다

좌뇌와 우뇌이외에 간뇌를 발달시키기 위해서는 다량의 내용을 순식간에 빠르게 기억하거나 훑어보거나 감각적으로 받아들이는 연습이 효과적이다. 어림짐작이란 직감으로 대강 셈을 하여 측정하는 것이라고 생각하면 된다.

어떤 것이든 대강 측정한 것은 곧바로 믿으면 안되겠지만 훈련을 통하여 이러한 감각을 향상 발전시킬 수 있다.

능력이 향상되는 만큼 우리의 전뇌는 활성화되고 기능이 다양화되어 효과적으로 사용할 수 있게 된다. 특히, 우뇌 및 간뇌의 기능이 향상될 수 있다.

< 방 법 >

①버스나 지하철 안의 사람 수, 공중전화에서 줄서 있는 사람, 늘어선 가로수, 주차해 있는 차량, 야구나 축구 경기장의 인원, 물건의 무게나 길이 등 측정할 수 있는 대상은 얼마든지 있다.

②예를 들어 식당에 들어갈 때 순간적으로 한눈에 쭉 훑어보고 몇 명 정도 될까를 짐작해 본다. 그리고 음식을 주문하거나 기다리면서 실제로 몇 명이 되는지 세어 본다.

③숫자가 맞으면 좋고 틀리면 얼마가 틀리는지 생각해 보고 다음 기회의 참고로 삼는다.

④어림짐작한 것과 실제를 비교하는 것은 짐작만으로는 부족하기 때문인데 훈련을 하면 할수록 근사치의 측정값이 나오게 된다.

⑤비슷한 수치가 나올수록 전뇌의 기능은 향상되며 흥미도 유발된다. 부담 없이 언제 어디서나 훈련할 수 있는 효율적인 방법이다. 처음부터 잘 되는 법은 없으니 꾸준히 노력하도록 한다.

10. 외울 수 있는 건, 뭐든지

기억력과 집중력을 기르기 위해선 뭔가 한가지를 정해 매일 반복하여 외우는 훈련을 하면 IQ와 SQ, HQ 향상에 좋다.

아침에 일어나 국내에 있는 산 이름을 100개든지 300개든지 정해 놓고 외운다. 산 이름 외우기가 끝나면 국내의 강 이름을 외우기 시작한다. 이렇게 매일 30분 이상을 집중해서 외우면 집중력은 물론이며 기억력이 향상된다.

국내의 산 이름이나 강 이름 외우기가 끝나면 다음은 세계적인 산이나 강 이름을 모두 외우는 것도 좋다. 혹은 지금까지 만난 사람들의 이름과 전화번호 등을 외우거나 이와 유사한 방법을 사용해 관심 있는 분야의 내용을 사용해도 좋다.

< 방 법 1 >

①우선 지도책을 펼친다.
②나름대로 국내의 유명하고 큰 산에서부터 작은 산에 이르기까지 목록을 작성한다.
③매일 조금씩 외울 숫자를 정해 놓고 외운다.
④50개, 100개, 200개, 300개 등으로 점차 외울 수 있는 산을

늘려 나간다.

⑤산 이름 외우기가 끝나면 강 이름을 산 이름과 마찬가지로 목록을 작성하여 외운다.

⑥산 이름과 강 이름 외우기가 끝나면 지도책을 보고 지역별로 산과 강을 연결해서 외운다.

⑦매일 꾸준히 인내심을 갖고 정해진 시간만큼 거르지 않고 하도록 한다.

< 방 법 2 >

①전 세계의 지도를 보고 각 나라의 이름을 외운다.

②전 세계의 지도를 보고 각 나라의 수도명을 외운다.

③각 나라의 이름과 수도명을 연결하여 외우는데 지도를 보지 않고 나라의 위치를 상상으로 떠올리며 기억한다.

④위의 방법으로 계속 연습하여 숙달시킨다.

⑤각 나라의 국기를 보고 나라명을 기억한다.

⑥전 세계 나라의 위치를 상상(대륙별로 하면 좋다)으로 떠올리며 나라명과 수도명 그리고 국기의 모양을 떠올린다.

⑦숙달시키는 과정에는 국가의 모양을 보고 나라의 위치를 떠올리며 나라명과 수도명을 외우도록 한다.

⑧나라명과 위치, 수도명과 국기의 모양을 다 기억해서 숙달시켰으면 매일 아침이나 저녁마다 외우면서 기억훈련과 집중훈련의 자료로 사용한다.

⑨시간을 체크하거나 외우는 순서를 바꾸어 거꾸로 해보는 등 더욱 훈련을 강화할 수 있다.

⑩이 밖에도 각국의 꽃(그 나라의 국화)이나 동물 등 특징을 연결하여 내용을 추가해 나가는 것도 좋은 방법이 된다.

11. 뭉쳐진 정신력 하나면 SQ, HQ 향상의 초능력이

인간은 누구에게나 초능력이 있다. 다만 잘 모르고 있거나 계발하지 못한 것뿐이라고 할 수 있다.

인간의 모든 초능력은 마음으로부터 나온다. 마음은 전뇌에 있으며 이 마음은 신체의 능력까지도 좌우할 수 있다. 흔히 인생사는 마음먹기에 달렸다고 말한다.

그만큼 인간은 정신력 하나로 모든 것을 가능하게도 하며 생각 하나만으로 모든 것을 잃기도 한다. 말이 씨가 되는 것처럼 생각은 곧 집념이 되고 전부가 되기도 한다.

< 사례 1 >

미국에서 3명의 사형수가 가족에게 거금을 주는 대가로 어떤 인체실험에도 응한다는 조건에 동의하였다.

3명의 사형수를 침대에 눕게 하고 실험 방법을 설명하기를 "당신들의 눈을 가리고 손의 동맥을 절단해 양동이에 피가 떨어지게 합니다. 다음, 어느 정도의 시간과 신체의 반응으로 죽는가 하는 것을 실험합니다."라고 하였다.

그리고는 실험의 방법대로 하지 않고 침대에 묶은 다음 눈을 가리고 동맥을 절단한 것처럼 꾸미고 피가 실제로 양동이에 떨어지는 것처럼 음향 효과를 기술적으로 조작하였다.

가상의 상황임에도 불구하고 3명의 사형수는 실제로 목숨이 끊어졌다. 피는 단 한방울도 흘리지 않았는데 말이다.

< 사례 2 >

2차 세계대전 때의 일이다. 포로들을 총살시키는 과정에서 한 집단을 나무에 한 명씩 묶어 놓고 눈을 가린 다음 번호를 부르고 한 사람씩 차례로 총을 쏘아 죽였다. 또다른 집단은 그것을 목격하게 하였다.

목격자들은 피를 흘리며 죽어 가는 동료들을 바라보고 그것이 자기의 운명임을 알게 되었다.

목격자들을 같은 방법으로 나무에 묶어 놓고 번호를 준 다음 눈을 가리고 이름과 번호를 호명하며 한 명씩 총을 쏘아 나갔다. 목격자들을 쏘는 총은 총알이 없는 공포탄이었기 때문에 소리만 났다.

그러나 나무에 묶인 사람들은 자기의 차례가 되자 소리만 듣고도 죽어 갔다. 도저히 의심할 수 없는 상황에서 마음의 죽음이 신체의 죽음으로 이어진 것이다.

< 사례 3 >

불이 나자 어떤 사람이 2층에서 강철로 된 금고를 혼자 들고 아래층으로 피신하였다.

이 금고는 4~5명이 들기에도 벅찬 무게였다. 후에 이 금고를 움직여 보았으나 전혀 들 수가 없었다고 한다.

< 사례 4 >

외국에서 화제가 되었던 사건이다. 언덕에 주차해 있던 트레일러가 천천히 미끄러져서 풀밭에 누워 있던 아버지가 바퀴에 깔리게 되자 고등학생인 아들이 혼자 트레일러의 바퀴를 들어서 아버지를 구출하였다.

역시 나중에 들어보았으나 여러 명이 들어도 트레일러에 있는 바퀴를 들 수 없었다.

< 사례 5 >

A그룹은 30분 간 술을 먹었다. B그룹은 30분 간 맹물만 먹었다. 그러나 결과는 반대로 나타났다. 술을 먹은 그룹은 멀쩡하였고 맹물을 마신 그룹은 취하여 비틀거리며 떠들고 싸움까지 하였다.

이 실험은 맹물에 술과 같은 효과가 나도록 맛과 냄새만 추가하여 술처럼 믿게 만들고 아무 말 없이 술이라고 준 B그룹과 실제 술이지만 맹물의 맛과 냄새를 넣어 술처럼 만든 새로운 상품이라고 속여 믿게 한 뒤 시음하도록 한 A그룹에서의 실험 결과였다.

위의 5가지 내용은 모두 실제로 있었던 사건과 실험들이다. 사람이 하는 일은 마음먹기에 달렸다고 한다.

마음의 힘은 이처럼 위대한 것이다. '정신일도 하사불성(精神一途何事不成)'이란 문구처럼 정신만 하나로 모으면 무슨 일이든지 이룰 수 있는 것이다. 평소에도 자기의 상황을 극한으로 몰아 보기도 하는 지혜가 필요하다.

12. 사고방식의 수평적 전환

수평적 사고방식이란 수직적 사고방식의 반대개념이다. 수직적 사고방식이란 하나의 방식만을 고수하는 것, 고지식한 것, 과거의 관습이나 방법, 경험만을 믿는 것, 모험할 줄 모르는 것 등이다.
　수평적 사고방식이란 에드워드 데 보노가 처음 사용한 용어로 다양성을 추구하는 것, 창의적인 것, 모험, 과거의 방식을 탈피하는 것, 유연성과 융통성 등을 기초로 한 우뇌와 간뇌식 사고방식이다.
　다음 문제를 수평적 사고방식으로 생각의 차원을 바꿔 풀어보자.

< 방 법 >

①성냥개비 6개로 같은 크기의 정삼각형 4개를 만들어 보라. 성냥개비는 부러뜨리거나 꺾어서는 안 되며 삼각형의 한 변의 길이가 성냥개비 1개의 길이와 같아야 한다.
②병과 병뚜껑이 있다. 병과 뚜껑의 값은 합하여 110원이다. 병의 값이 뚜껑보다 100원이 더 비싸다면 뚜껑의 값은 얼마인가?
③서울에서 지나가는 시내버스를 보았다. 특징을 묘사하면 다음과 같다. 이 버스는 왼쪽과 오른쪽 방향 중 어느 쪽으로 갈까?

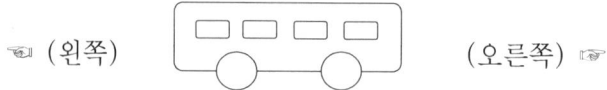

④다음 모양의 점과 원을 ⊙ 종이에서 펜을 떼지 않고 한번에 그려보자.

　☞ **힌트 >** ①번은 차원을 높이면 된다. ②번은 10원은 아니다. ③번은 실제 상황을 생각하라. ④번은 펜은 생각하지 말고 종이를 생각하라.

13. 내면 세계를 깨우는 금식

보통 사람들은 급박한 상황에 처해 있을 때 평소보다 더 큰 능력을 발휘하곤 한다. 급박한 상황이 능력을 불러일으키기 때문이다.
우리의 내면에 있는 능력은 무한하다. 내면의 능력을 얼마나 깨워서 활용하느냐가 관건이며 이 능력을 최대한 깨워주는 것이 전뇌계발의 목적이다. 금식은 EQ와 MQ를 높이는 방법 중 하나이다.

금식이란 곡기를 끊는 것이다. 금식을 하면 우리 몸은 비상이 걸리는데 생명의 위협을 받기 때문이다.

그러면 우리의 의식은 최대한 깨어나게 되고 평소 잠자고 있던 능력들이 살아난다. 금식으로 인해 신체와 본능은 비상 사태가 되지만 몸은 자연에 가까워지게 된다.
　금식은 우리의 의식을 맑게 해주며 장에 있는 노폐물을 몸밖으로 배출시켜 준다. 금식 중에 물을 많이 마시게 되면 장이 청소가 된다. 관장을 병행하면 더욱 효과적이다.
　단, 병약한 사람이나 환자, 어린이나 나이가 많은 사람들은 실천하지 않도록 한다.

< 방 법 >

①우선 1일 금식에 도전한다.

②1일 금식방법은 물만 마시는 경우와 물도 마시지 않는 완전 금식이 있다. 건강한 사람이라면 누구나 무리 없이 할 수 있다.

③가장 좋은 것은 3일 금식이다. 이 경우에는 물을 많이 마신다. 금식하기 전날 아침부터 식사량을 조금씩 줄여 나간다. 저녁 때는 죽같은 음식을 먹는다.

④본격적으로 3일을 금식한다. 가벼운 산책이나 운동을 하면 좋고 될 수 있으면 조용히 혼자 있는 시간을 많이 할애한다. 물은 자주 마신다.

⑤3일 금식이 끝나면 쥬스등으로 속을 달래주고 다음 끼니에는 묽은 죽을 먹고 다음에는 보통죽을 먹는다. 그리고 다음 끼니부터 밥을 조금씩 먹기 시작한다. 갑자기 밥을 먹으면 안 된다.

⑥몸이 건강하지 않은 사람은 조금씩 절식을 하는 반단식을 하면 좋다. 건강한 사람도 계획을 세워서 시행하고 특히 금식후의 관리에 주의한다.

⑦금식은 은밀히 행하면 더욱 효과적이다.

제8장 전뇌계발 중년기 교육

(30대~45세까지)

능력을 최대한 발휘하는 시기
중년기 전뇌계발의 실천 사항

능력을 최대한 발휘하는 시기

전뇌계발을 통한 교육의 효과가 꽃피는 시기이다. 또한 인생에 있어 꽃이 피어 만발한 황금기라 할 수 있다.

청년기의 경험을 바탕으로 최대한의 역량을 발휘하며 왕성한 활동을 하는 때이다.

인생 대부분의 업적들은 이때에 추진되거나 서서히 이루어지기 시작한다. 만약, 인생의 미래를 준비하지 않고 그저 시간을 보내온 사람이거나 실패를 연거푸 겪은 사람이라면 이들은 삶에 지쳐 하거나 의욕을 잃어 가는 시기이기도 하다.

그러나 최소한 전뇌계발을 위해 꾸준히 노력해 온 사람이라면, 실패를 거듭했더라도 실망하거나 미리 포기하지는 않을 것이다. 그것이 그 사람에게는 산 경험이 됨은 물론 현재의 재산이 되고 미래의 성공으로 가는 디딤돌이 되어줄 것이다.

또한 그동안 전뇌계발 훈련을 해 온 사람이든 아니든 중년기에도 꾸준한 전뇌계발 교육이 필요하다. 활동성이 강한 이때의 전뇌계발은 개인의 꿈을 성취해 나가는데 도움을 줄 수 있는 폭파 장치의 뇌관에 해당한다고 할 수 있다.

자칫, 꿈과 희망이 사라질 수 있는 중년기의 사람들에게 새로운 비전과 목표를 심어줄 수 있는 빛과 소금의 역할을 할 것이다.

중년기 전뇌계발의 실천 사항

1. 체력 보강이 필요하다

　인간의 뇌세포의 개수는 평균 150억개 이상이다. 뇌세포는 인체의 다른 기관과 달리 세포분열 즉, 증식을 하지 않는다.
　엄마의 태내에 있을 때만 뇌세포의 개수가 늘어나고 태어나기 직전에 증식을 멈추며 태어난 직후에는 오히려 뇌세포의 개수가 상당량 감소하는 경우가 많은 것으로 알려져 있다. 태어나면서부터 뇌세포는 단 한 개도 더 이상 생겨나지 않으며 다만 죽어갈 뿐이다.
　일반적으로 20~30세가 되면 뇌세포의 노화가 시작되고 특별한 충격 없이도 매일 몇 만개씩의 뇌세포가 죽어간다. 심한 음주와 흡연에는 하루에 백 만개 이상이 죽기도 하며 지속될 경우, 치매와 각종 질병이 나타나는 것은 당연한 결과일 것이다.
　청년기에도 마찬가지이겠지만 특히 중년기 이후에는 음주와 흡연을 삼가고 스트레스를 잘 다스려야 한다. 또한 뇌세포를 활력 있게 할 수 있는 영양분과 양질의 산소를 공급하는 것이 중요하다. 등산이나 조깅 등의 유산소 운동을 정기적으로 해주는 것이 바람직하며 맨손체조는 혈액순환을 돕고 신진대사를 원활히 하며 뇌에 자극을 주는 데 좋다.
　좌뇌와 우뇌, 간뇌 등은 하나의 유기적 시스템으로 연결되어 있다. 중년 이후의 체력보강은 활동력을 증강시켜 뇌의 기능 저하를 막는데 상당한 도움을 주며 7Q 향상에도 도움을 준다.

2. 발상의 전환, 물구나무서기

물구나무서기는 두 가지가 있다. 첫째는 신체의 물구나무서기요, 둘째는 생각의 물구나무서기이다.

사람의 뇌에는 파동이 존재하며 좌뇌, 우뇌, 간뇌 등의 각 뇌는 똑같은 파동보다는 서로 다른 상태로 있는 경우가 더 많다.

그럼에도 각 뇌의 파동이 일치하는 시점이 있다. 그것은 우뇌의 뇌파가 알파파인 경우에 좌뇌가 우뇌를 따라서 알파파가 되는 동조현상이 나타나는 경우이다.

이때가 진정한 알파파 상태요, 뇌파가 하나로 통일되는 순간이다. 알파파 상태는 정신이 집중되는 상태이며 전뇌를 가동할 수 있는 최적의 상태이며 7Q를 향상시켜 준다.

뇌를 알파파 상태로 만들기 위해서도 호흡법이나 이완법, 기계를 이용하는 방법 등 여러 가지가 있다. 그러나 이러한 작업을 거치지 않고 쉽게 알파(α)파 상태를 만드는 방법이 바로 물구나무서기이다.

물구나무를 서면 사람의 뇌는 알파파 상태가 되는데 과학적으로 왜 이런 현상이 나타나는지 아직 규명이 되지 않은 상태이다.

물구나무를 하루에 한번 5분 가량 해주면 전뇌의 피로를 풀어줌은 물론 혈액 순환에 좋다. 또 뇌에 충분한 혈액을 공급해 주고 뇌세포를 활력 있게 해준다. 물론, 혈압등 뇌의 압력이 높은 사람은 주의해야 한다.

생각의 물구나무서기는 사고방식을 거꾸로 해보는 것을 의미한다. 거꾸로 생각하는 것은 고정적인 사고방식을 탈피하는 가장 손쉬운 방법 중의 하나이다. 사고의 전환은 실생활에서 많은 에너지를 생성하기도 하고 새로운 것을 창조하게도 한다.

3. 모세혈관을 확장시키는 CO_2 요법

CO_2는 이산화탄소를 말한다. 우리의 뇌는 산소를 필요로 한다. 산소의 공급이 1분 이상 완전히 끊기면 뇌세포는 죽는다. 1분 이상 숨을 쉬지 않고도 견딜 수 있는 것은 이미 들이마신 산소가 있기 때문이다.

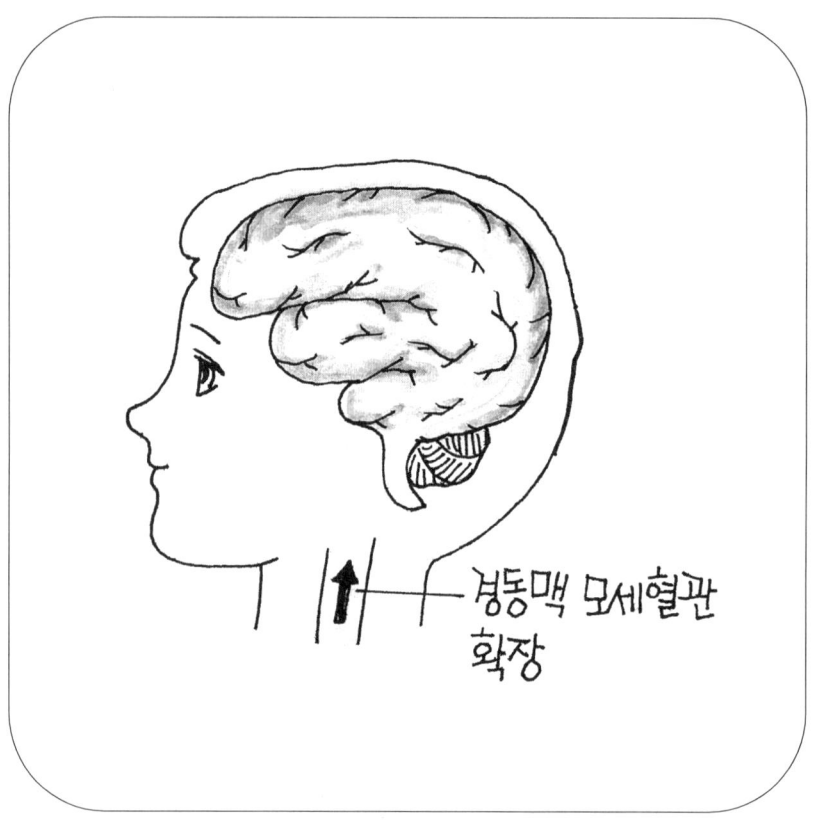
경동맥 모세혈관 확장

숨을 들이마시고 숨을 멈추면 이미 들이마신 공기 중에 있는 산소만 가지고 버텨야 한다. 폐로 들어온 산소가 소비되면 이산화탄소의 농도가 짙어지고 일정 수위가 넘어가면 뇌는 비상이 걸린다.

산소가 부족하면 뇌세포가 죽기 때문에 살기 위해 뇌로 연결되는 경동맥에 신호를 보내 말단 모세혈관을 최대한 확장시킨다. 모세혈관이 확장되는 것은 혈액에 녹아 있는 많은 산소를 받아들이기 위해서이다.

숨을 내쉬고 다시 마시기 전까지 모세혈관은 계속 확장된 상태로 있다. 숨을 내쉬고 마시는 행위가 다시 계속되면 뇌는 비상체계를 거두고 모세혈관은 다시 원상태로 수축된다.

그러나 이러한 상황이 자주 발생하여 모세혈관이 자주 확장되면 고무줄이 자주 늘어나서 나중에 원상태로 되지 않고 늘어나 있는 것처럼 모세혈관도 확장된 상태로 있게 된다.

그렇게 되면 뇌로 전달되는 혈액의 양이 많아지고 영양분과 산소 공급이 원활히 되는 것이다.

그렇게 되면 시들해진 뇌세포는 살아나고 평소 활동하지 않던 뇌세포까지 활동하게 되는 현상이 일어나서 뇌의 기능은 좋아지게 된다는 것이다. 쉽게 말해서 기억력과 집중력 등 머리가 좋아지는 것이다.

인체에 무리 없이 가장 효과적으로 경동맥의 모세혈관을 확장시키려면 깨어 있는 동안 정확히 30분에 한번씩 숨을 들이마시고 참고 버티는 것을 3주 동안 계속해야 한다.

너무 오래 버텨 얼굴이 벌겋게 될 때까지 하지 않아도 된다. 다만 참기 어려울 때까지만 하면 된다. 30분에 한번씩 신경 써서 하며, 하기가 번거롭고 어려우면 실천하기가 힘들지만 의지만 있으면 누구나 할 수 있는 아주 손쉬운 방법이므로 생각날 때마다 실행에 옮긴다.

4. 생각을 하나로 모으는 집중력

문제 해결의 요소는 여러 가지가 있다. 그 중에서 집중력은 가장 중요한 요소 중의 하나이다. 집중력은 생각을 하나로 모으는 힘이다. 문제가 해결될 때까지 온 생각을 지속적으로 쏟아 부을 수 있는 능력이며 SQ와 EQ, HQ의 향상을 가져온다.

집중력의 바탕에는 의지가 있다. 하려고 하는 마음의 강력한 동기, 구체적인 목표, 흥미 등이 집중을 강화시키는 작용을 한다. 집중력은 하나의 기술에 속한다.

때문에 연습하면 집중력은 향상될 수 있다. 고기도 먹어본 사람이 먹는다는 말이 있다. 집중도 하면 할수록 집중하는 능력이 생겨난다. 지속적인 훈련을 통하여 기를 수 있는 몇 가지 집중력 훈련 방법을 간략히 소개하면 다음과 같다.

< 방 법 >

①숫자를 '100'에서부터 '1'까지 거꾸로 센다.

②숫자를 '50'에서부터 '3'씩 빼면서 내려온다(더이상 뺄 수 없을 때까지).

③숫자를 '100'에서부터 '3'씩 빼면서 내려온다(더이상 뺄 수 없을 때까지).

④눈을 감고 시계 초침소리에 맞추어 숫자를 센다. 보통 '1'에서 '10'까지를 소리내어 센다. '10'까지 세면 다시 '1'부터 시작한다. 집중하지 않으면 '10' 다음에 '11'로 넘어간다. 또는 '2'부터 '14'까지 세는 식으로 숫자를 정하면 집중이 되며 다른 생각을 하면서 숫자를 세면 '14' 다음에 '15'가 나오게 되거나 '14'가 끝나고 '2'로 시작하기가 힘들어진다.

5. IQ, MQ, CQ를 향상시키는 합리적인 발상의 전환

개미와 베짱이 이야기는 모르는 사람이 없을 정도로 널리 알려진 이야기다. 내용의 핵심은 베짱이처럼 노래만 부르며 놀지 말고 겨울(어려울 때)을 대비해 열심히 일하라는 내용이다. 어떤 사람이 이 내용을 전환시켰다.

겨울에 개미에게 찾아온 베짱이에게 개미는 여름철에 일하지 않고 놀았다며 도와주지 않는다. 결국 베짱이는 추위와 굶주림에 죽어 버린다. 개미는 당연한 결과라고 생각했다. 그리고 또다시 여름이 찾아왔고 개미는 역시 열심히 일을 했다.

그러나 뜨거운 햇빛에서 일하는 개미는 항상 들려오던 베짱이의 노래 소리가 들려오지 않자 일하는데 흥이 나지 않았고 힘만 들었다. 수많은 개미들이 일에 지쳐 갔고 예전처럼 열심히 일하지 않았다. 개미가 뜨거운 여름철에도 흥을 내며 열심히 일을 할 수 있었던 것은 베짱이의 노래 때문이었다는 것을 비로소 깨달았다.

부지런히 일하는 것이 개미의 역할이라면 노래를 부르는 것은 베짱이의 역할이다. 베짱이는 논 것이 아니라 자기의 할 일을 한 것이다. 개미는 당연히 베짱이에게 먹을 것을 주어야 했다.

실제 사회에서도 그와 같은 일이 벌어지고 있다. 열심히 일만 하던 일반 시민들이 음악가의 공연을 듣고 그 대가를 지불하며 그것 때문에 힘을 얻고 또 열심히 일을 한다.

그러나 또 뒤집어 생각하면 일반적인 상황하에서 근면히 일하는 개미 같은 사람들이 성공하는 경우가 훨씬 많다. 개미의 근면성을 본받아야 어려울 때에 궁핍하지 않게 살아갈 수 있다.

위의 이야기를 통해 우리는 '이것도 옳고 저것도 옳다'라는 사고의 전환도 갖는 것이 필요함을 인식하게 된다. 이미 확정된 내용을 역으로 생각해 보는 지혜와 또다시 그것을 바꾸어 생각해 보는 발상이 필요하다. 이러한 과정을 통해 전뇌의 유연성이 길러지고 활성화되며 창조적인 아이디어가 탄생하게 된다.

6. 영감을 내 것으로 하는 꿈의 기록

꿈을 자기 마음대로 꾸는 사람은 없다. 때문에 대부분의 사람들은 꿈의 신기함을 인정하고 있다.

꿈을 꾸고 복권을 사 당첨금을 받는 사람도 있고 또 어떤 이는 미래의 일을 꿈을 통해서 보기도 한다. 때로는 허무맹랑한 꿈을 꾸기도 하지만 태몽의 경우는 많은 사람들이 믿는다.

꿈은 심리학의 한 영역이며 신비한 부분에 속한다. 꿈에는 놀라운 발상이 가득하다. 꿈에서처럼 새로운 아이디어가 나온다면 대단한 일이다.

꿈은 전뇌의 활동이며 우리가 모르는 또다른 차원의 징표이기도 하다. 꿈을 기록하는 것은 새로운 세계를 탐구하는 것과 같다. 생각과 발상의 방향이 바뀌고 자기의 무의식 세계를 들여다볼 수 있으며 스스로를 관찰할 수 있는 좋은 계기가 된다.

< 방 법 >

①잠을 잘 때, 머리맡에 메모할 종이와 필기구를 놓고 잔다.

②자기 전에 마음속으로 '꿈을 꾸면 깨어나서 기록해야지'라고 여러 번 다짐하고 취침한다.

③몇 번 실패했다고 하더라도 같은 방법으로 계속 시도한다.

④아침에 깨어나자마자 생각나는 꿈이 있으면 적는다.

⑤꿈을 꾸다가 깼을 때 눈을 뜨거나 일어나거나 불을 켜면 잊는 경우도 많다.

이럴 때는 눈을 감은 상태로 머리맡을 더듬어서 필기구를 쥐고 종이에 꿈의 내용이 생각날 수 있는 몇 개의 단어 또는 상황을 적거나 그림을 그려도 된다.

⑥아침에 잠에서 깨어나면 적힌 내용을 보고 기억이 나는 대로 노트에 자세히 기록한다.

⑦계속 시도하면 꿈을 기록하는 회수가 늘어나게 되고 보다 자세히 적게 된다. 또한 꿈을 꾸는 동안에 의식적으로 기록해야 한다는 것을 알 수 있는 정도가 된다.

⑧꿈의 기록 노트를 틈틈이 살펴보면 좋은 자료가 되며 전 뇌를 활성화시키는 밑거름이 된다.

7. 3:7로 하는 육식과 채식

중장년기에는 음식을 특히 잘 섭취해야 한다. 이제까지는 건강했다고 하더라도 식생활 습관이 잘못되었으면 신체에 이상이 나타날 시기이다. 이상이 오지 않더라도 식생활 습관을 바로 잡도록 해야 한다.

우리는 활동에 필요한 에너지원을 음식을 통해서 얻는다. 음식을 어떻게 섭취하느냐에 따라서 전뇌의 발달과 활력을 가져올 수도 있고 반대로 독소와 유해한 성분을 축적하는 결과가 올 수도 있다.

서양에서는 육식을 주로 하며 동양에서는 채식을 위주로 한다. 전반적으로 육식이 늘어나는 상황이다. 성서에 보면 인간은 원래 채식만을 했다. 그러나 노아의 홍수 이후에 고기를 먹도록 허락했으며 불교에서는 육식을 금하고 채식만을 권하고 있다.

과학적인 것을 따지면, 치아의 모양을 보고 육식에 필요한 송곳니와 채식에 필요한 어금니의 비율이 3:7이며 이에 따라 30%는 육식을 하고 70% 정도는 채식을 하는 것이 사람에게는 자연스럽다고 한다.

< 장려 사항 >

①우리 나라 사람의 경우, 밥을 주식으로 하는데 쌀은 현미로 하는 것이 좋다.

현미는 쌀의 바깥 부분과 눈을 깎아내지 않기 때문에 영양이 살아있다. 일반 백미에 비해서 약 100배 이상의 영양이 있다고 보면 틀림없다. 현미에 잡곡을 섞어 많이 씹어 먹는다.

②콩은 뇌를 좋게 하는 대표 음식이다. 콩보다 더 좋은 음식이 없다고 할 정도로 콩은 뇌에 좋다. 뇌세포를 활력 있게 하고 쇠퇴한 기억력을 되살리며 항암 작용을 한다.

③인삼은 콩과 더불어 뇌를 좋게 하는 대표적 음식이다. 인삼은 땅의 기운을 엄청나게 빨아들이며 성장한다. 인삼은 기를 북돋우며 뇌신경 호르몬에 좋은 영향을 미친다.

④장이 깨끗해지면 독소가 제거되고 신진대사가 원활해지며 머리가 맑아지는데 다시마는 가장 좋은 제품이다.

⑤술을 매일 조금씩(소주잔으로 한 잔 정도) 섭취하면 몸의 독소가 밖으로 배출된다.

⑥뇌신경 세포의 주요 성분은 단백질로 구성되어 있다. 단백질이 풍부한 음식을 섭취하면 뇌에 좋다.

⑦음식은 체질에 맞게 골고루 섭취하며 딱딱한 음식을 가끔씩 섭취해 뇌에 자극을 주도록 한다. 음식은 많이 씹을수록 소화나 영양분 흡수에 좋다.

8. 창조의 기본 재산, 메모 파일

역사 속의 인물들 중 천재들은 어릴 때부터 자신의 생각과 감정을 일기나 시로 표현하거나 또는 친구와 가족에게 보내는 편지 등의 형태로 기록하기를 좋아하는 경향이 있었다고 한다.

조사에 의하면 전 인류의 1% 정도의 인간만이 자신의 생각과 경험, 인식을 습관적으로 일기나 편지, 책의 형태로 써내는 일을 한다고 한다. 그런데 세계의 위인들은 예외 없이 이들 1%에 해당된다고 한다. 메모의 습관은 EQ와 IQ 유지, 발달에 좋다.

발명왕 토마스 에디슨은 1931년 사망하기 직전까지 약 300만 장의 메모와 편지글을 남겼다고 한다.

천재성이 글쓰는 습관을 만든 것인지, 글쓰는 습관에 의해 천재가 만들어진 것인지는 명확하지 않지만 글쓰는 습관과 천재 사이에 연관이 있는 것만은 확실하다. 그렇다면 우리가 메모하고 글쓰는 것을 습관화한다면 천재들처럼 전뇌를 최대한 활용할 수 있을 것이다.

우선 일기 쓰기와 메모하는 습관은 글쓰는 것을 생활화할 수 있는 기초가 된다. 처음에는 무슨 내용이든 생각이 떠오르면 메모한다. 수첩이나 카드를 가지고 다니면서 그때그때 적고 집으로 돌아와 메모한 것을 정리한다. 일기를 쓸 때도 하루의 일을 그대로 적어도 되며 느낀 것, 생각나는 것을 무차별적으로 적어도 된다.

그러다 보면 적는 습관이 생기고 차츰 분류하는 요령도 늘어갈 것이다. 적는 것도 중요하지만 분야별로 정리하는 것이 메모한 것을 활용하는 방법이 된다. 메모한 내용을 분야별로 정리해서 제목을 붙여 놓으면 결국은 자신의 머리를 활용하는 결과가 된다.

9. 천재와 함께 하는 AQ 높이기

　한창 일할 나이가 바로 중년기이다. 일에 추진력을 가지고 뛰어난 발상과 아이디어로 인생에 승부를 걸어볼 나이인 것이다. 반면에 서서히 일에 지치게 되는 나이이기도 하며 절망과 좌절을 맛보기도 한다. 이렇게 어렵고 힘이 들 때 역사 속에 빛나는 업적을 이룬 천재가, 그것도 내가 하고자 하는 일과 관련 있는 천재가 내 일을 도와준다면 얼마나 좋겠는가!
　인간은 상상을 할 줄 아는 동물이다. 원하는 방향과 일치하는 천재를 자신과 동일시하고 그 천재처럼 행동하고 세상을 바라보는 기법을 시도해 보자. 이러한 상상을 통해 사람은 힘을 얻기도 하고 활동이 많아져 활동지수가 향상되는 결과를 나타낸다.

　　< 방 법 >
　먼저 자신이 원하는 천재를 선정한다. 그리고 그 천재에 대해서 구체적으로 상상한다. 얼굴 모양, 목소리, 걸음걸이, 행동 양식, 세상을 보는 눈 등을 자신의 마음으로 묘사한다.
　천재를 묘사하려면 그를 잘 알아야 한다고 생각하기 쉬우나 그렇지는 않다. 자신의 마음을 안정시키고 나의 영혼이 육체를 떠나, 시간과 공간을 뛰어넘어 천재가 살고 있는 시대와 천재의 시각으로 세상을 보고 그와 함께 행동하고 생활한다고 상상한다.
　천재를 자세히 모르더라도 묘사할 수 있다고 가정하고 또 그렇게 상상한다. 이런 상상을 자주하며 그의 몸 속에 나의 영혼이 들어갔다고 동일시하면 천재의 재능과 능력이 나에게서 도출된다. 이제 나는 원하는 천재와 동업을 하는 셈이다. 위대한 업적을 이룬 천재와의 동업으로 이제부터는 성공이 성큼 다가올 것이다.

제9장 전뇌계발 장년기 교육
(46세~50대 후반까지)

인생의 수확기
장년기 전뇌계발의 실천 사항

인생의 수확기

장년기를 계절에 비유한다면 가을이다. 인생의 열매를 맺는 황금기이며 수확기이다. 그동안 추진해 왔던 대부분의 업적들이 이 시기에 열매를 맺거나 완성되어진다.

가정적으로나 사회적으로 최고의 안정된 상태를 맞이하고 삶의 여유도 누릴 수 있는 때가 바로 장년기이다. 인생에 있어서 결실을 보는 때이기도 하지만 장년기를 잘 보내야만 안정감 있고 후회 없는 노후를 보낼 수 있다.

인생의 황금기라고 해서 미래에 대한 준비를 하지 않으면 안 된다. 이때부터는 지금까지의 업적을 거두는 일도 중요하지만 새로운 또다른 것에 도전할 수 있는 마음의 여유와 용기도 가질 수 있는 때다. 그동안의 업적이나 능력이 바탕이 되어 비약의 발전을 이루어주거나 새로운 분야에서 두각을 나타낼 수도 있는 또한번의 기회이다.

인생은 도전이며 모험이다. 나이로 인해 제약을 받는 일은 없어야 한다. 풍성하고, 후회 없는 인생을 위해 재도약을 시작하자.

장년기 전뇌계발의 실천 사항

1. 체조로 향상시키는 전뇌와 7Q

수영을 하기 전에도 준비운동이 있듯이 집중력을 높이고 다량의 정보를 확실하게 저장하기 위해서는 사람의 전뇌도 준비운동을 해야 한다. 이렇게 전뇌계발 체조를 꾸준히 해줌으로써 마음과 몸을 맑게 유지할 수 있다. 이완된 이 상태가 알파(α)파를 발생토록 하며 집중력을 높여줄 수 있다.

< 방 법 1 > 앉은 자리에서 할 수 있는 체조

①팔 운동:양손을 깍지 끼고 양손바닥을 밖으로 향하게 한 후 양팔을 쭉 편다. 다시 양손바닥을 가슴에 댄다. 이것을 3~5회 반복, 실시한다. 또다시 양쪽 머리위로 손바닥이 하늘로 향하게 한 다음 쭉 폈다가 다시 가슴에 댄다. 이것을 3~5회 반복, 실시한다.

②몸통 운동:양쪽 손을 깍지 끼고 머리 뒤에 댄 후 상체를 앞으로 90도 숙이고 뒤로 60도 젖힌다. 다시 좌우로 180도씩 회전한다. 이를 3~5회 반복한다.

다음은 양쪽 손을 등뒤로 해서 깍지 끼고 힘껏 머리 쪽으로 올리면서 가슴을 편다. 3~5회 반복해서 실시한다.

③머리 피로풀기:손가락에 힘을 가한 후 뒷머리에 대고 머리 위부터 목까지 5등분하여 내려오면서 지압한다. 또 양쪽 엄지는 관자놀이에 대고 양쪽 중지는 머리의 위쪽에 대고 힘을 주어 지압한다. 이 방법을 3~5회 반복, 실시한다.

④눈 피로풀기:양손 엄지는 턱에, 인지와 중지, 약지는 안구의 위쪽 뼈 부분에 대고 마사지한다. 3~4초 눌렀다 뗀다. 그런 후 같은 방법으로 코 있는 쪽에서 바깥쪽으로 마사지한다. 눈을 지그시 감고 안구 좌우를 움직여 준다.

양손 엄지로 광대뼈밑 들어간 부분(관료혈)을 3~4초 눌렀다 뗀다. 양쪽 엄지로 머리 뒤쪽에 있는 안점혈을 3~4초 동안 눌렀다가 뗀다.

⑤목 운동:자세를 바로 하고 양손을 무릎 위에 가볍게 올려놓은 후 머리에 힘을 주지 않고 눈을 자연스럽게 감는다.

그런 후에 머리를 앞으로 90도 숙이고, 뒤로 70도 젖히는 것을 3~5회 반복, 실시한다. 다음은 위의 자

세에서 좌우로 360도 회전한다.

⑥심호흡 : 자세를 바로 하고 눈을 가볍게 감는다. 그런 후 호흡을 깊게 들여 마시고 길게 내쉰다. 이 방법을 반복하여 실시한다.

⑦어깨 풀기 : 양어깨를 번갈아 올렸다 내렸다하는 것을 3~5회 반복하여 실시한다.

⑧무릎 풀기 운동 : 양손으로 양무릎을 주무르면서 돌린다. 이를 3~5회 반복하여 실시한다.

⑨발목 운동 : 양발을 상하좌우로 움직이면서 돌린다. 이를 10~20회 반복하여 실시한다.

⑩기지개 : 입을 최대한 크게 벌리고 양팔을 위로 힘차게 뻗는다. 그리고 크게 숨을 내뱉는다.

< 방 법 2 > 서서할 수 있는 체조

①양쪽 다리를 어깨 넓이로 벌리고 몸을 느슨하게 풀고 선다. 양손을 겹쳐 하단전 앞에 가만히 놓고, 하복부에서 손의 온기를 느껴 본다. 긴 복식 호흡을 3회 반복하고 잡념을 없앤다.

②어깨의 힘을 뺀 후 양손을 흔든다. 손이 앞으로 나아갈 때는 자연스럽게 힘을 준다. 긴장과 느슨함, 흔듦과 힘줌을 반복한다. 수를 세면서 흔들면 잡념이 없어지므로 1부터 100까지 세도록 한다.

③양발을 평행으로 하고 어깨 넓이로 벌리고 선다. 무릎을 가볍게 구부리고 몸을 힘껏 비틀면서 양손을 비스듬히 뒤로 내던지듯이 한다.

이때 얼굴과 몸통도 같이 비틀며 움직여 주고, 이 운동을 왼쪽 오른쪽으로 반복한다.

④양발을 어깨 넓이보다 넓게, 발 크기의 세 배쯤 벌리고 선다. 양손을 하복부에 대고 무릎을 흔들면서 전신을 느슨하게 하고 상체를 천천히 앞으로 굽힌다. 머리는 무릎보다 낮게 하고, 머리, 가슴, 복부는 평행이 되도록 머리를 내리고 몸 안의 오염된 공기를 토해 낸다.

2. EQ와 AQ, 강화시키기

친구는 평생의 동반자이다. 목숨을 대신할 수 있는 친구가 한 명이라도 있다면 그의 인생은 성공한 것이란 말이 있다. 그만큼 친구는 소중하며 진정한 친구는 드물다는 것이다.

성인이 된 후에는 친구를 사귀기란 쉽지 않다. 사업상, 또는 친구나 이웃의 소개로 알게 되는 사람들은 정말 허물없이 모든 것을 맡기고 나누어 줄만큼의 친구가 되지는 못한다.

격의 없이 지내며 같이 자라온 어린 시절의 친구야말로 참다운 친구가 될 가능성이 많다. 친구는 재산이며 자신과도 같다. 참다운 친구를 사귀기 위해서는 자신이 먼저 참다운 친구가 되어 주어야 한다.

친구를 사귀기 위해서는 인내가 필요하며 양보하는 마음과 서로 협조하고 돌보는 마음, 위해 주고 베풀어주며 때로는 질책을 할 수 있는 사람이 되어야 한다.

성서의 황금률을 보면 "네가 대접받고자 하는 대로 남을 대접하라"고 했다. 친구를 제대로 사귀려면 먼저 친구에게 헌신적으로 마음을 다해 대해야 한다.

이제는 젊은 친구들을 적극적으로 사귀어야 할 때이다. 자녀를 이해하기 위해서도 필요하며 자신의 인생을 위하여는 더욱 필요하다. 그들을 이해하고 수용하며 더불어 생활할 수 있어야 한다.

젊은이에게서 나오는 허심탄회한 이야기들은 지식의 변화와 흐름을 알게 해주고 새로운 시야를 갖게 해준다. 또한 젊은 친구들을 얻게 됨으로써 감성지수(EQ)와 활동지수(AQ)가 향상되고 발전하게 된다.

3. 7Q 향상의 전뇌계발, 스트레칭

스트레칭이란 몸을 펴주고 늘여 주는 신체의 동작을 말한다. 일반적으로는 운동을 하기 전에 몸을 풀어주는 단계에서 실시하는 일종의 준비운동이라고 볼 수 있다.

그러나 체조와 연관성이 있는 이러한 스트레칭이 전뇌 계발에 미치는 효과는 상당하다.

사람은 자연적으로 스트레칭을 하며 살고 있다. 아침에 잠자리에서 일어나며 몸을 쭉 뻗치거나 손을 머리위로 올리며 크게 기지개 하는 것이 바로 그것이다. 기지개를 펴고 나면 뻐근한 것이 사라지고 머리가 맑아진다.

장년기에는 체조를 통해 근육을 유지하고 스트레칭을 통해 몸의 유연성과 전뇌의 지속적인 자극을 유도할 수 있다.

< 방 법 >

① 먼저 가벼운 맨손체조를 통해 관절과 몸의 근육들을 풀어준다.
② 조금 더 강도 높은 맨손체조를 해주며 완전한 준비상태를 만든다. 체조는 멈추는 동작 없이 신체의 각 부분들을 골고루 움직여 주는 일련의 활동이다.

스트레칭은 어느 정도 멈추는 동작을 필요로 하고 신체 각 부분에 있는 근육들을 늘여 주는 작업을 한다. 스트레칭은 맨손 체조보다는 단계가 높은 운동이라고 볼 수 있기 때문에 체조로 몸을 풀어준 후에 스트레칭에 들어간다.

③심장에서 먼 곳부터 실시하는데, 발목을 쭉 뻗치고 꺾는 동작부터 시작한다. 발을 쭉 뻗고 앉았을 때 발등이 정강이뼈와 일직선이 되도록 쭉 펴고 약 3~5초 간 정지하고 풀어준다. 다음에는 발등을 정강이 뼈쪽으로 최대한 당겨 주며 3~5초 정도 정지하고 풀어준다.

이 부분의 모든 동작은 3~5초 정도 지속한 다음 풀어준다.

④손가락을 쫙 편다.

⑤손목을 팔뚝 안쪽으로, 바깥쪽으로 최대한 꺾어준다.

⑥누워서 큰 대자로 팔다리를 최대한 벌리고 3~5초 정도 힘을 준 뒤 풀어준다.

⑦앉은 상태에서 무릎을 굽히지 말고 상체를 허벅지 쪽으로 가깝게 한다.

⑧서서 하늘을 보고 만세를 부르는 동작에서 힘을 주며 3~5초 동안 멈춘다.

⑨차려 자세에서 어깨만 최대한 올려주는 동작을 한다.

⑩힘을 주지 말고 왼쪽 옆구리, 오른쪽 옆구리를 좌우로 꺾어서 늘여 준다.

⑪목을 전후 좌우로 늘여준다.

⑫입을 크게 벌린다.

⑬눈을 크게 뜨는 것과 감는 것을 되풀이한다.

⑭기타 몸의 각 부분들을 늘여준다. 모든 동작들은 3~5초 정도 지속할 수 있도록 하고 익숙해지면 시간을 10초 정도로 하며 힘을 주는 시간은 7~8초 정도로 한다.

4. 미래를 만드는 행운의 암시

똑똑한 아이라도 주위에서 머리가 나쁜 아이라고 계속 말하면 위축되고 실제로 능력이 사라져 버린다. 반면에 똑똑하지도 않은데 주위에서 똑똑하다고 계속 칭찬하면 정말로 똑똑한 아이가 된다. 이것은 자기 암시와 타인 암시를 보여준다.

어떤 사람의 마음속에 영향을 주는 말을 계속했을 때 자기도 모르게 영향을 받는 것이 타인 암시이며 자기 스스로 마음속에서 계속 말을 함으로 인해서 잠재의식 속에 그 내용이 뿌리 박혔다면 그것은 자기 암시인 것이다. 그 대표적인 예가 온달과 평강공주이다.

평강공주는 고구려 평강왕의 딸로 어렸을 때부터 울기만 하면 '바보 온달에게 시집보내겠다'라는 타인 암시 속에 자란다.

그 영향으로 사리분별을 할 수 있는 나이가 되었음에도 온달에게 시집을 가야한다고 우긴다. 그의 마음속에는 '나는 온달에게 시집가야 된다'는 자기 암시가 이미 자리잡고 있었던 것이다.

온달에게 간 평강공주는 같은 방식으로 온달을 교육한다. '당신은 나라를 구하는 장군이 되어야 한다'고 수없이 타인 암시를 걸고 처음에는 말도 안 된다고 펄펄뛰던 온달도 '그래 내가 장군이 되어서 나라를 구해야 돼'라는 자기 암시를 하게 되고 결국 장군이 된다.

이 이야기는 동화 속에 나오는 창작극이 아닌 역사 속에 있었던 실제 내용이다. 그만큼 타인 암시와 자기 암시가 무섭다는 말이다.

인생을 많이 산 장년의 나이에 새롭게 시작하는 힘을 얻기 위해 스스로 자기 암시를 사용한다면 마음 깊은 곳에서 솟아오르는 힘을 얻게 될 것이다. 자신감을 스스로에게 주입시킨다.

이것은 자기 최면보다도 더 강한 힘을 발휘하는 방법이다. 될 것이라고 믿고 스스로에게 암시 내용을 수없이 말하도록 하자.

5. 활력을 주는 긴장과 휴식

적당한 긴장감을 지니고 있을 때 사람의 전뇌는 활성화가 더욱 잘 이루어진다. 이는 마음뿐 아니라 신체도 마찬가지다. 중요한 일이 있었는데 다 해결되었거나 끝마쳤을 때 누구나 맥이 풀린다. 맥이 풀린다는 것은 마음이 헤이해졌다거나 긴장감을 놓아 버린 상태여서 몸이 아프기 시작하는 경우도 있다.

이는 우리의 몸에서 긴장감이 사라졌기 때문에 방어력이 그만큼 상실된 것이다. 긴장의 상태에서 전뇌는 회전력이 빠르고 건강도 정신력으로 유지하게 되는 것이다. 이는 실제 실험을 통해서도 입증이 된 사실이다.

한 예로, 직장에서 근무하는 사람을 A,B그룹으로 나누고 A는 평상시와 같이 회사 일을 하고 B는 집에서 마음껏 쉬도록 했다. 월급은 똑같이 나왔으며 기간은 6개월이었다.

6개월 후의 테스트에서 B그룹은 A그룹에 비해 처음보다 현격하게 지능과 체력 등이 떨어져 있었고 A그룹은 유지 및 약간의 발전을 보였다.

긴장감 없는 편안한 상태가 지속되는 것은 퇴보와 죽음을 가져오는 것이다. 적절한 긴장감이 존재할 때 활동지수(AQ)도 높아지고 철저한 노력을 기울이게 된다.

그러나 너무 긴장하면 팽팽한 줄이 끊어지는 것과 같이 좋지 않다. 똑같은 힘과 기술을 가진 두 나뭇꾼이 내기를 하고 산에 올라 8시간 동안 나무를 하였다.

한 나무꾼은 힘 자랑을 하며 8시간 동안 쉬지 않고 지치지도 않고 계속 나무를 하였다. 또 한 사람은 50분 일하고 10분 쉬는 방식으로 8시간을 일하였다. 결과는 쉬지 않고 일한 사람이 졌다.

더 많이 나무를 한 사람은 50분 일하고 10분 휴식을 취하는 동안 도끼날을 갈았던 것이다. 휴식은 도끼날을 갈아주는 것같이 새로운 힘을 제공하는 것이다.

이처럼 긴장과 휴식은 적절한 배분으로 이루어져야 한다. 항상 긴장의 연속이어서도 안 되며 휴식의 연속이어서도 안 된다.

긴장은 사람뿐 아니라 다른 것에도 적용이 되는데 게를 잡아 보관 중일 때 게의 다리가 쉽게 떨어지는 것을 볼 수 있다. 하지만 게와 낙지를 함께 넣어두면 게가 긴장을 해 운동을 함으로써 게의 다리가 보존된다.

6. 7Q 향상의 알파(α)파를 활용한 천재들

에디슨과 아인슈타인을 모르는 사람은 아마 없을 것이다. 그만큼 세계적으로 유명한 천재들이다.

이 두 사람을 말할 때 에디슨은 '1+1도 제대로 몰랐으며 1학년 때 학교에서 쫓겨나 제대로 배우지도 못했다'고 한다. 아인슈타인은 초등학생시절까지 말도 제대로 하지 못하고 더듬거릴 정도로 둔한 아이였다고 말한다. 또 고등학교도 중퇴하였으며 성적도 좋지 않았다고 이야기한다.

그럼에도 그들은 부단한 노력으로 성공을 얻는다. 그로 인해 흔히 '천재는 99%의 노력과 1%의 영감으로 이루어지는 것이므로 노력하라'고 강조한다. 이 노력은 지식을 말하는 것이며 좌뇌가 뛰어남을 말하는 것이기도 하다.

그러나 정작 에디슨은 '천재=99%노력+1%영감'이라는 등식으로 1%의 영감(상상력)을 더 중요하게 생각했다. 또 1+1도 몰랐던 것이 아니고 1+1이 2가 아닐 수도 있음을 생각한 우뇌가 뛰어난 인물이었던 것이다. 아인슈타인 또한 머리가 나빴던 것이 아니라 자신이 흥미 있어 하는 과목만을 집중적으로 공부하였기 때문에 성적이 좋지 않았던 것이다.

아인슈타인은 자신의 책에서 밝히기를 '지식보다 상상력이 더 중요하다'고 했다.

여기서 지식이나 노력은 좌뇌의 활용을 말하며 영감과 상상력은 간뇌의 몫이다. 결국 에디슨과 아인슈타인은 좌뇌를 통한 노력을 했지만 핵심적인 결과를 얻은 것은 우뇌와 간뇌를 통한 창조적 상상력이라는 결론이다. 전뇌의 활동이 많을 때는 뇌에서 알파파의 발휘가 쉬워지는데 이를 잘 활용하면 새로운 발상이 잘 떠오른다.

알파파가 많이 나오는 간단한 방법, 몇 가지를 소개한다.

< 방 법 >
① 긴장을 풀고 마음을 편안히 한다.
② 복식호흡, 단전호흡을 이용하여 심신을 안정시킨다.
③ 조용히 명상을 한다.
④ 좋아하는 음악이나 클래식 음악을 듣는다.
⑤ 즐거운 상상을 한다.
⑥ 물구나무를 선다.
⑦ 모든 것을 잊고 따뜻한 물에 목욕을 한다.
⑧ 이를 닦거나 머리를 감는다.
⑨ 하나의 점을 가만히 응시한다.
⑩ 눈을 감고 조용히 시계 초침소리를 듣는다.

7. 새롭게 도전하는 1만 시간

　1만 시간에의 도전이란 한 분야에 집중적으로 투자하는 시간이 1만 시간이 되면 세계적인 수준에 오를 수 있으며 또한 그 분야에서 인정을 받는다는 말이다.
　젊은 시절에의 1만 시간 도전을 장년이 되어서 또다시 시작하기란 쉽지 않다. 그러나 젊은 시절의 마음으로 돌아가 다시 도전해 보도록 한다.
　새로운 기분으로 도전의 필요성을 절감하고 온 정신을 집중하여 다른 분야의 전문가가 되어 보자.
　자신이 흥미 있어 하는 분야, 취미 생활로 하던 분야 등도 좋다. 신개척 분야나 미지의 분야, 또는 남들이 하지 않는 분야를 선택하여 승부를 거는 것이 좋다.
　남이 하지 않는 것은 그만큼 희소성이 있으며 희소성이 있다는 것은 그만큼 전문가로서 인정받기가 쉽다는 것을 말한다.
　하루에 4시간씩 7년 간을 투자하든, 하루에 7시간씩 4년 간을 투자하든, 1만 시간을 채우면 된다. 양적으로 시간만 채운다고 전문가가 되지는 않는다. 한시간 한시간을 알찬 시간으로 채워 나가야 한다.
　친구를 만나고, T.V를 시청하고, 신문을 보고, 잡담하고 멍하니 있는 시간들을 아껴서 사용한다면 머지않아 틀림없이 누구에게나 떳떳이 나설 수 있는 세계적인 권위자가 될 수 있다.
　목표는 크게 가질수록 좋다. 실현 불가능한 것은 없다고 생각하고 노력해야 한다. 1만 시간이 벅차다면 우선 5,000시간, 아니 1,000시간만이라도 채워 보자. 1,000시간만 한가지 분야에 알차게 투자한다면 이미 전문가의 수준에 도달해 있을 것이다.

 하루에 12시간씩을 투자한다면 100일이면 1,200시간이 되어 석 달만에 전문가가 될 수도 있다. 얼마만큼 집중적으로 매달리고 노력하느냐에 따라 빨리 달성할 수도 있고 늦을 수도 있다.
 중요한 것은 포기하지 않고 목표한 시간을 채울 때까지 끊임없이 노력한다는 점이다.
 한가지에 매달려 목표를 이루어나가다 보면 전뇌는 활성화되고 적극적인 마음 자세로 인해 기억력과 집중력이 향상되고 뇌의 기능도 올라가게 된다. 뇌의 기능이 향상되는 것을 스스로 느낄 수 있다.

8. 총기 있는 눈을 만든다

사람을 제대로 알려면 그 사람의 눈을 보라고 했다. '눈은 마음의 창'이라는 말도 있듯이 눈을 통해 상대의 내면을 들여다 볼 수 있는 유일한 곳이다. 동시에 눈에 얼마만큼의 총기가 담겨 있는가를 통해 그 사람의 의지나 건강상태를 알 수가 있기 때문이다.

어린이의 눈은 맑다. 그러나 나이가 들면서 눈은 점점 탁해지고 힘이 약해진다.

눈은 뇌에 직접 연결되어 전뇌의 상태를 나타내준다. 전뇌의 기능이 향상되면 눈빛부터가 달라진다. 역으로 눈의 근육을 강화시키고 기능을 향상시키면 뇌세포가 활성화되면서 전뇌도 활성화되고 7Q의 향상도 가져온다.

언제 어디서나 쉽게 할 수 있는 눈 운동의 방법은 다음과 같다.

< 방 법 >

①하나의 점이나 사물의 부분을 가만히 1분 정도 응시한다. 이때 응시하는 물체가 크고 진하며 뚜렷이 보인다는 암시를 주면서 쳐다본다.

②'앞으로 나란히' 하듯이 두 손을 쭉뻗고 엄지손가락을 치켜세운다.

양손의 간격은 약 30㎝ 정도로 하고 고개를 움직이지 말고 눈동자만 움직여서 왼쪽 손톱과 오른쪽 손톱을 계속해서 번갈아 본다. 정확히 빠르게 할 수록 좋다.

③익숙해지면 양손의 간격을 더 벌려서 실시한다.

양손의 간격을 최대한으로 벌리고 고개를 움직이지 않는 상태에서 눈동자만을 움직이며 좌우의 엄지 손톱을 빠르게 교대로 볼 수 있도록 한다.

④양손의 위치를 위, 아래, 또는 대각선으로 위치하게 하여 같은 방식으로 연습한다.

⑤색깔 있는 물건을 쥐고 좌우, 상하로 움직이며 눈동자가 따라가는 연습을 한다.

⑥앉거나 누워 있을 때 창틀에 있는 좌우, 상하의 모서리를 빠르게 쳐다보거나 천징의 좌우, 상하 모서리 쪽을 눈동자로 왔다 갔다 하면서 응시한다.

⑦모양을 상상하며 눈을 감고 해도 된다.

⑧산이나 들에 갔을 때는 멀리 있는 산봉우리 두 개를 정하여 좌우로 눈동자를 움직이는 연습을 하여도 좋다.

9. EQ와 SQ 향상의 침묵

말도 중요하지만 침묵이 더 필요할 때가 있다. 불가의 수행방법 가운데는 기일을 정해 놓고 여러 날 동안 아무 말도 하지 않은 채 침묵하며 보내도록 하는 것도 있다.

이는 내면 세계를 깨우치기도 하고 하나의 상념에 집중할 수 있게도 한다. 언어의 통제로 좌뇌 기능을 억제시키고 우뇌와 간뇌 기능을 풀 가동하도록 하는 고도의 수련 방법이다.

인도의 수행방법인 전통 요가에서도 침묵 수행하는 경우가 있으며 달라이라마가 있는 티벳사원이나 기타 종교 단체, 도를 깨우치려고 하는 사람들이 이를 행하는 경우도 있다.

이렇게 기한을 정하여 하는 종교적인 수행 과정이 아닌 한 일반인들이 사람들과 부대끼며 하루종일 침묵한다는 것은 실천하기가 어려울 것이다. 따라서 약간은 융통성을 주어 말을 최대한 자제하여 꼭 필요한 말 중에서도 어쩔 수 없는 경우에만 말을 하는 반침묵 상태를 취하여 실행하도록 한다.

또는 토요일이나 일요일, 공휴일, 휴가 등의 기간에 가족이나 주위 사람들의 양해를 구하여 시행하는 것도 하나의 방법이다. 이때는 완전 침묵도 할 수 있다. 전화나 사람이 찾아와도 가족들이 도와주면 대신 처리할 수 있기 때문이다. 침묵하기는 쉽게 할 수 있는 것이지만 막상 실천하기란 쉽지 않다.

그만큼 우리는 언어와 복잡한 환경 속에 있으며 중요한 일이 생겼을 때에 말을 하지 않고 참아 넘기기가 너무나 힘들기 때문이다.

가끔 한번쯤은 말을 할 수밖에 없는 상황 속에서 침묵하며 지내보는 것이 필요하다. 마음 속 깊은 곳에서 뭔가 느껴지는 것이 있을 것이다.

10. 하면 할수록 속도가, 관성의 법칙

장년기가 되어서 어떤 일을 시작한다는 것은 매우 힘들다. 더욱이 전혀 새로운 분야에 도전하는 것은 더욱 힘들다. 공부도 한동안 쉬고 있던 사람에게는 벅찬 일이다. 모든 일에는 관성의 법칙이 작용하며 이를 통해 7Q(IEMCASH)의 향상도 이루어진다.

관성의 법칙이란 움직이고 있는 물체는 계속 움직이려고 하는 성질이 있고 멈추어 있는 것은 그대로 있으려 하는 성질을 말한다. 자동차는 2,3,4,5단으로 높아질수록 차츰 속력을 내게 된다. 그리고 빠르게 달려가다가 갑자기 멈추지는 못한다.

평소에 많이 사용하지 않던 전뇌를 움직이고 계발해, 활성화시켜 주려면 관성의 법칙처럼 처음에는 힘이 든다. 그러나 참고 계속 노력하면 그 힘을 받아 자동차가 2단, 3단으로 올라가는 것처럼 가속을 낼 수 있다.

전뇌를 사용하고 훈련시켜 주어 전뇌가 활력을 얻고 잘 움직이기 시작하면 그때부터는 계속 가속을 받으며 발전해 나가기 시작한다. 이때 멈추지 말고 탄력을 이용하여 꾸준히 훈련해 주는 것이 중요하다. 공부를 안 하다가 또는 편중되게 사용하다가 골고루 사용하려면 어렵다. 새로운 것에 도전하는 것도 마찬가지이다.

우리가 관성의 법칙을 제대로 이해한다면 전뇌를 계발하는데 있어서 처음에는 힘든 것이 당연하다는 것을 알 것이다. 또한 처음에 드는 힘이 전뇌를 가동시키는데 가장 필요한 밑바탕이 된다는 것도 알게 될 것이다. 비록 처음에는 어렵지만 이 고비만 넘기면 탄력을 받아 계속 속도를 내게 되고 전뇌가 계발될 것이다.

전뇌의 계발이나 정신에 있어서도 관성의 법칙은 적용된다는 것을 명심하자.

제10장 전뇌계발 노년기 교육
(60대 이후)

제2의 인생
치매예방을 위한 적극적 사고
노년기 전뇌계발의 실천 사항

제2의 인생

진정한 삶의 시작은 이제부터다. 지금까지가 인생의 목표를 세우고 자아성취와 가족을 위해 달려온 세월이었다면 앞으로는 남을 위해 베풀고 헌신하는 삶의 부분이 남아 있다고 하겠다.

나이가 들었다고 해서, 일선에서 물러났다고 해서 인생이 끝난 것은 아니다.

사회적 인간으로서 베푸는 삶이 남아 있고 사심 없이 사회의 어르신으로 제 몫을 해야 하는 시기가 바로 노년기이다.

때문에 이때가 되면 지금까지의 인생을 정리해 보고 그것을 발판으로 부족했거나 하고 싶은 것이 있으면 무리하지 않는 범위 내에서 재시도를 해도 좋다.

혹은 지금까지의 삶과는 다른 삶을 설계해 보고 새로운 변화의 시기를 가져 보거나 여유 있는 삶의 관망도 필요하다. 새로운 것에의 도전과 도약의 시기로도 충분하지만 정신적, 육체적으로 힘이 떨어지는 것도 사실이다.

건강에 유의하면서 특히 노환성 질환인 치매를 예방하는 데 신경을 써야 한다.

노년기에는 소극적이기보다는 적극적인 사고와 생활을 하는 것이 좋으며 노년에 있어서도 전뇌계발을 소홀히 해서는 안 된다.

어린 시절부터 전뇌계발을 해 온 사람은 그렇지 않은 사람과 다르겠지만 지금까지 전뇌계발을 소홀히 한 사람은 이제라도 전뇌계발을 통해 약해져 가는 자신의 능력을 키우고 새로운 변화와 도약의 계기가 될 수 있는 힘을 길러야 한다.

인류 역사를 보더라도 수많은 위대한 발견과 발명 및 뛰어난 업적들이 노년기에 발생하였다.

노년기를 알차게 보낸 사람들이 인생의 성공자였다. 인생이 60부터라는 말은 결코 헛된 말이 아니며 60부터 새로운 인생의 전기를 마련할 수 있다.

인생의 전환기라 할 수 있는 노년기의 전뇌계발 교육은 힘의 원천이며 새로운 도약과 정신적인 에너지의 충만함을 얻을 수 있는 참으로 가치 있는 일이라 할 수 있다.

치매예방을 위한 적극적 사고

앉아만 있지 말고 머리의 자극을 밖에서 얻도록 하는 것이 좋다. 운동을 하면 비만도 예방할 수 있으니 일거양득이다. 앞으로 할 일도 생각해 둔다. 퇴직 후 좋아하는 취미나 하고 싶었던 일을 여유 있게 한다.

될 수 있으면 친구를 많이 사귄다. 그 중에는 젊은 친구도 포함한다. 당신은 지금 몇 사람의 친구와 만나고 있는가? 2~3명 정도로는 적고 여러 연령층과 이성을 포함한 열 명 정도의 친구를 만들어 두도록 한다. 특히 이성 친구를 만들면 외모나 언어, 행동 등 모든 면에서 동성 친구를 대할 때보다 더 신경을 쓰게 되고 그로 인하여 생활의 활력소가 된다. 나이가 들어도 이성적인 감성은 변하지 않기 때문이다.

신경을 써야 하는 부분이 즐거운 것이라면 사람은 젊게 살 수 있다. 몸가짐에도 신경을 쓰고 타인의 눈을 의식하는 정도의 긴장감 있는 생활이 좋다. 치매의 시작은 '옷깃'에서 부터이다.

안경과 보청기를 점검한다. 난청과 시력 장애가 치매를 일으킬 수도 있다. 안경과 보청기는 항상 상태가 좋은 것을 쓴다.

유행에 민감해야 한다. 과거에 집착하지 말고 현재를 살아야 한다. 지금 무엇이 유행하고 있는가? 한번 유심히 살펴보자.

다른 사람이 말하는 것에 귀를 기울이는 사람은 치매에 걸리지 않는다. 다른 사람으로부터 충고나 주의를 들었을 경우, '나는 그렇

지 않다'고 부정하기보다는 '그렇습니까? 그럴지도 모르겠네요. 주의하지요.'라고 주의나 충고를 잘 받아들이도록 한다.

정보는 듣는 것만으로는 부족하고, 발산하는 것이 좋다. 새로운 정보를 항상 접하고, 그것을 활용한다. 이것을 계속 반복하면 뇌운동에도 도움이 된다. 정보를 발산하기 위해서는 상대가 없으면 어려우므로 인간관계를 넓히는 것이 중요하다

입력된 내용을 머리 속에 떠올리며 이미지화시켜 본다. 기억하고자 하는 내용이나, 이미 입력된 정보를 영상화하고, 이미지트레이닝을 함으로써 우뇌가 자연스럽게 계발될 수 있도록 훈련한다.

자신감을 갖도록 한다. 긍정적인 사고를 지닌 생활이 중요하다. '나는 치매에 걸리지 않는다. 건강하게 살고 있다.'고 상상한다.

생활 영상화를 한다. 아침에 일어나 잠자리에 들기 전까지의 일과를 영상화 처리하여 떠올려 본다.

치매유발 요인으로는 스트레스, 음주, 흡연, 운동부족, 고지방 식사 습관, 고정적인 사고 방식, 염분 과다 섭취, 과식, 편식, 설탕 과잉 섭취, 화학 조미료의 과다 섭취 등이 있다.

보통 치매를 나타내는 사람의 뇌에는 아세틸콜린이라는 물질이 감소하는데, 이 아세틸콜린의 주요 성분은 레시틴이다. 레시틴은 콩이나 달걀에 많이 함유되어 있으며, 뇌 세포나 신경 세포의 주성분으로 뇌 전체의 20%를 차지한다.

치매 환자를 대상으로 한 미국에서의 실험 중 레시틴을 섭취한 그룹이 그렇지 않은 그룹보다 기억력이 25%나 향상되었다. 특히 콩에 있는 레시틴과 사포닌은 상호 작용하여 전뇌에 좋은 영향을 미친다.

쥐로 실험을 했는데, A군의 쥐는 3개월 동안 쇠고기만 먹이고 B군의 쥐는 3개월 동안 생선만 먹였다. 그리고 C군의 쥐는 3개월 동안 언두부(콩)만을 먹였다.

그 결과, 체력측정(달리기)에서 A군의 쥐는 평균 3,556미터를 뛰었고 B군의 쥐는 평균 2,277미터, C군의 쥐는 평균 4,446미터를 뛰었다. 지능테스트(미로 실험)의 결과는 A,B군에 비해 콩을 먹은 쥐가 월등히 우수함을 나타냈다.

쥐에서의 실험 결과처럼 인간의 치매 예방에 특히 좋은 음식은 콩 종류와 고려 인삼이다. 고려 인삼의 학명은 PANAX GINSENG인데, PANAX는 그리스어로 만병 통치약을 의미한다. 고려 인삼 6년 근을 재배하면 12년 동안은 같은 땅에서 재배가 불가능하다. 이것은 땅의 양분을 인삼이 모조리 흡수하기 때문이다.

한편, 인삼의 세포 수명 연상에 대한 실험에서 태아 세포는 51대까지 분열하는데 이때 인삼 성분을 조금 첨가하면 17%의 수명이 연장된다.

비르너 증후군 환자는 22대 이상 분열이 불가능해졌고 인삼 성분(긴제노사이드 및 게르마늄)을 조금 첨가했을 때 11.7% 수명이 연장됐다고 한다.

노년기 전뇌계발의 실천 사항

1. CQ 향상의 끊임없는 창조적 생활

머리 좋은 사람은 크게 세 가지 부류로 나누어진다. 첫째, 어릴 때는 형편없는 것처럼 여겨지던 사람이 나이가 들면서 천재적인 수준이 되는 경우와 둘째, 어릴 때부터 머리가 뛰어나서 성인이 된 다음에도 계속되며 사회에서 성공을 거두는 사람, 셋째, 어릴 때는 머리가 천재적인 수준으로 좋았지만 나이가 들수록 능력이 약해지는 경우가 있다.

이것을 도표로 그리면 다음과 같다.

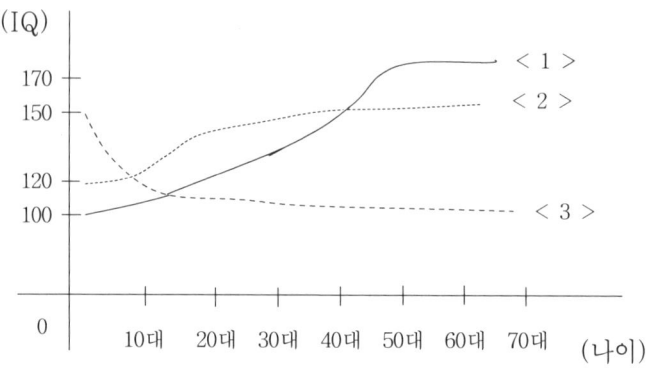

위의 도표중 사회에서 성공하는 가장 이상적인 경우는 〈2〉번이며, 가장 많은 천재들이 속해 있고 아인슈타인·에디슨 등과 같은

경우는 〈1〉번이며, 어린 시절 반짝하지만 성장하면서 그렇지 않은 경우는 〈3〉번이다.

대부분 창조적인 능력들이 젊은 시절에 나타나는 것 같지만 실제로는 그렇지 않다. 창의성을 바탕으로 한 창조적 지수는 40~50대에 가장 높이 나타난다.

즉, 창조적인 업적은 40~50대 이후에 나타나는 것이며 노년에 유명한 작품과 발명, 발견을 한 예는 너무나 많다. 60대 이후의 노년은 창조적인 생활을 하기에 전혀 늦지 않은 나이이며 오히려 참다운 창조 생활을 할 적기이다.

세계 각 국의 대통령과 수상 등 나라를 이끌어 가는 사람들의 대다수가 노년기에 해당되며 피카소, 헤밍웨이, 괴테 등도 노년기에 불후의 명작을 남겼다.

미국 켄터키 지방의 한 노인은 자신이 고안한 독특한 닭튀김 요리를 80세의 나이에 전세계에 보급시켜 지금도 KFC매장 앞에 동상으로 서 있다.

다시 한번 강조하지만 노년은 결코 늦은 나이가 아니다. 새롭게 창조적인 생활을 할 나이인 것이다.

2. 지금부터 시작이다

이제는 21세기이다. 21세기는 지구촌 시대이며 전 세계가 하나의 문화권을 형성하는 그야말로 글로벌 시대인 것이다. 이러한 시대에 인생의 황혼기라 해서 뒤쳐질 이유는 하나도 없다. 오히려 인생을 즐기고 도전하기 위해 더욱 더 적극적으로 나서야 할 때이다. 움츠러들면 쇠퇴한다. AQ를 높이도록 하자.

언어는 모든 생활의 기초다. 노년이 되면 신세대의 용어를 모르게 되고 시사용어나 급변하는 현실 세계의 언어들을 수용하기 힘들어진다. 그것은 그만큼 사회의 접촉 기회가 줄어들기 때문이다.

그러나 어떠한 방법으로든 외국어 특히, 영어를 습득하기 시작하면 이러한 문제들이 상당히 해소된다. 젊은이들과 함께 학원 수강을 하면서 외국어 회화를 배우면 더욱 그렇다. 과거에 대학을 다녔든지 아니면 다른 방법으로라도 외국어를 배우고 구사할 기회가 있는 사람들은 어렵다고 생각되던 것의 도전의 기회가 되기 때문에 더욱 의미가 있다.

사람에게는 성취 욕구가 있다. 60세에 영어공부를 시작해 5년 동안 계속했다고 하자. 완벽하지는 않아도 일상적인 영어회화를 조금은 할 수 있게 될 것이다. 그렇다면 70세까지 5년 동안은 자신감과 자부심을 느끼며 영어를 사용하며 살 수 있다. 70세 이후까지 생활한다면 영어를 사용하는 기간이 더욱 늘어날 것이다.

나이가 들었다고 또는 늦었다고 생각해도 시간은 충분하다. 앞날은 아무도 알지 못하기 때문에 더욱 도전하는 정신이 요구되는 것이다.

'내일 지구가 멸망해도, 나는 한 그루의 사과나무를 심겠다'는 마음과 같이 꾸준히 노력하는 자에게 열매는 꼭 오게 마련이다.

3. 운동과 지식을 동시에, 7Q 향상

노년이 되면 가장 걱정되는 것 중의 하나가 기억력의 감퇴이다. 공부를 하려고 해도 집중이 되지 않으며 또한 공부한 것을 쉽게 잊어버린다.

기억력이 조금만 있어도 공부를 해보겠지만 책을 읽어도, 어떠한 내용을 들어도 기억이 오래가지 않기 때문에 포기하는 경우가 많다.

그러나 소요학파식 공부방법을 이용하면 무리하지 않고 쉽게 학습을 할 수 있다.

소요학파란 중세기 때, 유럽에서 철학자들이 제자들을 데리고 1시간 정도를 강의하고 토론하며 공부를 하던 방법이다. 그리고 곧바로 1시간 정도는 방금 배웠던 내용을 떠올리고 사색하며 산책을 하는 것이다.

천천히 걸으며 산책을 하는 동안 배웠던 내용들을 몸과 마음을 통해 기억하고 깊이 인식한다. 이러한 방식으로 공부와 산책을 번갈아 하는 것이 소요학파식의 공부방법이다.

인간의 기억은 오감과 감정에 의해서 기억되며 또한 신체의 운동과 관련되어서도 기억이 된다.

가만히 앉아서 기억하거나 쓰면서, 혹은 읽으면서 기억하는 좌뇌식 방법보다는 산책하면서 몸으로 기억하는 우뇌식 기억방법의 효과가 훨씬 탁월하다. 때문에 노년기에 알맞은 공부방법이라 할 만하다.

걸으면서 기억하는 것은 기억력만 탁월해지는 것이 아니라 집중력도 뛰어나다. 인체는 바닥에 많이 닿을수록 집중력이 떨어진다. 누워 있을 때에는 뒷부분 전체가 바닥에 닿기 때문에 그 부분으로

피가 몰려 전뇌로 가는 혈액이 부족하게 되고 또한 움직임이 적어 혈액순환도 저하된다. 엎드려 있을 때도 비슷하지만 얼굴을 들고 있으면 조금 낫고, 눕거나 엎드린 것보다는 앉아 있는 것이 집중이 잘되며 앉아 있을 때보다 서 있는 것이 집중이 잘된다. 두 발을 딛고 서 있는 것보다는 한 발씩 옮기며 걷는 것이 집중에 더욱 도움이 된다고 보면 된다.

따라서 소요학파식 공부방법은 과학적이고 합리적인 공부법이라 할 만하다. 집중력뿐 아니라 기억력을 높여주는 일석이조의 공부법인 것이다.

4. 한 살의 나이로 또다시

지구상의 동물 중에서 인간만이 두 발로 딛고 서서 다니며 자유롭게 손을 사용하며 살고 있다. 진화론에 의해서 보거나 자연발생학적으로 보면 인간도 다른 짐승들처럼 네 발로 기어다녔다고 볼 수 있다.

특히 어린 시절에는 한동안 기어다니는 시기가 있다. 기어다니지 않고 바로 걷는 아이는 없다.

기어다니는 동안 인간의 소뇌와 운동 중추, 감각 중추는 놀랍게 발전하며 7Q(IEMCASH)도 향상된다.

어린 시절, 전뇌의 발전 속도는 워낙 빠르지만 기어다니는 행동과 무관하지는 않다.

미국의 인디언 두 부락을 비교한 경우를 보면 더욱 그렇다. 문화, 경제, 환경, 언어 등 거의 모든 것이 같은 두 부락이 어린 시절 기어다니는 아기에게 행한 생활방식으로 인해서 지능이 달라진다는 것이다.

한 부락은 마음대로 기어다니게 두었고 또 한 부락은 기어다니는 것을 최대한 못하도록 막는 생활습관이 있었다.

결과는 엄청난 차이를 드러냈다. 마음대로 기어다닌 아이가 성장하였을 때 그렇지 못한 아이보다 아이큐가 평균 25점이나 높았기 때문이다.

놀랍게도 연구 결과, 다른 원인은 발견되지 않았고 기어다니는 것에 의해 지능이 달라졌다는 것만이 더욱 입증되는 결과를 가져왔다.

이렇게 뇌에 좋은 자극을 주는 기어다니기가 어린 시절에만 영향을 주는 것이 아니라 어린 시절보다는 약하지만 성인에게도 좋은 영향을 준다는 것이다.

특히, 노년에는 손자손녀들을 돌보면서 아이들과 함께 기어다니기를 하면 보기에도 아무 무리 없이 훈련을 할 수 있어서 좋다.

그렇지 않은 경우, 혼자서 기어다니는 것이 이상하면 아무도 없을 때 하루에 5~10분 정도 기어다니면 전뇌 훈련에는 아주 이상적이다.

무릎을 보호하기 위해 담요를 바닥에 깔거나 무릎에 헝겊을 대면 무릎도 보호할 수 있다.

5. 전뇌에 양분을 주는 외우기

고유 명사를 통한 기억훈련은 어린이와 청년도 할 수 있으며 방법은 간단하다. 그렇지만 매일 꾸준히 훈련해야 하는 인내를 요구하는 훈련이다. **노년기에는 기억력과 집중력이 많이 쇠퇴하기 때문에 매일 꾸준히 훈련할 수 있는 프로그램을 실천하는 것이 좋다.**

미당 서정주는 매일 아침 전세계의 산 이름 1,600여 개와 강 이름을 외웠는데 이같은 방식으로 하거나 응용하여 비슷한 내용을 정하여 하면 된다. 이는 우뇌와 좌뇌 및 간뇌 훈련에 좋다.

< 방 법 >

①구체적인 내용이 나오는 지도나 백과사전 등을 이용한다.

②처음에는 일정량을 정해 놓고 자료를 보고 하나씩 읽으며 매일 실시한다.

③내용으로는 전세계의 산 이름, 강 이름, 나라 이름, 수도명, 각 국의 꽃, 동물, 지도자 이름, 나라와 국기, 우리 나라 전국의 지방명과 동네 이름, 음식 이름, 나무 이름, 곤충 이름, 꽃 이름, 동물 이름 등에서 적절한 것을 택하여 하면 된다.

④매일 아침 정한 시간에 자료를 보고 읽어나가며 기억한다.

⑤10, 50, 100, 200, 500개 단위로 늘려 나가며 기억한다.

⑥기억한 것은 자료를 보지 말고 외워서 한다.

⑦모두 외워서 할 수 있도록 하는데 내용이 많을수록 좋고 빠르게 외워서 20~30분 정도의 분량이면 훈련으로 적절하다.

⑧달달 외워서 빠르게 기억해 나가고 숙달되면 내용을 바꾸든지 추가해 꾸준히 매일 실시한다.

6. 호도알로 하는 전뇌 개선, 7Q의 향상

예로부터 우리 선조들은 혈액순환을 좋게 하며 중풍 및 성인병을 예방하는 방법으로 호도알 두 개를 손에 쥐고 데굴데굴 굴리며 다녔다.

요즘에는 수지침과 압박봉 등의 보급으로 손바닥을 자극해 주는 것이 혈행을 좋게 하며 질병을 치유하는 효과가 있음을 대부분의 사람들이 알고 있다.

손에는 많은 신경조직이 있으며 이는 뇌와 직접 연결되어 있다. 따라서 손가락과 손바닥을 자극하면 뇌를 자극하는 효과가 있는 것이다. 이러한 효과를 이용하여 손가락을 자극할 수 있는 훈련을 해 주면 전뇌 개선에 효과적이다.

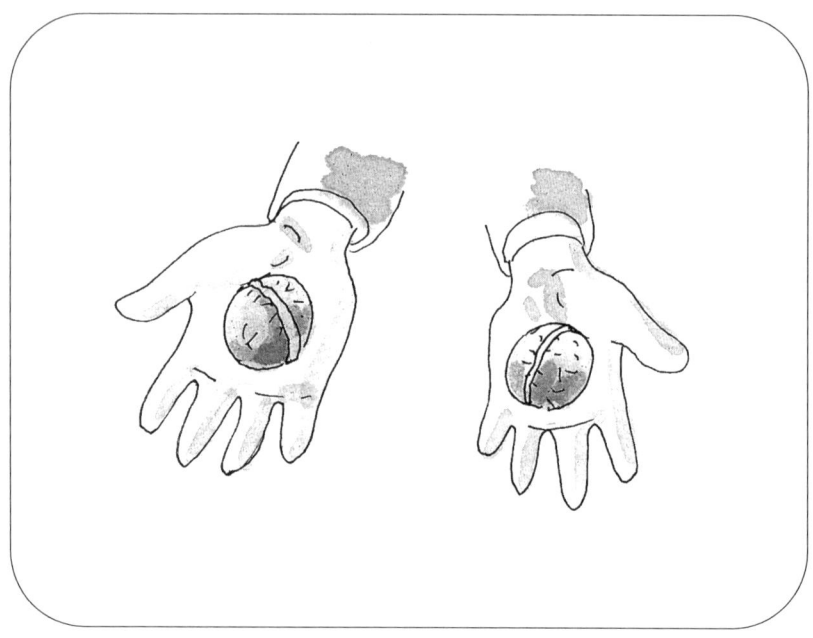

< 방 법 >

①손안에 쥐고 한 손으로 굴리기에 적당한 호도알 두 개를 준비하여 틈틈이 좌우의 손으로 굴려 준다.

②아침저녁으로 손바닥을 쫙 펴서 손바닥이 얼얼할 정도로 박수를 세게 쳐준다.

이때는 똑바로 서서 발바닥의 앞부분에 힘을 주고 허리는 똑바로 하며 턱을 당긴 상태에서 양손의 간격을 50센치 이상 벌어지게 하여 세게 박수를 친다. 30초만 하여도 10분 이상 조깅한 효과를 가져온다.

③수화를 배워 본다. 수화는 손가락을 다양하게 움직여야만 하기 때문에 꾸준히 연습한다면 대단한 효과가 있다. 또 농아와도 대화를 할 수 있고 그들을 이해하고 봉사활동을 할 수 있다. 성취감도 느낄 수 있다.

④컴퓨터의 키보드 자판을 익히거나 기타, 피아노 등을 배운다. 늦은 나이에 배우기가 힘들겠지만 손가락을 사용하는 아주 좋은 방법이다.

이로 인해 전뇌계발은 물론 컴퓨터를 알게 되거나 악기를 다룰 수 있게 됨으로 일거양득이다.

⑤위의 방법 중에서 한두 가지를 택하여 꾸준히 하고 숙달이 되면 다른 것도 시도해 보자.

7. 걷기에도 방법이

사람의 기본 활동 방법은 걷는 것이다. 역으로 생각하면 걷는 것 만큼 좋은 운동 방법은 없다고도 볼 수 있다. 가장 단순하지만 또 다양하게 활용할 수 있는 방법이기도 하다.

흔히, 발을 제2의 심장이라고도 한다. 발에 자극을 주기 위해서 는 걷는 것이 가장 좋다. 또 종아리의 근육이 단단한가, 그렇지 않 은 가로 심장과 폐의 건강을 안다고 했다.

물론 달리기나 기타 운동을 통해서도 다리를 강화할 수 있지만 남녀노소 구별 없이 할 수 있는 운동으로 부작용과 부상을 입지 않 는 운동은 드물다.

특히 노년기에 할 수 있는 운동으로는 최고의 운동이다. 걷는 방 법은 여러 가지가 있겠지만 여기서는 빠르게 걷기와 뒤로 걷기 그 리고 맨발로 걷기 등 세 가지로 한다.

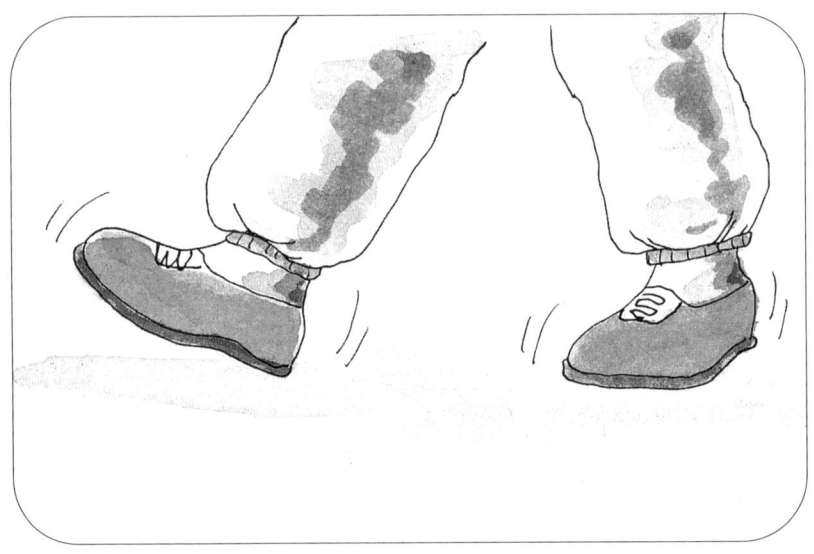

< 방 법 >

①빠르게 걷기란 1분에 120보 정도의 속도로 걷는 것을 말한다. 이 기준은 나이나 체력에 따라 다르기 때문에 약간 숨이 차다고 느낄 정도의 속도로 꾸준히 걷는 것이 중요하다.

걷기 시작하면 30분 이상을 걷는다.

처음 걷기를 시작하는 사람은 시간과 속도를 조금씩 늘리는 것이 중요하다.

어느 정도 숙달되면 걷는 거리와 시간을 늘려 많이 걷도록 하며 일반 평지뿐만 아니라 언덕, 무리하지 않는 범위 내에서의 산행 등에도 도전하면 좋다.

②맨발로 걷는 것은 발바닥에 좋은 자극을 준다. 손바닥과 마찬가지로 발에도 신경 세포가 모여 있다.

때문에 맨발로 땅을 밟고 걸으면 신선한 자극이 되며 땅의 기운을 잘 받아들일 수 있어서 좋다.

바닷가나 공원, 풀밭 등 발을 다치지 않는 곳이라면 어느 곳이나 효과적이다.

③뒤로 걷기는 운동의 효과보다는 전뇌의 자극을 유도하며 우뇌와 간뇌의 계발에 도움을 준다.

뒤로 걷기는 평소 쓰지 않는 근육을 사용하게 해주고 최대한 뒤쪽에 신경을 집중하게 하여 뇌신경 세포를 자극하고 활성화시켜 줄 수 있노록 한다.

뒤쪽은 잘 보이지 않기 때문에 다치기 쉬우니 다치지 않도록 조심만 한다면 운동과 전뇌 훈련을 겸할 수 있는 일석이조의 좋은 운동 방법이다.

8. 둔해지는 기억력 배양하기

기억력의 배양은 IQ, EQ, SQ 등을 높이는데 기억에는 세 가지가 있다. 첫째는 감각기억, 둘째는 단기기억, 셋째는 장기기억이다.

감각기억은 1초도 안 되는 짧은 시간동안 순간적으로 기억됐다 사라지는 기억이며 청각(에코)기억과 시각(아이콘)기억이 있다.

단기기억은 1분 정도 기억이 유지되는 기억이며 전화를 걸 때까지 번호를 기억한다든지, 숫자나 문자를 다른 곳에 옮겨 적을 때 그때그때 기억하고 사라지는 형태의 기억이다. 그리고 장기기억은 1분 이상 지속되는 기억의 형태이며 평생기억까지 포함한다.

어떤 사람의 기억력이 좋다는 것은 대부분 장기기억을 잘한다는 말이며 이 장기기억은 훈련으로 향상시킬 수 있다. 구체적인 내용은 책 한 권의 분량으로도 부족하지만 대표적인 몇 가지 방법을 소개하면 다음과 같다.

우선 기억은 뜻이 없는 무의미한 것보다는 뜻이 있는 것이 7~8배 정도 기억이 잘 된다. 따라서 기억방법의 핵심은 의미화(의미부여)에 있다고 할 수 있다.

의미가 있는 내용이라면 모양을 떠올리는 것이 2~3배의 기억 효과가 있다. 모양이 있을 경우에는 오감과 감정을 이용하여 최대한의 느낌을 부가하면 기억이 다시 강화된다.

이것을 간단한 도표로 나타내면 다음과 같다.

■ 기억을 강화시키는 비결 ■

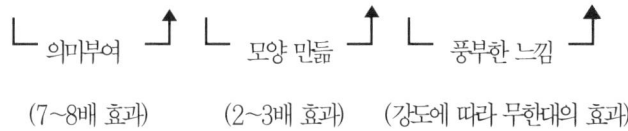

뜻이 없는 것 → 뜻이 있는 것 → 모양이 있는 것 → 느낌을 강하게 → 기억이 잘됨

　　　　　의미부여　　　　　모양 만듦　　　　　풍부한 느낌

　　　(7~8배 효과)　　(2~3배 효과)　　(강도에 따라 무한대의 효과)

< 방 법 >

① 장소의 이용 : 자기가 잘 알고 있는 장소(물건)에 순서를 만들어 순다. 순번이 있는 장소를 보지 않고 차례로 떠오르도록 연습한 뒤, 이 장소에 기억할 내용을 하나씩 연결시킨다. 처음에는 10개 정도만 연습을 하고 숙달되면 20개, 30개 등으로 한번에 기억하는 양을 늘려간다. 이 방법은 가장 고전적인 방법으로 약 2,500년 전에 만들어졌다. 연습하고 응용하기에 따라 무한으로 사용할 수 있다.

②고리의 이용:고리란 쇠사슬의 형태를 말한다. 기억할 내용을 하나씩 계속 연결해 나가면 연결된 고리의 형태가 되고 맨 앞에 있는 하나를 떠올리면 순서대로 나머지 내용이 차례차례 떠오르게 되는 방법이다.

기억할 내용이 빵, 칼, 망치, 가위, 구둣솔, T.V, 고양이, 운동화라고 한다면 "△빵을 칼로 자르는 모양과 느낌을 생생하게 떠올리고 △칼로 망치자루를 깎는 모양 △망치로 가위를 부수는 모양과 느낌 △가위로 구둣솔을 자르는 모양 △구둣솔로 T.V를 닦는 모습 △고양이가 T.V위에 올라 있는 모양 △고양이가 운동화를 물어뜯고 있는 모양" 등의 순서로 상상을 해주고 처음에 있는 빵을 생각하고 빵과 연결된 내용을 순서대로 떠올려 본다. 이 방법도 10개 단위로 연습하고 숙달되면 개수를 늘려서 연습한다.

③숫자의 기억:숫자는 의미가 없기 때문에 의미를 만들어주면 된다. 한글의 자음을 숫자에 적용하여 뜻을 만들어 주는데 1(ㄱ, ㅋ), 2(ㄴ), 3(ㄷ, ㅌ), 4(ㄹ, ㅎ), 5(ㅁ), 6(ㅂ, ㅍ), 7(ㅅ), 8(ㅇ), 9(ㅈ), 0(ㅊ)의 순서로 대치하고 이것을 공식으로 사용한다.

예를 들어 김정호가 대동여지도를 만든 때가 1861년이라면 1(ㄱ), 8(ㅇ), 6(ㅂ), 1(ㄱ)으로 대치하여 ㄱ, ㅁ, ㅂ, ㄱ이 순서대로 들어간 말을 만들어 내용과 연결하면 된다. "대동여지도는 '걸어보고' 그렸다"라고 뜻을 만들어주고 걸어보고를 한 음절씩 숫자로 바꾸면 1861을 기억할 수 있다. 한 음절에 처음 나오는 자음(ㄱ, ㄴ, ㄷ……)만 숫자로 바꾸면 되기 때문에 받침은 어떤 것을 사용해도 무방하다.

자음을 이용하는 방법이외에도 숫자 간의 특징이나 발음을 잘 이용하면 뜻을 만들어줄 수 있기 때문에 기억을 훨씬 잘 할 수 있게 된다.

9. 사소한 것에도 목표 의식을

사람에게 있어서 꿈이 있다는 것은 그만큼 젊다는 것을 의미한다. 젊음이 좋은 것은 도전할 수 있는 나이이고 실패하면 또다시 도전할 수 있다는 것이다. 노년이 되면 이런 가능성이 줄어들게 되고 섣부른 모험을 하지 않게 된다. 실패할 경우 그만큼 치명적이라고 생각하기 때문이다. 경험은 중요하지만 그 경험 때문에 움츠러드는 현상이 일어나는 것이다.

요즘, 미국이나 일본, 유럽에서는 실버산업이 호황을 누리고 있다. 평균 수명이 늘어나고 정년퇴직 후에도 20년 이상을 활동해야 하는 경제력이 있는 노년층이 많아진 것이 그 원인이다.

노년기가 되면 더욱 새로운 목표를 가져야 한다. 목표가 없는 삶은 무기력과 나태를 수반하며 노화를 촉진시키고 수명을 단축시킨다. 일반적으로 남성보다 여성의 평균 수명이 길다.

어떤 학자는 남성과 여성의 역할이 다르기 때문이라고 한다. 여성은 노년이 되어도 손자손녀를 돌보거나 가사일을 돕는 등의 역할을 수행하지만 남성은 그런 일에 대한 기여도가 낮아 그만큼 역할이 적기 때문에 생물학적으로 보았을 때 긴 수명이 필요하지 않다는 것이다. 또한 생산적인 일에 종사하다가 나이가 들어 그만 두게 되면 목표를 상실하게 되어 빠른 죽음을 가져오고 한다.

얼마만큼의 의지와 목표가 있느냐에 따라 사람의 수명은 연장될 수 있다. 하나의 목표를 달성하면 또다시 새로운 목표를 설정하고 인생이 끝나는 그 순간까지 계속 새로운 목표를 세우고 달성해 나가는 의지가 노년에는 특히 중요하다. 끊임없는 도전은 젊다는 표시이며 비록 몸은 늙었지만 정신은 살아서 젊음을 유지할 수 있다. 마음이 젊으면 육체도 젊어진다. 이것이 바로 인생의 신비이다.

10. 전뇌계발의 상상훈련

상상훈련은 누구나 할 수 있다. 어린이나 젊은이들의 경우는 상상을 잘하며 색다른 발상도 잘한다. 생각에는 자유가 있고 소재에 대한 제한이 없기 때문이다.

노년기가 되면 여러 가지 제약이 따르고 몸과 마음이 원하는 대로 움직여 주지 않는다. 그러나 상상훈련을 통하여 마음을 젊게 하고 전뇌를 활성화시키면 여러 가지의 제약과 고정적인 생각 등의 이미지 틀을 완화시키는 역할을 하며 7Q(IEMCASH)의 향상을 가져온다.

우선은 편견을 버리고 논리적인 생각과 경험을 배제한 상태에서 제한을 두지 않고 마음껏 상상하는 것이 가장 중요하다. 상상에는 제한이 없지만 처음 상상하기를 하면 무제한의 상상이 되지 않는 경우가 많기 때문이다.

어떤 틀 속에서만 움직이는 것처럼 광범위하지 않다. 여러 번 반복하며 즐거운 마음으로 자주 상상을 해주면 점점 발전하기 마련이다. 상상은 긍정적이며 낙관적이고 즐겁고 기분 좋은 것으로 하며 부정적인 것은 제외한다.

이것은 상상을 통하여 우리의 잠재능력이 계발되고 무의식 속에 생각과 상상의 뿌리가 자리잡기 때문이다. 역으로 생각하면 긍정적이고 좋은 상상이 우리의 마음속에 뿌리 박혀 있어야 좋은 역할을 한다는 것이다.

< 방 법 >

①편안한 자세로 눈을 감고 시각, 청각, 후각, 미각, 촉각과 감정을 이용하여 실제처럼 느낀다.
②눈보라가 몰아치는 북극에서 나는 그곳을 탐험하고 있다.
③뜨거운 적도, 아프리카의 사막에서 자동차 경주를 하며 젊음의 도전을 하고 있다.
④돌고래가 되어 많은 무리와 함께 태평양 바다 속을 여행한다.
⑤한 마리의 새가 되어 세상을 바라보며 하늘 높이 날아다니는 상상을 한다.
⑥과거나 미래로 가서 못 이룬 꿈을 이루거나 우주 여행을 한다.
⑦여러 가지 내용을 가지고 긍정적이고 기분 좋은 상상을 해 본다.

全腦계발 7Q

저　　자 / 김용진
발 행 일 / 1999년 5월 25일　초판 발행
　　　　　2003년 4월 17일　2판 발행
　　　　　2007년 7월 27일　3판 발행
　　　　　2014년 1월 23일　4판 발행
　　　　　2017년 1월 23일　5판 발행
　　　　　2019년 7월 21일　6판 발행

출판등록 / 1977년 7월 23일(제1-222호)
발 행 처 / 새로운문화사
발 행 인 / 김용진
주　　소 / 서울 종로구 종로2가 9번지 서울YMCA회관 6층
　　　　　Homepage: www.allbrain.co.kr
연 구 실 / 02-723-5548　　편 집 실 / 02-723-5549
상 담 실 / 02-722-4710　　팩시밀리 / 02-722-4709

정가 15,000원

ⓒ 김용진. 1999
* 잘못된 책은 교환하여 드립니다.
* 서면에 의한 저자의 동의없이 내용의 일부를
  인용하거나 발췌하는 것을 금합니다

ISBN 89-7038-004-3 (13370)